地域通貨による
コミュニティ・ドック

Nishibe Makoto
西部 忠 編著

専修大学出版局

はしがき

　本書の元となるコミュニティ・ドックのアイディアが生まれたのは、私たちが北海道商工会連合会の委託を受けて、北海道苫前町の地域通貨流通実験についての助言と調査を行った頃であった。すでに 15 年前のこととなる。そのいきさつについては本書の序章や第 3 章に詳しいので、ここでは、私が過去 20 年ほど研究テーマとしてきた地域通貨にいかに遭遇することとなったのかを振り返っておきたい。

　私は 2017 年 3 月に北海道大学大学院経済学研究科を退職して、4 月に専修大学経済学部に移籍した。北海道に 23 年間生活してきたことになる。もし私が 1997 年のアジア通貨危機や 1998 年の国内金融危機を北海道の地で体験していなければ、地域通貨を研究することも実践することもなかっただろう。1987 年から 2 年間カナダに留学していた頃、すでにバンクーバー島の LETS について知っていたが、当時の印象は、自己満足のために小ぢんまりとやっている「おままごと」という程度のものであった。これは、地域通貨についていまも多くの人が抱く感想と何ら変わらない。だから、あの時、北海道に赴くことなく、ずっと東京に住み続けていれば、私が地域通貨に出会うことはなかったのではないかと考えている。

　実際、地域通貨について真剣に取り組むようになったのは、1998 年の北海道拓殖銀行の破綻以後のことである。それ以前からゼミ生には「拓銀には就職するな」と忠告していたので、拓銀破綻は想定内のことではあった。とはいえ、それが実際に起こってしまうと、静かな怒りに似たものが心の中に生じたのも確かだ。日銀が長銀・日債銀といった政府系銀行や山一・三洋のような証券会社を救済しないのはまだ理解できる。だが、地方の都銀である拓銀の場合は事情が異なる。北海道のリーディングバンクが破綻すれば、地域経済の全体が、特に中小企業や労働者が深刻な打撃を被ることは火を見るより明らかだからだ。にもかかわらず、拓銀は救済されず、都銀として唯一破綻することとなった。それは、結局、拓銀が中央政

府の目論む金融再編へ向けてのスケープゴートとされたからではなかったか。

その後の数年、北海道経済は塗炭の苦しみを味わうことになった。中央政府・中央銀行による財政・金融政策も一向に奏功しなかった。その後、全国的な景気回復があっても北海道経済は回復しないことが続き、北海道はいつも最初に風邪を引くが、治るのは最後だと、半ば自虐的な冗談が飛び交った。地域通貨に改めて注目するようになったのは、地方が自らの手でボトムアップに地域経済を再編しない限り、これからも世界中でこうした悲劇が続くと感じたからだった。いま思えば、それはある種の義憤だったのかもしれない。しかし、地域通貨というテーマを意図的に選んだという記憶は今もない。むしろ、あの時、北海道という場所に私がたまたま暮らしていたことで、私が地域通貨というテーマに選ばれたのではないかと感じている。

人との出会い、土地との出会い、職業との出会い、興味や関心の対象との出会い、これらすべて自分が合理的に選択したものではなく、大いなる巡り合わせで決まる。突き詰めれば、自分自身との出会い自体も邂逅である。自分がいつの時代に、どの国で、誰の子供として、どんな諸属性——人種、性、家系、容姿、体質、性格——を持って生まれてくるか、何一つとして自分で決めたものでもなければ、選んだものでもない。すべてたまたま与えられたものだ。自分との出会いもかくのごとく偶然の産物なのである。人生も五十路を越え、自我が弱化したからかもしれないが、妙にそのことに得心がゆくようになった。

世界と自分の根底に巡り合わせを見いだすことは、宇宙万物すべてが「縁起」だとする仏教の奥義に通じる。私たちは、グローバル（地球的、大域的）な視点から俯瞰すること能わず、ローカル（地域的、局所的）な巡り合わせの中で生きている。だから、自分という存在も自分が身を置く環境も自分で決定したり選択したりすることができないのだ。その意味で、宇宙の中で極めてちっぽけで弱々しい存在である。こうした人間能力の限界という根本的な存在条件の中に地域通貨の根本条件を求めるべきであろう。

しかし、これとは対照的に、自己を起点とし、自分が自分の存在や境遇

を決められる、自由に選べる、あるいは、決めるべきだ、選ぶべきだという考えがある。こうした自己決定・自己選択の自由こそ、西欧近代の啓蒙主義、合理主義の核心である。そうした観念は、自分と世界のあり方はすべて巡り会わせ次第であるとする東洋の仏教的世界観——それは、歳を重ねるにつれて自己の思うがままに決められず、自由に選べないといった経験を繰り返し味わう結果として到達する境地なのかもしれないが——とは大きく隔たっている。にもかかわらず、それはいま日本でかくも広範に普及し、さらに拡大しようとしている。その理由はどこにあるだろうか。現代という時代が人の精神的成熟を許さず、永遠に啓蒙主義的青年であることを強いるからか、それとも、近代民主主義の下での基本的人権が普及し拡大してきたからか。私は、1990 年代ポストバブル時代の経験を経て、それが単に精神的・文化的なものでも、また政治的なものでもなく、経済的な起源を持つものだと考えるようになった。

　1980 年代以降のグローバリゼーションの下で、貨幣を基盤とする市場経済は質量ともに膨張を続けてきた。その結果、十分な量の貨幣さえあれば誰でも欲しいモノやコトを手に入れられるようになった。脱工業化を背景とする「モノ消費」から「コト消費」への転換を通じて、貨幣の購買力の対象は物財だけでなく情報やサービス、さらには、一回限りの経験や人間関係まで飛躍的に拡大した。自己決定・自己選択の自由の拡大とは、グローバリゼーションに伴い貨幣による自由な選択・決定が拡大したことを原因としている。つまり、自己決定・自己選択の自由の拡大を現実に支えているのは、人間精神の幼稚化や政治的制度の近代化等ではなく、経済的制度としての貨幣の適用範囲の拡大傾向によるものである。このことを次第に確信するに至り、拙著『資本主義はどこへ向かうのか』では、グローバリゼーションを一方における市場の拡大・深化、他方におけるコミュニティや国家の縮小・浅薄化ととらえ、グローバリゼーションが引き起こした経済的・環境的・社会的・文化的諸問題への解決手法として地域通貨が登場してきたという基本的観点を導き出した（西部 2011）。

　こうした主要命題の帰結として、以下のような批判意識も強く芽生えてきた。1980 年代以降のグローバリゼーションと新自由主義の流れのなか

で、個人の自己決定・自己選択の自由が増大してきたにもかかわらず、そうした自由を根底で支える貨幣制度は所与で変化しないものだと当然視されてきた。だが、「貨幣を決定・選択する自由」という方向性を無視することはできないのではないか。自由主義のラディカルな徹底を「貨幣の創造・選択への自由」という「積極的自由」の方向で模索する必要があるのではないか。

　ケインズ派やマルクス派は、多様な貨幣の創造や選択をという問題をはなから誤謬であると決めつけて退ける。国家通貨の単一性や中央銀行による発券独占について、ケインズ派は人為的なもの、マルクス派は自然的なものと判断する点で分かれるものの、結局はそれを是認する点で類似のスタンスを取る。急いで付け加えておくと、マルクスやケインズ自身はその後継者らよりずっと柔軟な姿勢と繊細な知性を持っていた。マルクス自身は、プルードンのような自由主義者やブレーのようなリカード派社会主義者の経済的土台の変革なき自由主義・平等主義的な通貨改革には批判的であったが、オーウェンのような生産・生活協同組織の変革を伴う通貨改革の試みには理解を示していた。また、ケインズもプルードンの無償信用やゲゼルの減価通貨を評価していた（Nishibe 2006、西部（2013）所収の資料5）

　国家通貨の単一性や中央銀行による発券独占を是認している点で、現代のインフレターゲット論やその基盤を築いたフリードマンのマネタリズムも変わりはない。唯一の例外はオーストリア学派のハイエクやフリーバンキング論者セルギンやホワイトである。1970年代における変動相場制導入後のハイエクの著作『貨幣の脱国営化論』(Hayek 1976) はそのような方向の可能性を明確に示すものであった。もちろん、彼の議論も発行主体を基本的に民間企業や金融機関に限定するなど、時代の制度的・技術的制約から免れるものではなかった。

　これまで中央銀行が発行する法定通貨は国家ごとに異なるが、基本的には一つの国に一つの通貨が使われてきた。だが、地域通貨や仮想通貨というテーマは、貨幣による商品の決定権・選択権からさらに進んで、貨幣の多様性と決定権・選択権という問題を新たに提起した。その根本的なメッ

セージは、「一国一貨幣」という法定通貨の前提条件を変更して、流通領域を地域やコミュニティとする多様な貨幣が存在する可能性を広げ、個々人が自らの嗜好、環境や理念の違いに基づいて、あるいは異なる相手に応じて利用する貨幣を複数選択できるようにすることで、グローバリゼーションに起因する諸問題へを解決するとともに、多様性を許容する自由を広げて、人々の「生活の質」を高めるという点にある。

ヨーロッパは独仏を中心とする EU を形成し、欧州中央銀行を設立してユーロによる国家通貨統合を進めてきた。これは、グローバル市場経済の形成に向けて、単一のグローバル通貨への道筋を示すものだとも考えられてきた。だが現在、英国が EU を離脱しようとしており、ギリシアやイタリアも地域通貨に関心を示しユーロに疑義を提起している。こうして単一のグローバル通貨への路線は方向転換を余儀なくされている。ここ数年、仮想通貨の質と量が爆発的に増大し、貨幣の多様性は現実の問題として認識されるに至っている。

地域通貨や仮想通貨の出現と普及によって、発行主体は地方自治体、商工会、商店街、NPO、市民団体、インターネットによるサーバ・ネットワーク等にまで多様に拡張されている。インターネットやスマホといった ICT の革新と普及は貨幣のデジタル化、キャッシュレス化を促進し、電子マネー、企業通貨等、貨幣の多様化を加速しており、仮想通貨と地域通貨が融合する仮想地域通貨あるいはデジタル地域通貨が登場してきた。このように、法定通貨以外の通貨の多様性は、もはや単なる議論の対象というよりも、新たな現実として出現しつつある。

また、ここ数年「コミュニティ」という言葉の意味が大きく変わったように感じる。1990 年代から 2000 年代にかけては、同じ「コミュニティ」という言葉を使っていても、血縁的な家族・親族や地縁的な近隣・近所、農業の共同作業・相互協力監視にもとづく村落・ムラ、職人的な技能熟練を共有する同職組合・ギルド等、閉鎖的・専属的集団である「共同体」の意味がまだいくらか残っていた。しかし、2000 年代の SNS の登場・普及がコミュニティの意味と現実を大きく変えてしまった。グローバリゼーションの進展とともに、家族や地縁のようなコミュニティがますます希薄

になった。今では、それは同じ興味・関心を持つ人間集団としての「関心コミュニティ（Community of Interest）」ですらなくなり、ただの名目的な情報受信者であるフォロワー（追随者）や友達の集団になってしまい、コミュニティは大衆（mass）に戻ってしまったかのようである。発信者は自分の本当の関心や興味を話しているのではなく、フォロワーや友達の数を増やすために、だれもが関心を持つ食や旅行の話題を提供し、見栄えの良い写真を共有するだけの社交的、営業的な集団になってしまった。このような意味でのコミュニティはもはや市場の別名であるといっても構わない。そこでは直接的に貨幣は使用されておらず、流通もしていないが、「いいね（like）」という名の評判貨幣が人気度の尺度として幅を利かせる。市場との対比でコミュニティの意味を改めて問い直す必要が出てきているように思う。

　専修大学に来てちょうど1年経った2018年4月に、「専修大学デジタル-コミュニティ通貨コンソーシアムラボラトリー」、通称「グッドマネーラボ」を設立した。最後に、グッドマネーラボの背景、ミッションと活動内容、今後の展開を紹介したい。

　ビットコイン等の仮想通貨（暗号通貨）は、その取引所のCMがテレビで広く放映されたこともあり、世間一般で広く認知されるようになった。2017年にはその多くが数十倍もの値上がりを見せ、資産1億円以上の「億り人」と呼ばれる投資家が数多く現れたが、2018年に入ると仮想通貨バブルは破裂した。2018年1月に580億円相当の仮想通貨NEMが取引所コインチェックの口座から盗まれる事件が起き、取引所のセキュリティへの不安も高まった。

　ビットコインは、法定通貨のような中央銀行による発券管理を必要としない分散型民間「通貨」としてデザインされた。だが、実際には、仮想通貨はボラティリティが極めて高いリスキーな投機的金融商品と化していて、実際の消費や投資に使用される貨幣にはなっていない。

　現在、仮想通貨（暗号通貨）はアルトコイン、トークンも含めるとその種類は1600以上、時価総額も80兆円と日本国家の予算規模に達している。種々の問題があるとはいえ、仮想通貨全体の質量の爆発は現行の法定

通貨（国家通貨）と金融システムに大きな影響を与え、経済システム全体を転換する可能性を秘めている。それを一般の人々が安心して使える「良貨（グッドマネー）」へと転換する道はないのか。

昨今、仮想通貨の革新的フィンテックといわれる分散台帳技術「ブロックチェーン」やコンセンサス・アルゴリズム「プルーフ・オブ・ワークス」を採用しつつも、固定レート（1コイン＝1円）で一定の地域においてのみ使用することで、地域の経済やコミュニティの活性化といった地域通貨の目的を実現しようというデジタルコインが数多く生まれつつある。岐阜県高山市で飛騨信用組合が発行管理する「さるぼぼコイン」や近鉄が沿線地域で流通させるべく実証実験を行っている「ハルカスコイン」がその代表例だ。これは、仮想通貨の技術と地域通貨の理念を融合するハイブリッドであるデジタル地域通貨（仮想地域通貨）を生み出そうという試みだと言える。

いま必要なことは、仮想通貨を単なる投機的資産ではなく、実取引に広く使用可能なものとするとともに、地域通貨を単なる善意やボランティアを促進するツールに終わらせず、地域経済での貨幣循環形成により地産地消を向上させ、ショック耐性を備えた持続可能性を達成するものとすることであろう。仮想通貨（デジタルコイン）と地域通貨（コミュニティ通貨）の融合である仮想地域通貨（デジタル-コミュニティ通貨）は、唯一ではないにせよ一つの重要な方向性を示唆する。

かくして、仮想通貨（デジタルコイン）と地域通貨（コミュニティ通貨）が融合する新たな「良貨（グッドマネー）」を産学官民で連携協力して生み出し育てて行くことをそのミッションとし、デジタル-コミュニティ通貨に関する調査研究、教育学習、普及啓蒙活動を実施し、情報共有や協議の枠組みを構築するための「専修大学デジタル-コミュニティ通貨コンソーシアムラボラトリー」、通称「グッドマネーラボ」というコンソーシアム型のラボラトリー（研究所・実験所）を開設することとなった。具体的には、以下のような活動を行うことを予定している。

A. 情報提供（ニュースレター）、研究報告（セミナー、シンポジウム、

コンファレンス)、学会
B. 調査（助成・受託研究）、研究開発事業（社会実装）の推進
C. 啓蒙普及（SNS、出版、メディア）・社会制度化（会計、税務、FP、法制度）
D. 教育・研修（地域通貨・仮想通貨、電子マネー、コミュニティ・ドックの実践的知識教授、資格制度化）

　2019年9月11日〜15日に岐阜県高山市で第5回RAMICS (Research Association on Monetary Innovation and Community and Complementary Currency Systems) 国際会議日本大会が開催される。そのための準備や北海道仮想地域通貨に関する受託研究を始めた。現在、個人会員・団体会員を募集し、大学や官民の研究所の研究者を研究員とする一般社団法人設立に向けた体制準備を進めている。

　願わくば、本書がグッドマネーラボ叢書創刊のきっかけとなる役割を担ってもらいたいと考えている。このような意図を汲んで本書を世に送り出す企画を快くお引き受けいただき、編集の労をお執りいただいた専修大学出版局の上原伸二氏に著者を代表して改めてお礼を申し上げたい。

　なお、本書は、科学研究費基盤研究B「制度生態系アプローチによる経済政策論の研究：進化主義的制度設計と地域ドック」（2009〜2012年度、研究代表者：西部忠）や全労済協会公募委託調査研究「地域通貨を活用したコミュニティ・ドックによる地域社会の活性化」（2010年度、研究代表者：西部忠）の研究成果を利用していること、特に後者の研究報告書の内容に修正を加えたものであることを付記しておく。

2018年7月2日

西部　忠

目　次

はしがき　i

序　章　新たな社会経済政策論の必要性：市場と政府の二分法を超えて　1

第1編　コミュニティ・ドックと地域通貨　17

第1章　コミュニティ・ドック：コミュニティの当事主体による制度変更型政策手法　18

1-1　なぜコミュニティ・ドックか　18

1-2　「コミュニティ・ドック」：内発的な制度変更型政策のための具体的手法　19

1-3　コミュニティ・ドックの必要性：ローカルコミュニティ（地域）の重要性の視点から　35

1-4　生活者たる地域住民の内発性を尊重する地域レベルでの社会経済進化　40

1-5　コミュニティ・ドックのダイナミズム　42

1-6　コミュニティ・ドックの方法論　45

1-7　制度変更型政策手法としてのコミュニティ・ドック導入による社会進化促進の可能性　52

第2章　地域通貨：地域経済と地域コミュニティの活性化のための統合型コミュニケーション・メディア　56

2-1　地域通貨の概念と意義　56

2-2 地域通貨の目的と効果　68
 2-3 地域通貨の目的別分類　74
 2-4 地域通貨の新展開　82
 2-5 地域通貨の運営構想とコミュニティ・ドック　90

第2編　地域通貨を活用したコミュニティ・ドックの事例研究　93

第3章　苫前町地域通貨流通実験（第1次、第2次）　94
 3-1 コミュニティ・ドックの源流としての苫前町地域通貨流通実験　94
 3-2 実験の経緯・背景（苫前町の人口動態等の実態）　96
 3-3 苫前町地域通貨の仕組み（地域通貨券とポイント券）　101
 3-4 アンケート、インタビュー、フォーカス・グループ・ディスカッションによる調査研究　113
 3-5 苫前町地域通貨の流通分析　140
 3-6 コミュニティへのフィードバックとコミュニティ・ドックの考え方　153

第4章　韮崎市・北杜市地域通貨「アクア」　159
 4-1 地域通貨を活用するコミュニティ・ドック実施に至る経緯　159
 4-2 韮崎市・北杜市と地域通貨「アクア」について　160
 4-3 地域通貨「アクア」の流通ネットワーク分析　166
 4-4 韮崎市・北杜市の住民意識に見る現状と課題―アンケート調査から　173
 4-5 メディア・デザインの成果とコミュニティ・ドックの課題　186

第5章　更別村公益通貨「サラリ」　189
 5-1 苫前町地域通貨から更別村公益通貨へのつながり　189
 5-2 更別村公益通貨「サラリ」成立の経緯、仕組・運営、現況　191
 5-3 更別村公益通貨「サラリ」の紙券の発行額、換金額、換金率　194

5-4　コミュニティ・ドックの一環としてのアンケート調査とフォーラム　196
  5-5　アンケート調査による「幸福度」の分析　202
  5-6　アンケート調査（2011年12月）による「貨幣意識」の分析　212
  5-7　地域通貨の運営状況に応じたコミュニティ・ドックの政策的展開　222

第6章　ブラジル・フォルタレザの「パルマス」：制度生態系としての
　　　　コミュニティバンクと住民組織　226
  6-1　地域通貨の現状とパルマス銀行の特徴　226
  6-2　調査方法　228
  6-3　パルマス銀行　229
  6-4　地域通貨パルマの流通　230
  6-5　地域連帯という価値意識の思考習慣としての形成　232
  6-6　知識の伝播と後方支援　236
  6-7　議論　237
  6-8　パルマス銀行と地域通貨パルマの今後　244

終章　コミュニティ・ドックの今後の課題　246

参考文献　259
【資料】1．地域通貨よるコミュニティ・ドック事例一覧表　259
【資料】2．山梨県韮崎市・北杜市地域通貨「アクア」の事前調査アンケート
　　　　　質問票　261
【資料】3．山梨県韮崎市・北杜市地域通貨「アクア」の事後調査アンケート
　　　　　質問票　277
【資料】4．北海道更別村公益通貨「サラリ」事後アンケート調査質問票
　　　　　294
執筆者紹介・執筆担当　301

●序　章

新たな社会経済政策論の必要性：市場と政府の二分法を超えて

　現在の危機はきわめて深刻で複合的である。経済、社会、政治分野の問題が幾重にも折り重なって錯綜しており、簡単には解きほぐしがたく見える。

　1990年以後の20年以上にわたる長期不況の中で、失業や非正規雇用が増大し、地域間・個人間の経済格差は拡大した。モータライゼーションと価格破壊によって、都市郊外の大型店舗が繁栄した一方で、商店街が廃れて中心市街地は空洞化し、街のにぎわいが減り、人々のつながりが薄れた。また、急速な少子化・超高齢化が地域の過疎化や全国的な人口減少を帰結し、福祉サービスと年金の受給者である高年者と、その長期的負担者である若年者との間に利害対立を生じさせている。

　地球温暖化に代表される地球環境問題についても、先進国である日米欧の間に基本姿勢の違いが見られるだけでなく、これまで二酸化炭素を排出してきた結果として経済成長を遂げ、いま定常化社会に収斂しつつある先進国と、これからさらなる経済成長を続けるために二酸化炭素を多く排出することになる途上国との間で軋轢が生じている。このように、「失われた20年」で慢性化してきた不況や失業というマクロ経済的問題の他、長期的な地球環境、人口動態、福祉・年金・財政など地域・国家に関する自然的・社会的・文化的諸問題が複雑に絡み合いながら、現在の危機的状況を作り出している。

　2011年3月に生じた東日本大震災は大規模な地震・津波被害からの地

域復興という課題を突きつけただけではない。原発事故が放射能汚染や電力需給逼迫という事態を生み出したため、原発の安全基準や管理監督に関する政府の原発政策に改めて強い疑問が投げかけられた。これまで、日本では電力の安定供給や炭素排出量の低減に寄与するという理由で、太陽光、風力、小水力や地熱、バイオマスなどの自然エネルギーよりも原子力に高い優先度が与えられ、都会住民も原子力に大きく依存してきた。しかし、こうしたエネルギー政策に見られる中央集権的、官僚的な発想を問いただし、地球環境問題を分散的、自律的な視点から再考する必要がある。

　先ほど列挙した種々の問題は、景気のような中短期的な循環現象ではなく、より長期的な傾向現象として生じている。しかも、それらは独立した無関連なものではなく、複雑ではあるが相互に関連している。では、これらの問題を互いに結び付ける糸はなにか。1990年代以降、市場経済が地球全体に広がり、より多くの種類の財やサービスが商品化されるようになった。市場経済の普遍化と、その背後で生じる商品化の拡大・深化として現れている「グローバリゼーション」という長期的傾向こそ、現代のあらゆる問題に深い影を落とす共通の原因といえるものではないだろうか。

　市場経済とは、貨幣を媒介に各種の財・サービスを商品として市場で売買する経済システムであり、世界史を振り返ってみても、複数の共同体の間や一大帝国の周辺部に古くから存在していた。これに対し、「資本主義経済」とは、正確に言えば「資本主義市場経済」のことであり、市場経済の特殊型として近代ヨーロッパで生成し、経済社会のすべてを市場経済として統合する経済システムである。それは、企業が労働力を雇用し、生産手段を利用して、あらゆる物品やサービスを商品として営利目的で生産・販売することで成り立っている経済社会に他ならない。1970年代に始まり1990年代に進展したグローバリゼーションの中で、市場経済が旧社会主義諸国へも広がり地球全体に普及したが、一般の財やサービス、土地や労働力だけでなく、食事・清掃、介護・育児など家族内で自給されていた各種サービスや個人情報、炭素排出権、命名権に至るまで、わたしたちの実生活や精神面に深く関わる種々の事物が商品化されるようになってきた（西部 2011、2016a、2017b）。

図表序-1　3つの経済社会制度とグローバリゼーション

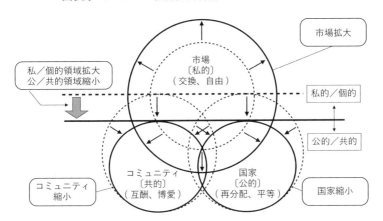

　およそあらゆる経済社会は、①市場（＝自由な交換のための私的原理）、②コミュニティ（＝友愛的な互酬のための共的原理）、③国家（＝平等な再分配のための公的原理）という3つの異なる経済社会制度が混合・共存しながら、それらがバランスを取ることによって維持・再生産されている。19世紀にイギリスで確立し、その後、全世界へと広がってきた資本主義市場経済は、市場を経済社会の調整原理の基本とするが、市場だけではうまく調整できない貨幣や労働力のような問題については国家やコミュニティの原理を補完的に利用してきたと言える。そうした市場の弱点をカバーするために補完的に利用される国家やコミュニティの原理はしばしば「セーフティーネット」と呼ばれてきた。ところが、1970年代以降の資本主義のグローバリゼーションは、図表序-1におけるように、市場原理を拡大する反面、コミュニティや国家の原理を縮小し、市場がコミュニティや国家を部分的に代替していく傾向として理解することができる。だとすると、グローバリゼーションが長期趨勢的に行き着く先は、コミュニティや国家を必要としない、市場だけで成り立つ資本主義経済社会であると解釈できる。[1]

---

[1] それを「純粋資本主義市場経済」と呼ぼう。これは、現実に見られる傾向を究極まで延長した結果として理念的に構成されるある種のモデルであり、現実にそうなると

このことを別様に述べてみよう。グローバリゼーションの行き着く先であるグローバル資本主義とは、極端に図式化してみれば、価値増殖を求める資本の運動があらゆる物事を支配するような経済社会である。そこでは、資本の人格化としての資本家や企業組織のみならず、勤労者、主婦、学生など一般の個々人も自らの行動のすべてを利益獲得のための利己的な投資行為とみなし、人的資本や機会費用といった功利主義的な概念に基づいて教育、訓練、職業、結婚、育児、介護などの社会行為を勘案し選択するようになる。そうなると、たとえば何の所得も生まない育児、家事、介護は就業から得られる所得機会を逸失するという意味での費用負担であると考えられ、精神的にも面倒でやっかいな骨折り仕事としかみなされなくなる。このように、グローバル資本主義の下では、商品化が地理的・空間的に拡大する市場の外延的拡大だけではなく、商品化があらゆるモノやコト（情報、権利、リスクを含む）の領域へ侵入する内包的深化が進んでいる。「自由投資主義」とも言うべきこうしたエートスの蔓延により、貨幣所得の他、効率性、利便性、快適性における利己性が徹底して追求され、家族や近隣などコミュニティにおける互酬や互助に含まれる共同性ないし利他性は廃れていく。かくのごとく資本主義のグローバル化の影響は広範かつ甚大である。これこそ、冒頭に見たさまざまな社会経済現象を引き起こし、各種の規範や倫理の衰退、伝統や慣習の崩壊、安全・安心の喪失を生み出している根本的な原因ではないだろうか[2]。

　現代のグローバル資本主義は、1990年代の日本ではバブル経済の崩壊に典型的に見られたように、実体経済の投資と成長から遊離する金融・信用の拡大とその崩壊という形を取る。また、金融のグローバル化は、原商

　　いう予測を伴うものではない。ここでは、もしそれが成立したとすれば、どういう状況になるかを説明している。したがって、このような経済社会が将来実際に成立するかどうか、また、それが成立するためにはいかなる条件が必要かは、また別の問題である。

[2]　グローバル資本主義が示す市場の外延的拡大と内包的深化の普遍的傾向は「市場の内部化」として捉えられ、現代では自由投資主義として現れるということについては、（西部 2011）を参照されたい。21世紀の金融資本主義が、1980年代以降のグローバル資本主義における「自由投資主義」という内なる制度の普及の結果として生じた点については、（西部 2014、2018）を参照されたい。

品に関する各種の権利やリスクを商品化する先物、オプション、スワップといったデリバティブ商品を次々に生み出してきた。その結果、2008年のリーマンショックや2010年の欧州ソブリンショックに見られるように、CDOやCDSのような高度に複雑なデリバティブ商品取引が急膨張して投機化し、金融システムを不安定にしただけでなく、こうした金融不安定性が実体経済にまで及び、深刻な負の影響をいまも与えている。このような現代の資本主義の「金融資本主義」的特性は、1980年代以降のグローバリゼーションとそのエートスである「自由投資主義」の拡大、および脱工業化におけるサービス化・情報化の進展を前提としている（西部2018）。

　こうした金融危機を経て、欧米では所得・資産格差は増大し、不平等観が社会全体に広がっている。米国の投資銀行など大手金融機関は、リーマンショック時に破綻回避のために公的資金注入による部分的な国有化を受け入れながら、その後1年も経たないうちに莫大な利益を上げて役員の高額報酬を復活した。その一方で、サブプライムローンが返済不能となった多くの中低所得者が自己破産し、ローンの借り入れに際して金融機関に抵当権を設定された自宅の立ち退きを要求され、生活の場を失うといった過酷な状況に追い込まれた。にもかかわらず、彼らに対しては何の救済策も行われなかった。ここに、矛盾に満ちた世界のあり方が浮かび上がっている。すなわち、国家が、一方で自己責任に基づくとして個人や中小企業を見捨てながら、他方で全般的システミック・リスクによる金融システムの崩壊を回避するという名目の下に一部の巨大金融機関だけを恣意的に救済するという、全く公正さを欠いた世界なのである。欧州ソブリンショックでは、国家財政破綻のリスクがいわゆるPIGS諸国という弱い環に現れた。そこでは、もはや国家が金融機関を救済するというレベルではなく、EU（欧州連合）が欧州共通通貨ユーロを守るためにギリシアなどの国家を救済するかどうかというもう一段高いレベルへ上がっているが、問題の構図は変わらない。すなわち、今回そこで救済されるのは、これまで金融システムや通貨制度を危険にさらす金融機関を救済するはずであった国家である。高い失業率に苦しみ、給与をカットされる人びとはここでも救済

ない。緊縮的な国家財政が人びとの生活をますます苦しくするのはまちがいない。

どちらのケースでも所得・資産格差という「結果としての不平等」は確かに懸念されるべき事態ではある。では、たとえば国家が上位1％の資産家に増税を課し、それを中低所得者へ再分配すれば、問題は解決するだろうか。根本的な問題は、格差是正のための所得再分配とは別のところにあるのではないか。市場経済とは、帰結としての経済的格差を孕みつつも、ゲームのルールとしては機会の均等を前提とする自由競争原理に基づくべきものである。ところが、現実には、国家が資本主義市場経済の存続という大義名分を掲げつつ、自由競争の前提となるべきイコールフッティングを壊し、大銀行と市民の間に機会の不均等を生み出したことがあからさまになった。いわば資本主義というゲームを続けるために、胴元は大プレイヤーの負けに限ってそれを帳消しにできるという、明らかに小プレイヤーにとって不公平なルールを必要に迫られて追加したのである。ここでの問題は、機会均等のもとでの結果としての不平等ではなく、機会不均等のもとでの詐欺的な不平等である。ゲームの結果としての不平等よりもずっと基本的であるべきゲームのルールにおける不平等ないし不公正なあり方が問題なのである。2012年から世界的に広がった「反ウォール街」運動は格差是正を求めるものだといった解説が広くなされてきたが、人びとの怒りの真の矛先は、本人たちが明確に意識しているかどうかは別にしても、むしろこの問題に向かっているのではないか。どのようなゲームにせよ、そのルール自体の公正さに広く疑義が生じるということは、そのゲームそのものの危機であるにちがいない（西部 2014）。

これまで、不況や失業のような景気循環に伴うマクロ的不均衡に対しては政府・中央銀行が財政・金融政策を裁量的に行うことで調整し、金融危機のようなシステミック・リスクについては中央銀行のセーフティーネットで対応すべきであると考えられてきた。だが、日本における1997年以降のデフレ・スパイラル的状況ではいずれもうまく機能しなかった。不良債権処理は、結局、公的資金注入という市場原理を根本から否定する政府の直接的な介入によって何とか改善したとひとまずは言えるが、いまも問

題は根治していない。しかも少子高齢化による年金問題と社会保障問題が深刻化し、積み上がった莫大な財政赤字の削減が喫緊の課題になっている。こうした悲劇は、リーマンショックや欧州ソブリンショックにおいてより拡大された規模で繰り返されている。

　グローバル資本主義が進展する中で、リスク分散化のための債権小口化商品やデフォルトリスクをヘッジするためのクレジット・デリバティブ商品を次々に開発・販売することで金融市場をカジノ化し、金融不安定性を作り出したのは他ならぬ巨大金融機関である。にもかかわらず、政府が金融危機の張本人と言うべきこうした金融機関のみを救済するという不公正な事態が白日の下にさらされた。政府は市場のルールの公正さを保全する役割を果たすどころか、むしろその不公正さを助長する主役であることが一般に知られたのである。公正な市場競争を行った結果として経済格差が生じ、そうした不平等が将来の経済成長を阻害する配分上の非効率性になると見るならば、そうした不平等を「市場の失敗」として政府が是正すべきだと主張することはできるかもしれない。その場合、政府は経済成長を妨げる経済的不平等を再分配によって是正するのだから、市場と政府は相互に補完しあうと言えよう。ところが、市場経済の存続のためという理由で、市場のルールを一部のプレイヤーに適用除外して救済する主体が政府である場合、このような不公正なルールの恣意的変更を行う政府が「市場の失敗」を補完するとはもはや言いがたい。

　1990 年代以降、このように慢性的に継続する不況や失業、格差や不平等という拡大解釈された「市場の失敗」を政府が財政・金融政策および再分配政策で補完するという従来の考えが行きづまった一方で、年金破綻や財政破綻など「政府の失敗」も顕著である。市場の「自由」か政府の「規制」かという二分法的な従来の見方は理論的にも政策的にも有効性を失い、破綻しつつある。いまや、こうした二分法を越える新たな経済社会観と政策観が求められている所以である。

　2012 年暮れに発足した第 2 次安倍政権は、長期デフレの脱却と名目成長率 3％への経済回復を目指して、①大胆な金融政策、②機動的な財政政策、③民間投資を喚起する成長政策の「3 本の矢」を柱とする経済政策と

して「アベノミクス」を提唱した。

その目玉である①大胆な金融政策について、日本銀行の黒田総裁は2013年4月に中央銀行が2年程度で2％のインフレターゲットを達成するという量的・質的金融緩和（異次元緩和）を掲げた。そのために日銀は短期国債だけでなく長期国債や上場投資信託（ETF）や不動産投資信託（REIT）を買い入れて、マネタリーベースを2倍にするとした。こうした金融政策は円安と株高をもたらし、その結果、企業業績が回復基調を示した。しかしながら、労働者の実質賃金は上昇せず、消費者物価指数も低迷して、デフレ脱却は容易に達成できなかった。そこで、日銀は2016年1月にインフレ目標を早期に達成するために史上初のマイナス金利政策の導入し、さらに、国債の無制限購入による量的緩和を行った。にもかかわらず、インフレ目標は達成されず、その達成時期が何度も先送りされた。

米国は2014年10月に量的緩和政策を終了し、2015年12月に9年半ぶりに利上げを行っており、日本もいずれ出口戦略への転換を迫られるであろう。2018年4月には、それまで「2019年度頃」とされていた目標達成の時期がついに削除されてしまった。政府・日銀は公式には認めていないものの、事実上、これはインフレ目標の達成断念に他ならない。

このように前例なきマイナス金利や超金融緩和も「失われた20年」から日本を脱出させ、景気回復軌道に乗せることはできなかった。日銀の金融政策がその効果をうまく発揮できないのは、いくらマネタリーベースを増大しても、民間主体による資金需要が少なく、銀行が貸出増大を通じた信用創造が作動しないからである。それは、ここ数年でマネタリーベースが5倍も増えているのに、マネーストックがほとんど伸びていないことからも明らかである。国内に資金需要が少ないのは、実体経済における収益性が高い投資機会が見いだせないからであろう。将来の経済成長予想に基づく資金需要の増大が見込めないならば、人為的に作り出された過剰流動性は、株、債券、不動産、為替、派生商品等の資産市場へ投機的資金へと流出していく以外にない。ここ数年にわたる資産価格の上昇基調は、日銀による異次元の質的量的金融緩和によるものである。

2017年後半以降、ビットコインを初めとする仮想通貨が世界的にバブ

ル的に高騰して、2018年1月に突如崩壊した。仮想通貨バブルは、日銀の超金融緩和による法定通貨の急増分を部分的に吸収してきた結果であろう。いまのところ、仮想通貨は価値変動が激しいハイリスクの投機的金融商品に堕してしまっているといってよい。

　ところが、ビットコインを代表とする仮想通貨は、中央銀行のような集中的な発行管理機関がなくとも、世界中の多くのサーバーがインターネット上で自律分散的に発行管理しうる、法定通貨とは異なる民間通貨であり、本来、「貨幣」として広く利用されことが想定されていた。2018年1月のバブル崩壊以降も、1600種類を上回る仮想通貨全体の時価総額はいまも増大を続けており、いまも安定的価値を持つ交換手段として実取引に使われる「良貨（グッドマネー）」になる可能性はある。仮想通貨が「良貨」になるためには、一般の金融商品の場合と同じような、売買差益（キャピタルゲイン）を追求することで法定通貨の増大を図るといった、資本としてのグローバルな使用法を脱却しなければならない。そのためには、まず、現実の人間がかかわりうる時間・空間は基本的にごく限られていて、認知・計算・実行の能力は大きく制約されているという「有機的人間の存在条件」を前提とする必要がある。そして、こうした条件を前提とする生身の人間がローカルな時空間で有限な能力に基づいて自分や環境を繰り返し再生産するために日々行う経済取引の中で使用できるような「良貨の条件」を考えて行く必要がある。その際、仮想通貨の場合も地域通貨の場合と同じように、これまで当然視されてきた「市場か政府か」「自由か規制か」という二分法の問題を乗り越えなければならない。この二分法はここでは「非法定通貨（民間通貨）か法定通貨（国家通貨）か」という別の形で現れてくる。いま、仮想通貨と地域通貨の融合ともいえる「仮想地域通貨」も登場してきている。こうした現実を理解しつつ「良貨の条件」を考えるためには、市場と政府（国家）にさらにコミュニティという視点を導入することによって、これら三者を再統合するような理論枠組みが求められているのである。

　地域通貨に大きな注目が集まったのは、資本主義のグローバル化が先に見た経済、社会、政治上の諸問題を引き起こしているにもかかわらず、こ

のように市場も政府も失敗している状況で、人々がそうした諸問題をもはや市場や政府だけに頼ることなく、コミュニティの機能を賦活しながら、草の根あるいは地域のレベルから自律的かつボトムアップに解決しようとする機運が盛り上がったからであろう。

　地域通貨は経済のグローバリゼーションが進行した1990年代に世界的に急速に広がり、その数は5,000を越えたと言われ、日本でも650以上の実践例がある。日本では有志の市民グループが率先して地域通貨の運動をはじめ、さらに地方自治体、商工会議所、商工会、企業などにも参加主体が広範に広がった。地域通貨運営を目的とするNPOもいくつか設立された。2003年以降、中央政府によるコンピュータを利用するプラットフォームの提供、地域通貨特区の認定とその後の全国展開といった地域通貨支援策が相次いで打ち出された。また、地域商品券を複数回流通させることで地域通貨と同様の効果を得ようとする試みがさかんに行われるようになった。これは、地域通貨において一般的であった法定通貨への換金不可という条件を外す方向へ進むことでもあった。こうした行政による支援策を受けた試行錯誤の試みの中で地域通貨の数は急速に増えたが、実験として短期的なものが多く、また、長く続かず休止するものも少なくない。

　このように、地域通貨は、各種の人為変異を伴いつつ自然淘汰される中で、環境条件に適合したものが生き残っていく進化するシステムである。地域通貨の存続は、現在の経済社会システムである資本主義経済やその中で生活する人間の行動、動機、価値観からなる制度的な環境条件から大きな影響を受ける。したがって、同じシステムであっても、環境条件が変われば、淘汰されることもあれば、生き残ることもある。つまり、個々の地域通貨のシステムが優れているかどうかを環境条件から独立に決定することはできない。とりわけ、地域通貨が対象とする地域コミュニティのあり方やそこに生活する人びとの規範や価値のようなローカルな環境条件は働きかけ次第で大きく変化しうる。「地域通貨はうまく機能しないシステムだ」と判断して、地域通貨が続かない原因を地域通貨のシステム自体に求める考え方がしばしば見られるが、それは性急な見方であり、けっして正しくない。グローバル資本主義にまつわる諸問題の解決を図るために、地

域通貨を導入することで「市場＝交換原理」や「国家（政府）＝再分配原理」に加えて「コミュニティ＝互酬原理」を働かせようとする基本的な方向性が直ちに間違っていると即断することはできない。もちろん、グローバル資本主義における国家通貨と市場原理が強い繁殖力を発揮する環境条件の中では、地域通貨と互酬原理の繁殖力は簡単に強くはならないことも明白である。ここで考えるべき問題は、地域通貨をいかに長期的に存続可能なものにしうるかということであり、そのための重要な鍵は、地域コミュニティのあり方やそこに生活する人びとの規範や価値を含むローカルな環境に働きかけ、そこに変容を引き起こすことである。だが、そうした変容をだれがどうやって捉え、また、それをだれがどうやって引き起こすのかという問題を方法論的なレベルで提起し、その解決を根本的に考えることはこれまでなかった。

　本書は、グローバル資本主義にまつわる諸問題の解決を図るために、地域通貨を導入することで、「市場＝交換原理」や「国家＝再分配原理」に加えて「コミュニティ＝互酬原理」を働かせることの理論的意義を考察するとともに、経済社会の進化的特性を踏まえた、当事者による内発的地域発展手法である「コミュニティ・ドック（地域ドック）」の枠組みを体系化し、地域通貨の実践的な導入・活用のための提言を行うことを目的とする。

　コミュニティ・ドックとは、総合的な定期検診である人間ドックに相当することを地域コミュニティに対して実施しようというねらいのもと、地域の経済社会を総合的に診断し、住民の自己評価を通じて生活現状の改善に導くための総合的かつ内発的な評価手法である。地域通貨を活用したコミュニティ・ドックの手法を導入することにより、地域通貨の流通速度、流通ツリー、流通ネットワークなどの定量分析やアンケートやインタビューによる主観データの分析を通じて、地域社会の現状を多面的に把握し、問題の改善に向けた処方箋を提示するための総合的な診断手法の確立を目指すものである。また、その診断結果を地域住民にフィードバックすることによって、各地域の特性を活かした地域社会の活性化の方策を住民自らが発見することを補佐支援し、その中で地域通貨のルールやパラメー

タなど制度設計のあり方を試行錯誤的に更新していく運営方法を提起する。

　西部を中心とする共同研究グループは、2004年から2006年までの間、北海道苫前郡苫前町で同町商工会が中心となって実施した地域通貨流通実験に関する実施調査を行った。この実験調査は「コミュニティ・ドック」を考える上で重要な示唆を与えてくれる事例であるので、まずその概要を紹介する。

　苫前町地域通貨流通実験の調査研究では、アンケート、インタビュー、フォーカス・グループ・ディスカッションから住民の生活満足度や住民意識、地域通貨に対する認知、理解度、意識を明らかにした。また、利用者が地域通貨の紙券裏に記載した取引データをもとに流通速度を計算し、通貨の流通ツリーの分析を行い、流通ネットワークを可視化した。さらに、2回にわたる実験の間や事後に地域住民への調査結果のフィードバックを試みた。そのねらいは、広く住民が調査結果を知ることで、彼らの参加意識や価値観の変容が引き起こされ、地域通貨の取り組みにたいしてより積極的に関与するようになるのではないか、そして、その結果として地域通貨の各種効果が向上するのではないかという点にあった。苫前町地域通貨の調査研究を実際に進める中で、調査分析結果に基づく現状の評価・診断をその参加者へフィードバックしつつ、運営団体や参加者へ助言や支援を行っていくアクションリサーチの全体を包括的な調査・評価手法の新たな枠組みとして提示しうると考えるに至った。それが、本書の主題的な概念である「コミュニティ・ドック」である。それは西部と草郷が苫前町での調査研究を通じて着想し、その後、他の事例研究を進めながら時間をかけて共同で概念化してきた（西部・草郷 2012）[3]。また、そこにいたる過程で、西部は、地域通貨を進化主義的制度設計の一典型例と考え、進化主義的制度設計とコミュニティ・ドックが入れ子型の階層関係を形成することを明らかにした（西部 2006a）。

　本書では、コミュニティ・ドックの手法をさらに体系化するとともに、

---

[3] 概念のより詳細な説明は第1章を参照のこと。

地域通貨を実践・導入する地域においてその枠組みを導入することにより、当事者自身による地域の状況診断のみならず、その診断結果に基づき、地域にとって必要な処方箋を導き出し、生活改善などに役立つような支援を行いたい。また、その際に、各々の地域に適した地域通貨の運営方法や運営スキームについても提言できればと考えている。

　ここで、「コミュニティ・ドック」という用語を使う理由について予め述べておきたい。着想した当初からわれわれはこれを「地域ドック」と呼んできたが、次第に「地域」より「コミュニティ」という語を使用する方がより適切であり、「コミュニティ・ドック」と呼ぶ方が望ましいと考えるようになってきた。日本語の「地域」は「地元」「地方」と同じく近隣的な居住空間としての場所を表すこともあれば、アジア地域経済におけるように国家を越えた広がりであるリージョン（region）を表すこともあるが、いずれも地理的、場所的な意味が大きい。前者の意味での「地域」とは、実は「地域コミュニティ（local community）」のことであり、それはコミュニティ（共同体）の一種であるのだが、日本語では「コミュニティ」を省略しても日常的に意味が通じるので、時に問題や混乱が生じる。「地域通貨」の「地域」についても同じことが言える。

　そこで、かつては「地域」をやや拡張解釈し、それが単に地理的空間的なものだけでなく、価値や関心の共有に基づく開放的なつながりやアソシエーションのような位相空間、言い換えると「関心コミュニティ（Community of Interest）」をも表すと考えた（西部 1999）。そのような用法は一般的とは言えないが、「地域」をあくまで形容詞、英語でいえば local としてとらえ、地域通貨を「地域的」「近傍的」通貨という意味で用いたのである。それに対して、「地域が一丸となって」という時には、地域は地域コミュニティないしそれを構成する人間集団としての主体を意味する。地域ドックの「地域」とは、「地域コミュニティ」を意味するこうした用法におけるように、あくまで名詞であって、それはドックを行う主体かつ客体である。にもかかわらず、「地域ドック」が「地域的」なドックの意であるとひとたび誤解して捉えられてしまうと、多くの重要な含意がまったくわからなくなる。さらに、「地域ドック」という用語

は、特に英語へ翻訳する際に困難にぶつかる。「人間ドック」という予防的診断制度がそもそも日本に特有なものなので、外国人にはまずそれを"a thorough medical checup"のように説明する必要があり、「地域ドック」という比喩が日本語のようにすんなりとは通じない。"community dock"ならかろうじて意味は通じるのだが、"local dock"では「地方にある波止場」という意となり、まったく意味が変わってしまう。これは、日本語の「地域」は形容詞であるだけでなく時に名詞にもなるのに、英語の"local"は形容詞であって、決して名詞にはならないからである。こうした理由で、「地域ドック」の代わりに「コミュニティ・ドック」という用語をできるだけ使っていこうと考えるに至った。このように、「地域ドック」はあくまでも「地域コミュニティ・ドック」の短縮語なのであり、われわれが本論以外で「地域ドック」という語を使っている場合もこの意味で理解していただきたい。

　同様に、地域通貨についても、経済調整様式として「市場＝交換」、「国家＝再分配」とは異なる「コミュニティ＝互酬」に基づく互酬的交換[4]を中心原理とすることを明確に表現するためには、「コミュニティ通貨」と呼ぶ方がより適切であろう。しかしながら、日本では「地域通貨」がすでに相当広く定着しており、苫前町のように固有名詞の一部になっている場合もあるので、過去の事例を多く扱う本書では「地域通貨」を一貫して使うことにした。

　ここで、本書全体の構成と要点を述べておく。本章は、現状分析とコミュニティ・ドックや地域通貨へのイントロダクションを兼ねている。これに続いて、第1編「コミュニティ・ドックと地域通貨」と第2編「地域通貨を活用したコミュニティ・ドックの事例研究」という2編構成を取る。最後に全体を総括する終章を置く。

---

[4] 互酬的交換とは、単純再生産が繰り返されているような静態的経済を前提とし、あるコミュニティの生産物を他のコミュニティが自分の生産物を生産するための投入物として必要とし合っている投入産出関係のなかで、互いに必要とするものを与え合うことであり、市場＝交換とコミュニティ＝互酬が結合する取引形態である。地域通貨は、それが媒介する取引が互酬的交換として実現されることを理想としていると考えられる。そこでは、交換におけるような同時性や等価性が必ずしも成立していない（西部1997）。

序章　新たな社会経済政策論の必要性

　第1編第1章では、コミュニティ・ドックの概念、必要性、特色・位置づけ、方法論について議論し、続く第2章では、地域通貨の定義・特徴・目的、目的別分類と最新事例について概観しつつ、地域通貨を経済社会政策論のメディアとして活用するコミュニティ・ドックの手法的な特徴や意義づけを議論する。

　第2編第3章では、地域通貨を活用するコミュニティ・ドックの国内外の個別事例について、われわれが進めてきた調査研究を紹介する。まず、コミュニティ・ドックの端緒的な試みであった北海道苫前町の地域通貨流通実験（第1次、第2次）の調査分析を振り返り、その成果と課題をまとめる。第4章では、コミュニティ・ドックの事例として2011年に実施した山梨県韮崎市・北杜市地域通貨「アクア」の調査分析について報告する。第5章では、北海道更別村の公益通貨「サラリ」に関する2012年に実施したアンケート調査結果を分析するとともに、その結果に基づくワークショップについて報告する。最後に、第6章は、ブラジル、フォルタレザ郊外のパルメイラ地区にある住民自治組織とパルマス銀行の共進化関係について論じ、コミュニティバンクを制度生態系の一事例として分析した論文（小林・橋本・西部　2012）の再録である。これは、コミュニティ・ドックに大きな関連があるので、本書に収めることにした。同論文は、2012年にパルマス銀行の関係者に対して行ったインタビューとアンケートによる調査結果から得られた知見（西部・橋本・小林・栗田・宮﨑・廣田 2012）に基づくものである。これは、コミュニティ・ドックに利用できる諸団体間関係のモデル化が日本だけでなく世界でも実施できることを示すとともに、世界の事例が日本の事例における今後の展望に対して大きなインプリケーションを持ちうることを物語る。

　終章では、コミュニティ・ドックに地域通貨以外のメディアが活用できることを確認した上で、地域通貨活用の基本的意味を論じ、残されている課題について考察して結びとする。

第1編
コミュニティ・ドックと地域通貨

●第1章

コミュニティ・ドック：コミュニティの当事主体による制度変更型政策手法[5]

1-1　なぜコミュニティ・ドックか

　住民が主体となって地域づくりを進めることの重要性が指摘されるようになって久しい。これまでの行政主体のまちづくりにおける「官」=「公」という見方から、住民、企業、団体と行政が協働する「新しい公共」への転換の必要性が認識され、総合開発計画策定を"住民参加型"で進める自治体も増えてきている。経済の活性化、教育・医療・福祉サービスの整備といった個別の政策形成においても、住民の声を反映した政策内容の設計や実施が検討されつつある。このように、住民主体による地域開発の機運は高まってきているものの、実際には、行政がまちづくりや地域計画の大枠を策定した上で、住民の声をその中に部分的に反映させるという程度に依然として止まっていることが多く、地域住民が真に自主的、内発的な形でまちづくりを進めることはなかなか容易ではない。こうした現状を踏まえ、本論では、地域の住民だけでなく各種団体、企業、行政から成るコミュニティが主体となって行う内発的なまちづくりをより有効に支援するための手法として「コミュニティ・ドック（地域ドック）」を提案したい。

　コミュニティ・ドックとは、調査研究主体が地域の経済社会に関する総合的検診を定期的に行い、それを住民や諸団体・組織からなるコミュニティ

---

[5]　本章は、西部・草郷 (2012) に一部、図表等を加え、加筆修正したものである。本論文について両著者は同等の貢献をなす第一著者である。

に提示して働きかけるとともに、コミュニティ自身が現在生じている経済社会的な問題を認識・評価することを通じてそれを自ら取り除き、改めるための総合的な評価・改善手法である。それは、統合的で内発的なコミュニティ開発支援ツールであり、コミュニティが当事主体となって自己評価・自己修正するための手法である。

コミュニティ・ドックは、進化経済学の概念や基本思想に基づく進化主義的制度設計という枠組みの中で考案され、提起された。進化主義的制度設計とは、「外なる制度」（法や規則に基づき形成されている貨幣、教育、医療、福祉制度など）を変更することによって「内なる制度」（法や規則ではないが、コミュニティ内の住民、企業、団体、行政の中である程度共有化されている価値、規範、動機）の変更を誘発し、両制度の変更を通じて経済社会を望ましい方向へ進化させることを目指す新たな政策論である。コミュニティ・ドックは、コミュニティ発展のための社会実験や社会運動によって外なる制度を漸次的に進化させていくメディア・デザインのもとで、自己評価や自己修正を通じて価値、規範、動機等の内なる制度を自主的、自発的に変化させ、外なる制度の効果や有効性を高めていくような実践的政策手法なのである。したがって、それは既存の政策評価手法とは多くの点で異なる特色を持つ具体的評価手法の一種でもある（西部・草郷 2010、西部・草郷・橋本・吉地 2010）。以下、本論文では、コミュニティ・ドックの概念、必要性、特色・位置づけ、方法論の順で論じる。

1-2 「コミュニティ・ドック」：内発的な制度変更型政策のための具体的手法

「コミュニティ・ドック」は新しい概念であり方法論である。そのため、「コミュニティ・ドック」とはそもそも何をもとにして発想されたのか、それが目指すのは何か、コミュニティ・ドックはどのようにして行うのか、また、主体は誰であり、研究者はどこに位置するのか等々、それに関する疑問は決して少なくない。ここでは、これらの疑問に順を追って答えることで、コミュニティ・ドックの内容を説明していくことにする。

1-2-1　コミュニティ・ドックとは何か？

　まず、「コミュニティ・ドック（地域ドック）」という言葉の由来について述べておこう。コミュニティ・ドック（地域ドック）は、定期的に実施される総合的健康診断の一種である「人間ドック」のアナロジーとして着想されたものである（西部 2006a）。人間ドックは、医療専門家である医師が最先端技術機器を駆使して受診者の体の状態に関する客観データを収集し、それらを分析することで現在の健康状態の良し悪しを判定するものである。通常、医師は問診で検査結果を受診者に伝え、今後の体調維持・改善のための対策についてアドバイスを行い、本人自身による健康管理に動機づけを与えるようサポートする。例えば、検査結果から肥満や高脂血症などの病気の兆候が見られる場合には、データを用いて本人の身体状態への自覚を促し、日常生活に問題がないのかどうかを振り返るきっかけを与える。考えられる要因について本人に気づきがある場合には、食事内容の見直しや定期的な運動の習慣化など具体的な改善策を検討し、実行に移すようアドバイスする。そして、一定期間後に再検診を受けることを勧める。もしも検査結果から病気や疾病などの問題が見つかった場合には、治療や手術といった医療上の処方箋を与えることもある。

1-2-2　人間ドックとコミュニティ・ドック：両者の2側面における類似性

　コミュニティ・ドックが人間ドックから着想を得ることができたのは、人間ドックとコミュニティ・ドックの類似点が大きかったためにアナロジーが働いたからである。まず初めに、このアナロジーについて説明していく。

　人間ドックには2つの側面がある。まず、受診者にとって自覚症状がないガン、心臓病といった深刻な病気の発現を、医師が早期に発見して各種の治療行為へ結び付けるための診断手法としての側面がある。他方で、客観的な診断情報の提供と医師による診断結果をもとにして、受診者が自ら健康状態を再確認し、生活習慣を改善するなど病気を予防するための気づきや動機が与えられるという側面がある。つまり、人間ドックとは、専門

家である医師が客観的データの科学的解析に基づく検査結果をもとに受診者に助言を与え、受診者はそれを参考にしながら、自分の体調を整え、健康を自己管理していくことを促していくシステムである。別の言い方をするならば、人間ドックは、自覚症状がない病気を早期発見・治療するための診療技法である反面、予防の観点から受診者が自身の体の健康状態を確認し、自身の体の特質を考慮しながら、自らの動機と意志で生活習慣の改善につなげようとするプロセス評価手法の性質を備えている。

　コミュニティ・ドックにもこれらに対応した2つの側面がある。コミュニティ・ドックは、一方で、コミュニティ外部の研究者がコミュニティの経済社会の現状について調査分析してその結果を報告し、それに基づいて新たな施策を提案したり、また、導入された施策を評価、修正したりするための包括的な調査分析・政策提言評価手法である。他方で、それは、コミュニティ主体のまちづくりを自主的、内発的に行うための実践的手法でもある。コミュニティの当事主体には、住民だけでなく企業・団体・行政も含まれる。そうした当事主体が地域経済社会の現状や各主体の動機や価値観の分布状況を知ることで、各々の立場からその問題を認識することができ、さらに、当事主体が外部の研究者と協働チームを形成して、コミュニティの今後のあり方について意見交換したり、ワークショップなどの学習・協議の場で問題を共有化したりすることを通じて、各主体のコミュニティに対する価値意識や関与の仕方を自己修正し、相互の信頼や協力を形成することを促し、その結果として、コミュニティの問題解決を図ることができる。

　したがって、コミュニティ・ドックは、主体としてのコミュニティによる客体としてのコミュニティの自己評価・自己修正プロセスをその内部に組み込んだ政策手法なのである。コミュニティ・ドックで特に強調すべきなのはこの側面である。それは、コミュニティの当事主体（地域住民、企業、団体、NPO、行政）がコミュニティの望ましい将来像をヴィジョンとして共有し、そのようなコミュニティを実現するために必要となる政策の設計や評価を行う実践的な手法なのである。

　人間ドックでは、医師と受診者が診断結果をもとに行われる対話の中で

問題と改善策を確認し、次の目標を設定して、その実現に向けた計画を立案し実践していく。コミュニティ・ドックでは、専門性を有する研究者とコミュニティ（地域）の当事者からなる協働チームが当該コミュニティ（地域）の現状を分析・診断・評価し、コミュニティ（地域）の全当事主体がその結果を共有することによって、コミュニティ（地域）の現状と目指すべき姿との間の差異を自己認識し、導入された改善策の成果や課題を確認して、必要ならば、その改善策を修正していく。コミュニティ・ドックは、コミュニティがコミュニティについて自己評価・自己修正するのを、研究者のような外部者が協働しつつ支援するための手法であり、政策のプロセス評価手法の一種である。それは、外部観察者の観点に立つ既存の評価手法のように、政策帰結の便益測定を目的とする手法とは大きく異なる（Fetterman 2001）。

　ここで、コミュニティ・ドックが政策のプロセス評価手法であるというのはどういうことかについて、もう少し詳しく説明しよう。人間ドックの診断結果の報告は、受診者の健康管理に対する自意識を刺激することで、自己の体重、体脂肪率、血圧などの客観的な測定・記録を継続する動機を形成し、運動、食事、嗜好品、睡眠を含む生活習慣の全般を見直させるなど、受診者の生活習慣とその背後にある健康意識や価値観の変容を引き起こす。これと同様に、コミュニティ・ドックでは、コミュニティの当事者である住民、企業、団体、行政がコミュニティの総合的評価を知ることで、自らのコミュニティに関する帰属意識や価値意識が自覚化されたり、自らがコミュニティの諸問題を認識・評価するための規範や価値を意識化したりする。そのことによって、内なる制度（帰属意識、価値意識、規範・価値）が変容し、それがまた外なる制度の特性や効果を変化させるであろう。もしもコミュニティ・ドックによって変化した内なる制度が外なる制度と不整合であることが明らかになるならば、新しい価値意識に対応した新たな制度設計が必要となり、メディア・デザインにおいて外なる制度自体の変更・修正が要請されることになるかもしれない。このように、コミュニティ・ドックを通じて、外なる制度と内なる制度が相互規定しつつダイナミックに変化する共進化が生じるならば、それは地域経済や地域コミュニ

図表1-1　人間ドックとコミュニティ・ドックの類似性

人間ドック	コミュニティ・ドック
1）医師による診断・治療	1）研究者による調査分析・政策提言
2）医師による問診（医師と受診者の対話）＋受診者による自己点検・自己修正→気づきと自制	2）研究者による結果報告（研究者とコミュニティの協働ワークショップ）＋コミュニティによる自己点検・自己修正→気づきと自制

ティの発展プロセスやその方向に大きな影響を及ぼす。つまり、コミュニティ・ドックは、研究者による総合的診断に基づく助言や支援を受けながら、住民、諸団体、商店街、企業、行政からなるコミュニティが地域の経済社会のあり方を認識し、自己評価を通じて現状を改善するための統合的かつ内発的なプロセス評価手法であり、外なる制度と内なる制度の両面で制度進化する新しい社会の創出に有効な政策ツールとして位置づけられるのである。こうしたコミュニティによる包括的な自己評価・自己改善手法として「コミュニティ・ドック」を体系化することが求められている。

以上見てきた、人間ドックとコミュニティ・ドックの類似性を2側面についてまとめると図表1-1のようになる。

1-2-3　人間ドックとコミュニティ・ドック：両者の異質性

人間ドックとコミュニティ・ドックは、いま見たように、類似する2側面を持つにもかかわらず、両者の間には重大な差異がある。コミュニティ・ドックの特徴をよりよく理解するためには、両者の共通性だけでなく、両者の異質性を正確に認識する必要がある。とりわけ、コミュニティ・ドックをうまく実践するためには、この相違点に十分留意する必要がある。

人間ドックでは、近年でこそ患者による生活習慣の自己点検や自己修正という側面が強調されるようになってきたが、基本的には、医師が患者の病気を診断・治療することが前提とされている。したがって、医療行為における主客関係や病態の客観性が疑問に付されているわけではない。病気とは、主体である医師が客体である患者に科学的診断技術（視覚・触覚的、

化学的手法）を用いて客観的に認知・同定しうる患者個人の心身の疾患状態であり、医師が治療技術（投薬や手術）を使って除去ないし消去すべき対象であると考えられている。医師にとって患者の病巣や病因は客体的な分析・治癒対象である。医師は医療行為の主体として疾患や病気を診断し、物理化学的な治療技術を駆使して自らが治療に当たり、その正否に対して自らが責任を持つ。

　これに対して、コミュニティ・ドックでは、研究者はコミュニティの現状や問題を調査分析するにしても、通常、医師のようにその結果を用いてコミュニティの問題を自ら解決（治療）する主体ではない。問題解決の主体は研究者ではなく、あくまでもコミュニティの当事者である。研究者は、コミュニティが自ら問題を解決するための助言者（アドバイザー）や提言者（プロポーザー）であり、時には相談者（コンサルタント）にもなるものの、あくまでもコミュニティを補佐・支援する役割を果たすに止まる。そうでなければ、市民の自主性や自発性は発揮されない。

　もちろん、医学の中にも西洋医学と東洋医学といった差異がある。西洋医学は、病気を医師が客観的に認知（診断）し操作（治療）すべき対象であるとみなすのに対して、東洋医学は、医師は病巣や病因を直接除去するのではなく、鍼・整体や漢方薬のような間接的・媒介的手法を用いて患者の免疫系や神経系に働きかけ、それを賦活してやることで、患者自身の内発的で潜在的な力が向上して自己治癒すると捉えている。人間ドックの２側面のうち、西洋医学では第１の病気の早期発見・治療の側面が強調されてきたわけだが、それは、主客対立やそれに基づく主体による客体の操作という近代科学の思考様式に基づいて病気や治療を認識する傾向が今も強いからである。近年、第２の病気の予防・習慣改善の側面が強調されてきたのは、西洋医学の中に東洋医学的な視点が取り入れられつつあるからであろう。経済学でも従来の政策とりわけ金融・財政政策等のマクロ経済政策は客観的な「操作」や「治癒」を主たる目的と考えるという意味で、西洋医学に似ている。そうした従来の経済政策観では、いわば病気の早期発見・治療が強調され、病気の予防・習慣改善の側面は無視されるのである。

　コミュニティ・ドックは第１の側面だけでなく第２の側面があること

を強調する。それは、社会的事象は自然的事象よりも複雑性や不確実性が高く、社会的状況では主体と客体の分離や主体による客体の直接的操作がより困難になるからである。こうした問題を基本的に無視することで成立する西洋の近代合理主義的な思想に基づく西洋医学は、客観的な病理の早期発見やその治療を基本的に強調する。これに対して、社会的状況の複雑性や不確実性を重視するコミュニティ・ドックは、病気の予防・習慣改善のような間接的・媒介的な手法、言い換えると、進化主義的な手法を重要視する。コミュニティ・ドックは人間ドックに似ているとはいえ、この点では、西洋医学よりも東洋医学により近いといえる。

　このように、社会経済の諸問題、中でもコミュニティというレベルにおいて、西洋医学のように、医師と患者の間における病気の診断・治療についての主客関係や病態の客観性を前提することはできない。その理由について考察してみよう。

　人間ドックにおける受診者は個人であるが、コミュニティ・ドックのそれはコミュニティである。固有な遺伝子、器官、身体を持つ個体としての個人は、心的には多元的な自己や分裂するアイデンティティを持ちうるものの、その境界は身体的な外延により定義され、個別に同定されうる。これに対して、多様な個人や組織・集団の集合的共生態であるコミュニティはその構成要素や境界の定義が必ずしも明確ではないばかりか、個人の身体よりもずっと外的環境の変化の影響を被りやすく、構成要素や境界もそれに応じて変化する。このように、コミュニティの恒常的な同一性は定義しづらい。個人の場合、病気や衰弱により死に至るにせよ、遺伝子の同一性や身体の外延的境界は少なくとも維持されるので、客観的な存在や境界は同定されうる。しかし、コミュニティは個人間の主客関係や共同主観的関係を含むので、認知や学習を通じてコミュニティの境界やそれを特徴づける複製子も変動する。そのため、個人と比較すれば、コミュニティの同定は自明ではない。

　個人も身体的に見れば各種器官から構成されているとはいえ、各種器官が自立性と意識を持ち、自己や外部を認知するわけではない。個人と器官や細胞との関係はツリー状で単一帰属的である。コミュニティは、域内の

自立した個人である住民だけでなく、個人の集団である各種組織からも構成されている。個人や組織は独立した目的や意志を持ち、独立の行動を取りうる。コミュニティと市民や組織・集団との関係も階層的ではあるが、市民は複数の組織・集団に帰属することができるので、その関係はセミラティス状で複数階層的である。これは、各個人、各組織・集団はその立場や視点ごとにコミュニティを別の視点や角度から眺めうることを意味する。年齢、性別、家族構成、学歴、職業、収入等の属性の違いにより、個人のコミュニティへの視点は異なり、個人のコミュニティとの関わりや動機も異なる。各種組織・集団についても同様で、その属性の違いがコミュニティへの視点や動機の違いを生む。例えば、商店街、商工会議所・商工会はコミュニティを経済、特に商工業の景気や売れ行き、利益といった視点で見るし、農協や漁協は農業や漁業の視点で見る。また、学校や教育委員会は教育から、福祉協議会やボランティア組織（NPO）は福祉介護やボランティアから、町内会は助け合いや除雪、清掃、祭り等の町内活動から、老人会は高齢者の視点から、婦人会は女性の視点からコミュニティを見るであろう。このように、コミュニティは個人ほどに一枚岩ではなく、より多様で複雑な関係を含んでいる。

　人間ドックの場合、個人は病気の早期発見・治療の側面では診断治療の対象として受動的な位置に立つが、病気の予防・習慣改善に関しては、自らの状態を認知し、自らの行動を変えるためには自主的な能動性が求められる。コミュニティ・ドックの場合、いま見たように、コミュニティの同定における不確定性や内部関係の多様さと複雑さという問題がより大きい。このため、コミュニティ・ドックでは、人間ドックの場合よりも早期発見・治療は困難になるといわざるを得ない。そこでは、コミュニティの健康や病気の定義や認知についても、それを構成する個人や組織・集団ごとに異なることになるからである。結果的に、コミュニティ・ドックでは、人間ドック以上に、コミュニティの範囲や状態に関する反省や気づきといった側面、すなわち能動性の側面が重要になる。コミュニティは、地域コミュニティの問題の認識・解決主体としてより能動的な役割を果たす必要があるのである。

従来のマクロ経済学は、中央政府・中央銀行が景気変動の不況時に企業の倒産や勤労者の失業を、好況時にバブルやハイパーインフレーションを経済問題として認識し、財政・金融政策というマクロ経済政策を駆使してそれを解決すべきであると考えてきた。この政策観は、「医師」である中央政府・中央銀行が景気変動にまつわる「病理」「疾患」を客観的に「診断」し、主体的に「治癒」すべき能力と責任があると想定している。そこでは、西洋医学を含む近代科学の根底にある操作可能性や主観・客観図式が前提とされているのである。しかし、バブル崩壊後の過去20年あまり、中央政府・中央銀行は日本経済が景気の低迷や不況から脱出するためのあらゆるマクロ経済政策を実施し続けてきたにもかかわらず、いまも長期停滞的な経済状況に止まっている。われわれはこうした近代合理主義的な政策観から脱し、進化主義的な政策概念を初めから導入すべきであろう。なぜなら、経済社会では診断・治療という操作的医療行為も、それを実行する医師のような主体も想定することが困難だからである。

　患者の病気や疾患は医師が認定するものであり、そこに患者が関わる余地はないが、コミュニティの問題は研究者によるコミュニティ外部からの観察や分析だけで客観的に同定することはできない。コミュニティを構成する異質な個人・集団がコミュニティの状況をどう見ているか、どこに不満があるかという主観的な評価や満足度の分布状況が個人や組織のポピュレーション（個体群）として構成されるコミュニティの問題を初めて浮き彫りにするという側面が現れてくる。病気のメタファーでいえば、これは患者が病気の認定に関与するという奇妙な事態に見えるが、内部観測と自己参照性が常に介在せざるをえない経済社会では決して不思議なことではない。コミュニティ（地域）の問題の所在の認知やその解決に主体としてコミュニティ（地域）が能動的な役割を果たすことが要請されるのは、こうした理由によるのである。

　都道府県、市町村などの地方政府や自治体はコミュニティにおける行政組織として地域の問題を経済、社会、教育、福祉、文化など多様な側面から最も総合的かつ普遍的に考えなければならない行政組織であるのだから、それらこそ地域の諸問題を解決すべき主体であると通常考えられてい

る。そうした見方に立ち、地域経済や地域コミュニティの衰退、財政赤字累積などの問題を解決すべきなのは行政であり、何よりも問題解決のための施策の手法や効果に関する行政責任が追求されるべきだとの主張もしばしば見られる。しかしながら、いま住民主体の地域づくりやまちづくりが叫ばれているのは、行政による問題認識が必ずしも地域住民の意識や価値観に沿うものではなく、行政による施策立案の方向が住民の生活視点による問題意識からずれているという批判があるからであろう。われわれは、そうした議論に見られる、「コミュニティ（地域）の問題を解決する主体は行政である」という基本的な前提を見直し、住民個人のみならず、諸組織、諸団体が構成するコミュニティが全体として共同で地域の問題解決を果たす責任を有すると考えなければならない。行政の役割が依然として大きいことを認めるにせよ、住民主体のまちづくりを目指すのであれば、コミュニティを主体とする見方を基本に据える必要があるのではなかろうか。

そのような視点に立つならば、人間ドックにおける医師の役割に対する、コミュニティ・ドックにおける研究者の立場もより明確になる。研究者は、コミュニティの現状や問題を客観的に調査分析し、その結果に基づく望ましい政策目標をコミュニティに対して提案するわけでない。コミュニティを構成する住民、行政他の各種組織・集団が動機や目的において異質であることを十分に認識し、相互の結びつきや信頼を強めてコミュニティを再構築する方向でその問題解決を図るよう促し働きかける必要がある。研究者は、医師のように患者に対する診断治療行為の主体ではないが、コミュニティの現状を診断して、提言や助言を行うとともに、コミュニティが結束して自己治癒する方向へ向かうための適切な支援を提供するべきなのである。

以上、人間ドックとコミュニティ・ドックの2側面における異質性についてまとめれば、図表1-2のようになるだろう。

1-2-4　進化主義的制度設計におけるメディア・デザインとコミュニティ・ドックの関係

ここで、進化経済学の二つの基本概念——複製子と相互作用子——を導入

図表1-2　人間ドックとコミュニティ・ドックの異質性

人間ドック	コミュニティ・ドック
1）医師と患者（受診者）の主客関係、医師による病気の一元的、客観的な診断・治療	1）研究者とコミュニティの協働関係、研究者とコミュニティによる問題の多元的、共同主観的な診断（評価）・解決（政策）
2）患者（個人）の自明性、単一性 →早期発見・治療と予防・習慣改善の両立性	2）コミュニティ（住民、団体、企業、NPO、行政）の複合性、複雑性 →早期発見・治療の困難、自己点検・自己修正における能動性がより重要

して、進化主義的制度設計が従来とは異なる新たな政策観を提起するものであることを説明したい。それによって、進化主義的制度設計の目的や意義、そこにおけるメディア・デザインとコミュニティ・ドックの関係が明らかになるであろう。

　生物進化で生物種の固有性を特徴付ける遺伝子の物理的実体はDNAである。社会経済進化で社会経済システムの固有性を特徴付ける複製子はルール（if-then…）であり、因果的主体である相互作用子（個人・組織）は自己が持つ複製子に基づいて認知・決定・行動する。個々の相互作用子（個人・組織）の視点から見ると、自己が準拠する複製子＝ルールは自己の外に実在して上位レベルの相互作用子の内部に帰属する「外部ルール」（ゲームルール、法、慣習、共有された倫理規範や価値意識）と、自己の内部だけに帰属する「内部ルール」（ゲーム方略、認知枠、心理学的バイアス、行動ルーティン、性癖、性向）に分けられる。

　制度とは、上位レベルの相互作用子（例えば、コミュニティや国家）の内部で比較的多くの相互作用子(例えば、個人や会社)が共有する複製子(外部ルール）である。ここで、制度は「外なる制度」（逸脱・罰則規定が明示・詳記される貨幣・会計・会社等に関する法、規則、ゲームルール）と「内なる制度」（逸脱・罰則規定は明示化せずに共有化される倫理規範や価値意識）に区分されることに留意してほしい。他方、相互作用子は人間個人とその集合である組織・集団・機関であり、それらは内部ルールと外部

図表1-3　入れ子型階層関係：複製子と相互作用子

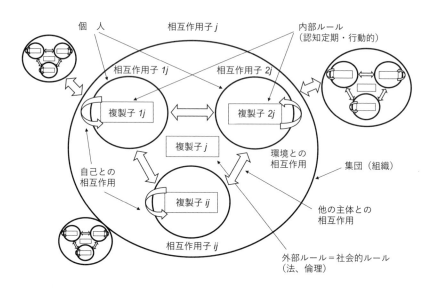

ルールに基づいて認知・決定・行動し、外的環境、他の主体および自分自身と相互作用する。近年では、相互作用子として、人間のみならず、株式市場で売買取引を行うコンピュータ・プログラムや工場やオフィスで働くAI搭載ロボットをも考える必要が出てきている（図表1-3、西部2010）。

　図表1-3で複製子と相互作用子が形成する入れ子型階層関係の内部（オブジェクトレベル）と外部（メタレベル）を、「ミクロ・メゾ・マクロ・ループ」という3階層モデルの下位と上位に置き換えて整理すると図表1-4のようになる。図表1-4のミクロレベルの相互作用子（個人・企業等）は図表1-3の複製子 ij（内部ルール）を持つ相互作用子 ij であり、メゾレベルの制度は複製子 j（外部ルール）である。相互作用子 ij は上位（マクロレベル）の相互作用子 j（企業・企業グループ・産業等）に帰属する限り、認知・決定・行動に際して、複製子 ij である内部ルールのみならず、複製子 j である外部ルール＝制度を遵守しなければならない。両者が衝突する場合、上位の複製子である外部ルール＝制度を優先させなければならない。逆に、下位の複製子である内部ルールを優先させてしまうと、相互

図表 1-4　ミクロ・メゾ・マクロ・ループ

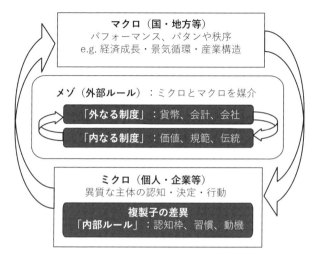

作用子 ij は上位の相互作用子 j に帰属できなくなる。例えば、上位（マクロレベル）の相互作用子を企業、下位（ミクロレベル）の相互作用子を個人と考えれば、個人は企業のルールに従う限り、会社に所属する従業員でありうるが、企業のルールに従えなければ、解雇されるか、自分から退職しなければならないであろう。

　さらに、図表 1-4 のマクロレベルの相互作用子（国・地方等）は図表 1-3 の複製子 j をもつ相互作用子 j である。メゾレベルの制度である複製子 j には外なる制度と内なる制度があり、両者が自己強化的なループを形成している。こうして、ミクロレベルの異質なエージェント（複製子を持つ相互作用子）が外部ルール（制度）と内部ルールに基づいて認知・決定・行動すると、それらの相互作用がマクロレベルの相互作用子のパフォーマンス、秩序・パタンを形成する。そして、ミクロレベルの異質なエージェントはマクロレベルの相互作用子のパフォーマンス、秩序・パタンを外的環境（自らもその一部として帰属している）として観察しながら、その行為を調整する。社会経済は、ミクロの主体（相互作用子）とマクロのシステム（メタ相互作用子）がメゾの制度を媒介としてループを形成し、それ

が繰り返し動いていくプロセスを通じて、多様な制度が補完的・代替的な相互関係を形成して競争・共存しながら、栄枯盛衰を遂げるダイナミックなシステムとして理解できる。それは、種が多様性を保持しながら進化を遂げる生物生態系に似ているので、「制度生態系」と呼ぶ（西部2010、橋本・西部2012）。

　ここで、いま述べた2種類の制度により政策を分類してみよう。社会経済上の政策には、制度を所与・不変としてルール上のパラメータや変数を変更することで政策効果を実現する「制度不変型政策」と、制度のルールそのものを変えることで政策効果を実現する「制度変更型政策」がある。したがって、外なる制度と内なる制度の二本の軸について制度の不変／変更により政策を分類すると、4つに分けられる（図表1-5）。

　ここで、1）は、両制度がともに不変のまま、マクロ・パラメータを調節することで、所望の経済社会状態（例えば、好況、経済成長、経済的平等）を達成することを目的とした財政・金融政策等のマクロ経済政策である。2）は、外なる制度は不変のまま、内なる制度を変更しようとする意識改革政策である。例えば、所得倍増計画による国民意識の成長志向への誘導や節電意識の宣伝普及によるピーク時使用電力の調整などがこれに当たる。3）は、内なる制度を変更せず（主体の最適化を前提し）、外なる制度を変更することにより経済システムの振る舞いを変えようとする政策である。このケースとして、ミクロ経済学的な競争政策や「メカニズム・デザイン」が挙げられる。最後に、4）が「メディア・デザイン」すなわち「進化主義的制度設計」である。これは、外なる制度の中でも、とりわけ人々の認知や行動を基本的に規定するプラットフォーム制度（メディア）の設計を変更することで、それを参照枠として形成される内なる制度を変化させ、そうすることによって、主体の個別的な適応行動ではなく、全般的な認知・決定・行動ルールを変えることで、より望ましい社会経済的帰結をもたらすとする政策である。このように、通常の経済政策で考えられているのは1）マクロ経済政策だけだが、進化的な視点に基づく政策は、2）意識改革、3）制度設計、4）プラットフォーム制度設計＋意識改革等広範なものを含む。

第 1 章　コミュニティ・ドック

図表 1-5　進化経済学における政策の 4 分類

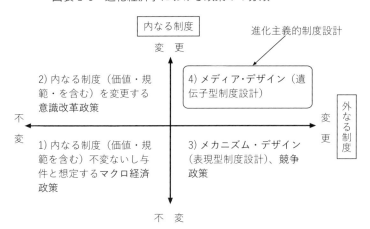

　このように、進化主義的制度設計とは、進化するシステムを基本的に規定するメゾレベルのプラットフォーム制度（外なる制度）のルールを適切にデザインすることで、ミクロレベルの主体の価値規範、動機、行動ルールと、マクロレベルのシステムの境界やパフォーマンスを間接的に制御しようとすることである。

　進化主義的制度設計による具体的な政策手法として、メディア・デザインとコミュニティ・ドックが考えられる。まず、地域通貨等のプラットフォーム制度（外なる制度）をどう設計するかという「メディア・デザイン」が行われる[6]。例えば、地域通貨の制度設計は、現在の状況や政策的に達成すべき目的等に応じて様々でありうるし、実施結果を観察しながら、それを変更していくこともできる。地域通貨が媒介となることで、中央政府によるトップダウンの政策とは異なり、自治体、商工会議所、NPO など各種団体が中心となるボトムアップな政策展開が可能になる。そのための具体的な実践手法が「コミュニティ・ドック」である。それは、地域通貨の流通に関する各種情報やアンケート調査等で得られた知見を用いて、

---

[6]　統合型コミュニケーション・メディアとしてのコミュニティ通貨については（西部 2013）、（Nishibe 2012）を、とりわけ電子地域通貨を利用したメディア・デザインとコミュニティ・ドックの説明については、西部・三上（2012）を見よ。

コミュニティが自らの現状を自己診断・評価し、それを改善目標の設定に生かしつつ、自己変革を行うための社会実験的プログラムでもある。

　進化主義的制度設計の手続きを図式化するならば、図表 1-6 のようになる。そこで、メディア・デザインとコミュニティ・ドックの実施プロセスは以下のように進行する。

1) 初めに、行政、団体、組織、企業などの政策主体が経済社会の望ましいあり方を発現しうると考えるメゾレベルのプラットフォーム制度（外なる制度）を設計する［メディア・デザインⅠ］。
2) その制度のもとでコミュニティを構成するミクロ的主体が生活し活動していくが、調査研究者が生活や活動の集計結果であるマクロレベルのパフォーマンスを分析・診断する［コミュニティ・ドックⅠ］。
3) この結果をもとにして、コミュニティ（住民、企業、団体、NPO、行政からなる）がコミュニティの現状について自己評価や自己修正を行う［コミュニティ・ドックⅡ］。
4) このプロセスを通じて、各当事主体の内なる制度（認知枠、動機、価値意識）が変容する［内なる制度の変化］。
5) その結果、外なる制度の特性や効果が変化する［外なる制度の特性・効果の変化］。
　　同じ外なる制度のもとで、再び実践が行われ、同様のプロセスが繰り返されていく。このようにして、コミュニティ・ドックが主体の行為（ミクロレベル）－制度（メゾレベル）－パフォーマンス（マクロレベル）という3つのレベルの間にループを形成していくのである。
6) 何度も繰り返されるループ過程の中で、コミュニティに蓄積されていく各種の経験や知見がプラットフォーム制度（地域通貨などの）の設計そのものにフィードバックされて現行制度のルールの一部について微調整が行われ、そうした経験や知見が一定限度を越えた時、より全般的なルールの変更を伴うプラットフォーム制度の再設計が行われることになる［メディア・デザインⅡ］。

図表1-6　進化主義的制度設計：
メディア・デザインとコミュニティ・ドックの入れ子関係

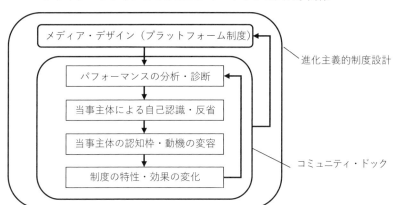

そして、新しい制度のもとで上記のプロセスが繰り返される。このように、進化主義的制度設計においてメディア・デザインとコミュニティ・ドックは入れ子型に組み合わされ実行されていく手法なのである（西部・草郷 2010、西部・草郷・橋本・吉地 2010）。

1-3　コミュニティ・ドックの必要性：ローカルコミュニティ（地域）の重要性の視点から

　第2次世界大戦後の世界経済の課題は、戦争によって疲弊したヨーロッパと日本の復興や戦争の終焉を契機にして独立した新興国の経済発展に道筋をつけることにあった。ヨーロッパでは、マーシャルプランによる復興が成果を上げ、日本の戦後復興も10年強で戦前の経済規模を回復するなど成果を上げた。新興独立国は経済的な意味で途上国であり、これらの途上国を支援するための経済理論は、資本と技術投入型の理論（Nurkse 1953、Hirshman 1958、Lewis 1955）であった。これらの理論を採用することで、国単位での経済成長の実現を目指し、そのために国内で不足している資本や技術の支援を強力に推進した。この経済支援の効果は、効用理論に基づいて測られてきた。つまり、一人あたりの所得を高めることによっ

て、個々の効用が上がり、結果、入手できる物とサービスを組み合わせることによって、個人の幸福が高まるとし、そのように社会改善を進めてきたのである。

　開発政策は、大きな括りでまとめると、経済成長政策、貧困格差の是正を目指す経済分配政策、基本的生活充足政策、マクロな経済構造調整政策、貧困者優先の経済政策などが提案、実行されてきた。このように政策が変遷したことにより、専門家の処方箋による経済開発から、徐々にではあるが、教育や医療などの生活の質の改善にも目を向けた政策へとシフトしてきた。しかし、根底にある個々人の効用概念を是とする制度設計を「与件」ないし「不変」としてきた生活改善のための政策形成のあり方とその適用方法には大きな変化は見られてはいない。また、政策効果の評価の際には、GDPに代表される経済指標が用いられ、住民の生活の豊かさについては一人あたりの所得や国内経済格差指標を用いて、経済政策や社会政策の効果を科学的に行ってきたのである。

　経済学は、経済生産規模を拡大していけば、企業の生産性、雇用創出、賃金上昇につながると考え、経済成長率を高めることに力を入れてきた。結果的に、高いGDPを達成できれば、それこそが導入した経済政策や社会政策の有効性を証明すると考えてきたからである。しかし、経済成長を持続させるために必要なことは何か、経済規模の拡大や活性化が、どのようにして、地域住民の生活改善に結びついているかどうかに着目する人は多くなかったのである。実際、戦後の経済成長に目を向けると、高いGDPを達成してきた国々への評価は極めて高く、発展とは経済成長によって実現されるという見方には何の疑問の余地もないかのように見受けられる。その典型例は、日本の戦後の開発経験であると言えるだろう。

　日本の経済発展は、世界銀行が「東アジアの奇跡」（世界銀行1993）を出版する動機となるなど、戦後の経済開発の一つのあり方を示すものであった。1948年から2005年までのGDPの推移をみると、期間別の増加率の差異は見られるものの、ほぼ一貫して、GDP増を達成してきた。そして、この増加が教育や保健サービスの向上に寄与してきたことは社会全体の福利にプラスの効果をもたらし、日本人の生活向上につながったと評

図表 1-7　一人あたり実質 GDP と生活満足度のギャップ拡大

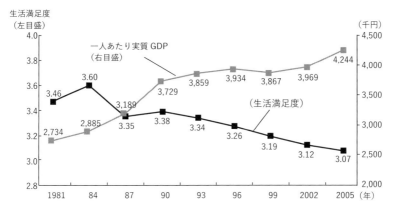

（備考）1．内閣府「国民生活選好度調査」、「国民経済計算確報」（1993 年以前は平成 14 年確報、1996 年以後は平成 18 年確報）、総務省「人口推計」により作成。
2．「生活満足度」は「あなたは生活全般に満足していますか。それとも不満ですか。（○は一つ）」と尋ね、「満足している」から「不満である」までの 5 段階の回答に、「満足している」＝ 5 から「不満である」＝ 1 までの得点を与え、各項目ごとに回答者数で加重した平均得点を求め、満足度を指標化したもの。
3．回答者は、全国の 15 歳以上 75 歳未満の男女（「わからない」、「無回答」を除く）。

出典：『平成 20 年度国民生活白書』p.57

価されてきた。しかし、日本人の生活評価満足度のデータを見てみると、GDP 増とは異なる推移を示している。内閣府の国民生活選好度調査は、生活全般への満足度を 1978 年度以来、3 年ごとに調査してきたものである。これによれば、生活への満足度は 1984 年度をピークに、以降、2005 年まで一貫して低下してきている（Kusago 2007）。アメリカの経済学者イースタリンの唱えた「幸福のパラドクス」が日本にも当てはまっており、従来型制度を与件とみなした上で、ひたすら経済成長率を高めていくアプローチのままでは、人々の幸せやより良き生活の実現につながらないのではないかということが示唆されるのである（図表 1-7 参照）。

　このような現状にあって、地域生活の根幹を規定する制度そのもののあり方を問い直す制度変更型政策の導入につながる考え方が登場してきているのも事実である。その代表格は、1998 年にノーベル賞を受賞したアマ

ルティア・センの唱えてきた「潜在能力アプローチ」(Sen 1992) であり、この考え方に依拠した人間開発の考え方が幅広く支持されつつある。実際、開発政策の現場において、経済開発や社会開発にとどまらない、開発の成果を生活当事者である「ひと」の視点に立ち、人々の生活の持つ多元的で多面的な豊かさ（ウェルビーイング well-being）の向上を追求する「人間開発[7]」(Human Development) の考え方を提示し、その視点が注目を集めてきている。

　人間開発は、1990年代以降、人々の生活改善を図るためには、一人ひとりの潜在的な能力を向上させ、多次元的な意味での豊かさを改善していく開発の在り方として注目され、世界的な広がりをみせている。センは、単に多種多様なものやサービスを提供することだけが豊かな経済社会を保証するわけではないと考え、人が各々の持つ特性や選好を生かして、自らの判断で好ましい生き方のための行動を選択できるという意味での自由の確保や個々人が抱える固有の制約（たとえば、持病、障害を持つなど）によって選択肢が狭められることのないように社会的支援のある社会制度の構築が人間開発を指向する社会の仕組みであるとする。このような潜在可能性を高める社会の実現こそ開発目標であるとすれば、こうした目標の実現にとって、人々が生活するコミュニティ（地域）のあり方は極めて大きな意味を持つ。潜在能力を阻害する要因の中には、偏見や差別などの社会的不公正をもたらす社会構造問題がある。人間開発の度合いを高めるような社会づくりを目指し、同時に社会構造の変容を目指すためには、コミュニティの構造やそこで適用される政策のあり方こそが「豊かさ」に影響を与えると考えられるからである。実際、現在の日本においても、過疎化の進む農村地域や疲弊する地域経済と地方都市の衰退が深刻な問題となっており、そこで生活する人々の主観的な健康や幸福感をどのようにして高めていけるのかという課題に直面している。そのためには、主体性を保ちながら生活地域社会の持つ良さを大切にしながら、自らの豊かさの向上につなげていくことができるのかという課題が社会の中で広く認知されてきて

---

[7]　国連開発計画（UNDP）は、1990年に人間開発報告書を発行し、人間開発指数の開発を推進してきている。

いる。

　「豊かさ」をどのように捉えていくべきかという議論において目を引くものとして、経済面のみに限定されない、多次元における豊かさの計測という課題がある。1990年に発表後、世界中で一番活用されているといわれる人間開発指標（HDI）に始まり、その後、さまざまな豊かさ指標（well-being index）がカナダなどで構築されてきた。また、最近では、ブータンのように、幸福を中心に据えた国民総幸福（GNH）指標の構築がなされてきている。

　また、2009年にはフランスのサルコジ大統領のイニシアティブのもと、スティグリッツとセンが取りまとめに手腕を発揮した報告書（Stiglitz, Sen and Fitoussi 2010）が公刊されたことにも見られるように、人々の生活改善を図るためには、一人ひとりの潜在的な能力を向上させ、多次元的な意味での主観的な健康や幸福（subjective well-being）を改善していく開発の在り方が重要であるとの認識が国際的な広がりをみせてきている。日本政府も、2010年末に幸福度の指標策定のための調査会を発足させるなど、人々の主体性に配慮する政策形成への関心が広がっている。

　これらの指標化の試みによって、豊かさを多面的に測ることの重要性への理解が進んできているともいえるが、指標の開発だけでは住民が主体的に豊かな社会づくりに取り組むことの証にはならない。地域住民と地域行政による地域社会の豊かさづくりへの取り組みがなされているのかどうか、そのような方策の成果を確認する術はあるのかどうか、それらのための継続的に活動を発展させうる「しかけ」が必要となってくる。まさに、コミュニティ・ドックとは、人々の生活基盤である地域の生活に焦点を当て、地域住民、住民団体、商店・企業、NPO、地域行政などの地域生活の当事主体の手によって、よりよい生き方を求める価値意識の進化とそれに裏付けられた社会実験・政策の導入と改善を進めていくことによって、個々人のより高次の幸福や健康の達成を目指すための政策支援ツールであり、その必要性が高まっているのである。

1-4　生活者たる地域住民の内発性を尊重する地域レベルでの社会経済進化

　前節で説明したように、従来型の政策形成の仕組みでは、地域政策の専門家や行政官が住民生活向上のための地域改善政策を設計、実施、評価する担い手であった。彼らが中心となって、地域の生活状況を評価し、問題解決案を提案する。つまり、生活現状の把握のために、当該地域に関する社会経済面の諸データを収集し、これらのデータを専門的知識と経験を活用して分析することによって、地域住民の生活向上を妨げる要因を突き止め、その解決策を策定していく。

　しかし、この方法では、地域住民の主体性は必ずしも必要とはされず、「地域（ローカルコミュニティ）を育てていくのはその地域住民自身である」と考える内発性の視点に欠ける可能性がある。内発性によって、前述したような幸福感や満足感の高い生活の実現が可能になるとすれば、GDPに基づく経済成長を規範とする既存の制度不変型政策のアプローチでは、戦後の地域発展政策が生み出した矛盾を解消することは難しい。逆に、この矛盾を解消するためには、住民の主体性が一番生かされるべきコミュニティ（地域）開発の現場において、住民の自発性や内発性が尊重されうるような制度へ転換することが要請される。コミュニティ（地域）の重視は、人間の生活を社会的により豊かなものにしていこうとする価値意識や思想を体現することにつながり、そのために必要な制度変更を受け入れていく姿勢が醸成されることが大切なのである。

　経済、文化、市民のグローバル化が進んでいくことによって、社会的紐帯が弱くなったり、激烈な経済競争によってリストラなどが引き起こされ、失業者が増加したり、うつ病や自殺が増加するなど、社会問題はその深刻さを増している。これらの社会問題は、国全体で進行しているものであることが多い。であるならば、いっそのこと「国」をグローバル世界におけるコミュニティの1つとみなし、「日本ドック」を行えばどうかという考え方もあるだろう。しかし、日本全体に地域の単位を広げてしまうと、国内平均や平等という考え方がどうしても強くなり、一国内における経済

資源、社会構造、生活・自然環境、地域文化など地域特性の固有性や多様性を配慮していくことが難しくなる。最近の研究成果によれば、生活への満足度や幸福感は、家族、友人、隣人との互酬やつながりといったコミュニティのあり方により大きな影響を受けるという（Helliwell and Putnam 2004）。地域（ローカルコミュニティ）における生活を個人の豊かさの向上につなげていくためには、コミュニティ固有の事情を踏まえて、望ましい生活の将来構想を描き、その実現の方策を検討していく必要がある。しかし、コミュニティ・ドックを「国」のような大きな社会単位で適用してしまうと、地域の個性や特性を生かすよりも、経済、教育、医療、文化、環境などの領域ごとに全国平均値と地域値を比較考量して優劣を評価するという平均値思考へ収斂していくであろう。そうなると、地域住民の望む地域の在り方を尊重するよりも、全国平均値を満たすことが目的化してしまう危険性がある。その結果として、自発性や内発性を尊重したまちづくりとはかけ離れてしまい、結局、既存の制度や政策を変えずに、一人あたりGDPのような平均値の成長を求める従来の発想を踏襲することになる可能性が高い。

　ここで、社会的紐帯を例に取ろう。都市部と農村部の地域特性の差異を踏まえることなしに、望ましい紐帯の全国モデルを検討してみたり、65歳以上の高齢者比率が5割以上になる地域を限界集落と括り、その対策として集落外の専門家の主導によって移住提案を示したりすることは、コミュニティの固有性や多様性の価値を無視する例だと言ってもよい。人と人のつながりのあり方に見られるコミュニティの特性に目を向けたり、限界集落の住民自身がどのように自身の集落を見ているのかに関心を寄せたりしてみることで、どのようなコミュニティが求められているのかを考えることが必要である。また、生活者に根ざした地域コミュニティを壊してしまう既存の制度に替えて、新しいコミュニティを創出していくような社会制度へ刷新するなど、コミュニティのあり方から制度を変更し、経済社会を進化させていくことに大きな意味がある。したがって、各自の生活圏であるコミュニティ（地域）という単位を対象とするコミュニティ・ドックは、制度変更型政策の実践的なツールとしてうまく機能しうると考えら

れる。

1-5　コミュニティ・ドックのダイナミズム

　以上を要約すれば、コミュニティ・ドックとは、図表1-4にまとめられているように、所与の制度設計のもとでの、a）コミュニティにおけるマクロ・パフォーマンスの分析診断、b）コミュニティによる自己点検・自己修正を通じた包括的な生活習慣や価値意識の変容、c）各種の主体によるコミュニティの発展に関する認知枠や動機の変容の促進、d）制度の特性や効果の変化という一連の過程から成り立つものであり、それは異なる制度間の相互作用、制度-主体間の相互作用を通じて、制度生態系の動的な変化を生成しうるものなのである。

　地域生活の設計や評価にあたり従来から行われてきている手法とは、地域政策形成の専門家や行政が、現行制度を与件とした上で描かれるあるべき姿の実現に向けて、当該地域に関するデータを収集して、それらのデータを用いて分析し、このことによって、地域の現況を判断して、そこから浮き彫りにされる地域コミュニティの抱える課題を浮き彫りにするものである。このような制度不変型政策手法では、地域住民の主体性は担保されず、コミュニティをよくしていくのは住民自身であるという住民の自発的な参加意識の形成につながることも難しい。

　日本においても、衰退する農村地域や地方都市の問題が深刻となっており、どのようにしたら、コミュニティの当事主体が行政任せにすることなく、主体性を保ちながら、地域コミュニティの豊かさを構築できるのかという課題が大きな関心を集めて久しい。ところが、このような衰退するコミュニティを生み出し続けてきたのは、他でもない、現行の「制度不変型政策」なのである。つまり、既存の政策モデルをこのまま踏襲していては、これらの地域コミュニティの衰退を止めることができないどころか、むしろ解体するコミュニティの数が増加していく懸念が大きい。主体性を担保することによって、地域資源を熟知しうる主体によるアクションを喚起することができる。そうすることで、地域資源を有効に活用しながら、地域

環境の保全を進めることこそ持続的な地域コミュニティの再生や発展につながると期待される。制度変更型政策のツールであるコミュニティ・ドックを開発し、実践していくことには、こうした新たな地域創造という観点から大きな意味と可能性がある。

　ここで、コミュニティ・ドックの制度変更型政策特性を明確にするため、参加型社会支援プロセスについて触れておきたい。

　制度不変型政策の考え方に基づく旧来型の社会支援プロセスは、外部専門家による調査、分析、政策提言にその多くを依拠している。専門家の選定も依頼者側の依頼内容によって変わってくる。つまり、関わりを持つ段階が異なることから必要とされる専門家が変わり、そのために、同じ専門家に対して、継続的な関与を期待したり、あるいは、そのような関わりを要求されたりすることは稀であり、結局、複数の専門家が、一連の地域コミュニティ発展の過程のごく一部のみにバラバラに関わりを持ち、個別に細切れのリクエストに答えていくということになりがちである。したがって、地域コミュニティの発展を包括的に進めるために必要とされる学際的な考え方やアプローチは採用されず、常に縦割りの専門性に基づく政策が優先されることになる。アドバイスも報告書の提示とその説明という形を取ることが多く、これらの提案によって引き出されうる地域コミュニティ発展に関する成果は確約されない。そこでの評価とは、専門家による第三者評価であり、主要なマクロ・ミクロの経済・社会指標に基づく検証に委ねられる。このような仕組みのままでは、地域コミュニティの発展のための包括的で一貫した社会支援は望むべくもない。

　他方、制度変更型政策に基づく社会支援プロセスは当事主体の参加を特色とするものである。住民、住民団体、商店街・企業、NPO、行政などの当事主体によるコミュニティの問題発見とその改善を前提として、外部からの支援が構想されるため、専門家も自身の専門性だけでなく学際的視点が求められる。専門家は、地域発展のプロセスにおける知の発現を促進するファシリテーター（facilitator）の役割を担うこととなり、地域社会支援のベースライン把握から政策形成、実施、評価という一連の社会変容の諸段階に関与する。地域の資源や生活に関する調査や新たな地域活動の

検討、実施、評価も、当事主体とともに協働で進めるコミュニティ・ドック型のアプローチとなる。

　コミュニティ・ドックは、既存の地域データに加えて、外部者や地域の当事主体からの声にも耳を傾け、異なる立場の人の考えを尊重する。なぜなら、コミュニティ（地域）のことをよく知るのは、ほかならぬ地域における生活当事者であると考えているからである。コミュニティ・ドックによって、地域の在り方を主体主導型で決定し、その実現のための政策の形成や選択を進める。これらの政策が開始された場合には、以後、地域内に起こりうる変容を、既存のマクロ・ミクロの経済・社会指標のみで評価するのではなく、新たに住民の生活目線による主観的な評価データを収集し、既存の客観的な指標データと併用することによって、主体自身が目指す地域ヴィジョンや生活ヴィジョンの実現への歩みとなっているかどうかを、当事主体とともに協働作業で検討し、一連の地域発展プロセスに活用する。豊かな地域とは、地域発展が進展することによって、地域住民自身のウェルビーイングを高めていけるのであり、その目的のためには、既存の制度を与件として優先させるのではなく、制度をこそ進化させていくことが求められるのである。

　以上の点から、コミュニティ・ドックには以下のような特色や可能性があると考えられる。

- 主体的・内発的な生活改善支援の仕組み
- 地域住民を含むコミュニティによる「プロセス評価」の一種
- コミュニティの当事主体と外部者の協働作業による政策形成への活用可能性
- コミュニティの当事主体の気づきとそれに基づく地域生活改良の活動と政策

　これらの特徴を持つコミュニティ・ドックとは、「活動（action）」であると同時に「政策（policy）」であり、また「運動（movement）」でもあると言えるだろう。政策というと、今日では中央政府や地方政府によるトッ

プダウン型の施策を思い浮かべるが、元来は都市の自治的統治（police）のための方針や方策のことである。このことを思い起こせば、コミュニティ・ドックを「政策」と呼んでもおかしくはない。また、コミュニティ・ドックはボトムアップ型の社会運動であると同時に社会実験であるとも言える。制度変更型政策には補助金、特区、行政主導型社会実験などの集権的政策の検討や提案だけでは十分ではなく、コミュニティ・ドックのような分権的、内発的、参加型の社会実験・社会運動の手法が合わせて必要とされているのである。

1-6　コミュニティ・ドックの方法論

コミュニティ・ドックの概念を説明してきたが、コミュニティ・ドックの具体的な方法論とはどのようなものであろうか。ここで、その方法論の概要を説明する。

1-6-1　コミュニティ・ドックのフレームワーク：市民参画型社会システムデザイン手法

コミュニティ・ドックは、地域住民による生活地域改善度合いをチェックするための総合的、内発的な振り返りの手法である。

コミュニティ・ドックの基本ツールは、生活当事者自身による地域生活状態の評価と行政などが収集する当該地域に関する地域生活基礎データとを併用する。

コミュニティ・ドックの柱は、行政などが収集する社会、経済、環境などの多面的な地域生活基礎データと住民の視座に基づく地域評価データを組み合わせることによって、地域住民の生活の良し悪し（well-being：ウェルビーイング）の変容を把握していく仕組みを組み立てていくことにある。行政などの収集する地域生活基礎データは、人間ドックでいうところの身体の諸機能別の技術的診断に相当するものである。つまり、レントゲンや内視鏡によって、身体の機能が正常かどうかを調べていくために収集されるデータ群を指す。生活地域の現況を、地域経済面、地域医療面、地域教

育面、地域環境面などから、多面的にチェックしていくことで地域レベルの生活環境の良し悪しの評価を行うのである。

　では、どのような視点に立って、地域生活の現況を評価することができるのだろうか。経済成長を重んじる場合と人間開発を重んじる場合では、確かめるべき点が異なる。経済成長を優先する場合、地域レベルのGDPの把握やジニ係数の計測データを収集、分析するであろうし、人間開発の考え方に依拠する場合には、経済、教育、保健衛生の諸領域[8]ごとに、人間開発指数（HDI）の計測に必要なデータを収集、分析することになる。たとえば、経済領域においては、一人あたり所得、失業率、地域内ジニ係数などを取り上げて、地域経済状況を把握、評価する。教育領域においては、就学率など、保健衛生領域では、平均余命、自殺率などを用いて、把握、評価する。これらの地域生活基礎データを用いることで、潜在能力アプローチを基盤に持つ人間開発の観点から、地域社会の状況を評価していくのである。

　他方、人間ドックでは、「あなた自身、自分の体調をどう感じていますか」と医師が問いかけて、当事者自身による健康状況の振り返りを促し、その評価内容と上記の分析結果とを突き合わせる。こうすることによって、本人が自らの健康の状態について、新たな気づきを見出せることがある。そのような知見を得ることによって、今後の健康管理や治療策などを考えていくことにつながる可能性がある。このような仕組みをコミュニティ・ドックとして地域の健康を高めるために導入するのである。つまり、地域住民、行政、企業、商店街、NPOなど、異なる当事主体から地域生活現状に対する声を収集する。「あなたの目から見て、地域の生活に満足していますか」、「どのような点で満足していますか」、「不満はありますか」、「地域に安心感を持っていますか」、「人を信頼できますか」というようにである。このようなデータを集め、上記の地域生活基礎データの変化と突き合わせ

---

[8] コミュニティ・ドックの領域選択については、ここでは、UNDPが開発した人間開発指数の考え方に沿い、経済、教育、保健衛生分野のみを取り上げた。しかし、現実には、地域資源、文化や伝統、環境、経済、社会構造などは、地域ごとに異なっている。地域ごとに、人間開発の視点に立って、人々のウェルビーイングを左右する要素を選択していくことが検討されるべきである。

図表 1-8　地域生活基礎データと当事主体評価データの活用による
プロセス評価としてのコミュニティ・ドック

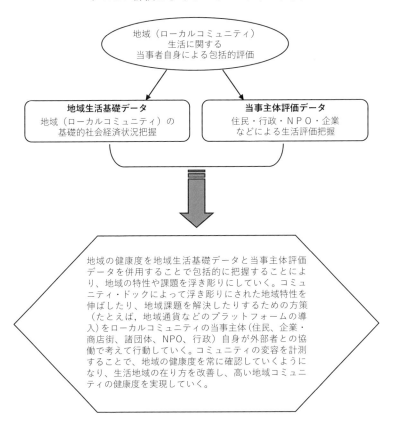

ることによって、地域主体自身による地域現状の評価、その分析、解決策の模索、実行、そして、再評価を行うことが可能になるのである。

　コミュニティ・ドックでは、客観的な地域生活基礎データ（以下、基礎データ）と当事主体による主観的な評価データ（以下、当事主体評価データ）の2種類のデータを収集することによって、地域生活の諸側面に関して評価を加えていくのである（図表 1-8）。

　コミュニティ・ドックの目的は、主体者の目指す地域コミュニティの方

向性を明らかにしつつ、その方向性に沿って、主体者自身が主軸となって、異なる主体の協働によって、地域生活改善を推進していくことにある。このためには、地域社会の現状を多面的かつ定期的に把握していくことが求められるのであり、そのために、人間ドックと同様に、定期的に２種類のデータ収集を行っていく。これらのデータの時系列変化を追うことにより、地域改善がなされたのかどうか、どのようになされたのか、地域改善が必要な部分はどこか、そのためにはどのような取り組みが必要なのかを評価できる。

　コミュニティ・ドックに活用する２種類のデータやデータ分析に基づく評価結果を誰が活用すべきなのだろうか。コミュニティ・ドックは、人間ドックのアナロジーとして、当事主体自身の内発性に基づく地域生活改善を意識して作り出された手法である。したがって、コミュニティ・ドックデータを活用する主体とは、コミュニティの当事主体である地域住民、住民団体、企業・商店街、NPO、行政などである。コミュニティ・ドックにおける大学研究者（専門家）の役割は、コミュニティ・ドックデータ収集・分析作業の支援を行うことにある。従来であれば、研究者は中立な第三者の立場にある専門家として、個別の専門分野に特化した知見をフルに活用して、地域政策提言や政策評価を行ってきたわけであるが、コミュニティ・ドックでは、研究者自身が地域住民である場合を除けば、依然として外部者ではあるものの、これまでとは異なる役割を担うことになる。

　コミュニティ・ドックに関わる専門家は、コミュニティ・ドックの時系列データを用い、住民の自然属性（性別、年齢、人種）や社会属性（職業、所得、階層）などに基づいて分析することによって、地域の現状の特徴や課題を発見したり、コミュニティの当事主体が協働して、コミュニティをどのように育てていくのか、創り上げていくのかを話し合うようなきっかけにしたり、さらに、地域通貨の導入などのような具体的な行動を引き出していくことを目指すのである。この行動によって、既存の制度の変更が必要になるかどうかを見出していける。

1-6-2　地域通貨導入実験に見るコミュニティ・ドック・ツール

　コミュニティ・ドックについて、事例を用いることで具体化してみたい。取り上げる事例は、地域経済と地域コミュニティの活性化を目指す地域通貨の導入実験におけるコミュニティ・ドックの実施である。

　コミュニティ・ドックにおける調査分析が目指すものは２つある。すなわち、(a) 地域通貨導入によって、地域経済（ビジネス）の活性化や社会福祉活動（ボランティア）の活発化がどの程度進展したかについての把握（直接的変容効果）と、(b) 地域通貨導入によって、生活地域環境の改善、地域生活への満足度の増減などの変容があるかについての把握（間接的変容効果）である。つまり、コミュニティ・ドックは、地域通貨導入が地域住民の生活改善につながっているのかどうかを確認しつつ、そうした関連性が弱い場合には、地域通貨の取り組みの見直しや別の方策導入の検討を行えるような情報を提供する仕組みとして役に立つのである。

　以下、コミュニティ・ドックの概要をステップ・バイ・ステップで説明する（図表1-9）。

ステップ１：コミュニティ・ドックの設計・実施準備
　コミュニティ・ドックを実施するにあたり、まず、コミュニティ・ドックの設計を行うことが必要である。大きく２種類の活動から構成される。

（１）地域通貨導入による地域経済・地域コミュニティの変容把握の設計
　まず、地域通貨導入による経済面、社会面での直接的な変化を把握するためのベースラインを確認することが必須となる。とりわけ、(a) 定量的ネットワーク分析による地域通貨の展開の捕捉（要因分析）、(b) 地域の経済・社会活性化戦略の確認が必要である。

（２）地域コミュニティメンバーの視点に基づく地域生活の変容把握の設計
　次に、コミュニティ・ドック導入により、地域住民の持つ意識の中に、何らかの変化が見られるのかどうかを把握するためのベースラインの確認が必要である。生活当事者による地域生活の評価情報である。具体的には、

2つの活動に大別される。

- 既存の統計の中から、当該地域の社会経済データを拾い上げ、当該地域状況を把握する（経済指標、社会指標、環境指標など）
- 住民対象のアンケート調査やグループインタビューを用いて、住民の主観データを集め、それらのデータに基づいて、当該地域住民の視点による地域生活状況を評価する（生活満足度、希望、個人属性、価値観など）

ステップ2：コミュニティ・ドックの導入・実施

　設計準備されたベースライン情報を活用し、地域コミュニティの現時点での健康度を評価、定期的社会調査の実施をする。そして、データの変化に基づいて、地域の健康度を左右する要因を分析したり、地域コミュニティの抱える問題点の抽出をしたり、地域行政や住民に情報を共有し、具体的な地域健康を高めるためのアクション（地域通貨などのプラットフォーム）の検討や効果的な導入方法を見つけていく。

　導入にあたり、コミュニティ・ドック実施メンバーの確認を行うことが肝要である。コミュニティ・ドックは、必ずしも政府主導で実施するものではない。むしろ、地域生活の当事者である地域住民が積極的に関与すべきものである。そこで、できるだけ、住民、住民団体、企業・商店街、NPO、行政などが連携して取り組むことによって、幅広い視野でコミュニティ・ドックを展開できる。

ステップ3：コミュニティ・ドックによる自己評価・自己修正と政策変更プロセス

　コミュニティ・ドックによって期待される政策変更は、図表1-9で示すように、コミュニティ・レベルの総合的・内発的評価を通じた政策変更のプロセスを通じて実現される。すなわち、住民自身による生活評価を起点となるベースラインデータと位置づけ、地域通貨導入後に社会経済面での推移の下で生活評価がいかに変容するかを追っていく。地域通貨を導入したことによって、地元商店や地元住民同士の経済的・社会的なつながりと

第1章　コミュニティ・ドック

図表1-9　コミュニティ・ドック導入による政策変更プロセス

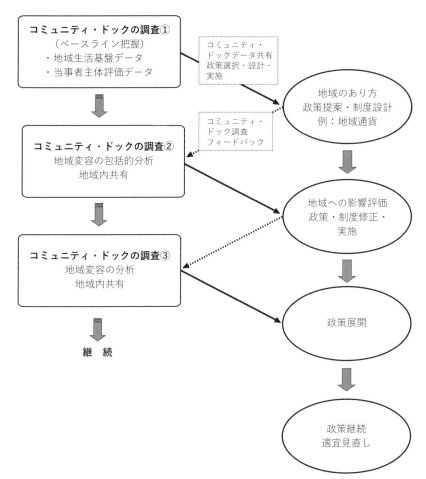

いった面で、ベースラインレベルからどのような変化が生じたかを分析し、必要となれば、地域通貨というプラットフォーム制度のデザインや実施方法などの変更を検討していく。また、住民の生活変容を評価し、評価結果を当事主体間で共有することで、政策修正や提案、実施方法の見直しなどを進め、政策成果をあげることに生かしていくのである。

1-6-3 コミュニティ・ドック・チームの重要性

　コミュニティ・ドックの導入にあたり、慎重に準備しなくてはならないのが、その実施チームをどのように整えるのかという問題である。

　コミュニティ・ドックは、現在進行形で、政策に変更を加えていこうとするプロセス志向性の強いアクションリサーチの性格を持つ。コミュニティ・ドックの導入主体が誰になるのか、によって、コミュニティ・ドックデータの活用者、活用方法が変わってくる可能性が高い。

　コミュニティ・ドックでは、まず、導入される政策推進メンバーがその必要性を理解しておくことが求められる。コミュニティ・ドックの導入を肯定的に捉えることによって、コミュニティ・ドックデータの収集作業をスムーズに行うことができ、データの分析・信頼性も高まる。より正確な地域住民の生活変容を把握していくことができるようになる。アクションリサーチでは、取り組み主体たる組織内の理解が不可欠といわれるが、コミュニティ・ドックの導入にあたっても、行政、住民組織、企業、NPOなど、地域コミュニティの当事主体の理解を得て進めることが必須となる。

　コミュニティ・ドックのデザイン・実施に関しては、専門性と経験を有する研究グループが協働参画することが不可欠である。コミュニティ・ドックは、多種の社会調査手法を使って、収集されたデータを蓄積分析し、分析による知見をデータベース化する必要がある。これらに関しては、社会調査・分析に通じる大学をはじめとする研究機関の専門家が中心的役割を果たすことになる。しかし、研究機関が独りよがりで調査内容、調査方法を設計、押し付けるのではなく、地域当事者と意思疎通をはかりながら、協働で推進していくことが肝要である。

1-7　制度変更型政策手法としてのコミュニティ・ドック導入による社会進化促進の可能性

　経済的にも社会的にも疲弊しつつある地域に再生への道筋をつけていくためには、既存の外部の専門家主導の問題解決型の手法には限界がある。1つには、地域の疲弊状況を引き起こした一端は、従来型の政策設計、実施、

図表 1-10　地域発展に関する制度不変型政策手法
と制度変更型政策手法の比較

	制度不変型政策手法	制度変更型政策手法（コミュニティ・ドック）
調査分析主体	個別の専門家・研究者	研究者と実践者の協働チーム
研究者の役割	アドバイス（一方向）	対話と気づき（双方向）
当事主体の役割	消極的・受動的	積極的・能動的
方法論	科学的根拠に基づく分析・評価	社会運動の改善手法，プロセス評価
専門領域	個別の専門領域	総合性，学際性重視
成　果	研究論文、調査報告書、政策提言	ワークショップ、社会改善提案、実践報告
当事主体	行　政	コミュニティ（住民、各種団体、企業、NPO、行政）
手法の指向性	トップダウン	ボトムアップ
計画の組み立て方	綿密な計画	大まかな計画・修正
課　題	権威主義の陥穽	協働チームの形成・展開

評価の仕方そのものにあるからだ。本論では、地域コミュニティの発展を地域の当事主体の観点から見つめ直すことで、必要とあれば、制度そのものにも手を加え、地域生活の改善と主体者のウェルビーイングの向上につながる制度構築を提案し、その具体的な手法としてのコミュニティ・ドックを提案した。

　図表 1-10 で示すように、地域コミュニティ発展を進めるための既存の手法と制度変更型ツールとしてのコミュニティ・ドックには、いくつかの点でその特徴に違いがある。

　まず、専門家や研究者の関わり方や役割から見てみる。制度不変型手法では、専門家が有する専門的知識によって、地域が抱える問題解決を提示し、アドバイスした処方箋に沿って、政策を実行していく。これに対して、制度変更型のコミュニティ・ドック手法では、専門家は地域の当事主体に対して縦の関係ではなく、横の関係で協働する。コミュニティ・ドックは、地域（ローカルコミュニティ）について、経済、社会、文化、環境など幅

広い領域から把握し、包括的なよき生活（ウェルビーイング）の実現に近づけていこうと活動する。このため、学際的なアプローチが求められるのであり、個々の専門家や研究者にも総合性と学際性への指向が必要とされる。

当事主体は、制度不変型においては消極的・受動的な位置づけになるが、コミュニティ・ドックでは積極的・能動的な役割を担うこととなる。コミュニティ・ドックの当事主体は、住民、各種団体、企業、NPO、行政から構成されるコミュニティであり、地域（ローカルコミュニティ）の発展に積極的・能動的に関与しなければならない。

方法論に関しても違いがある。従来の手法では、主要な経済・社会指標データを用いた地域の現況評価を主としてきた。他方、コミュニティ・ドックでは、持続的な地域発展を実現するため、地域についてより詳細な生活基礎データを使用するだけでなく、地域の当事主体の主観的な満足度や評価といった当事主体評価データを活用し、経済社会の変容をコミュニティの当事主体の観点から追跡していこうとする。

成果の出し方にも違いがある。アクションリサーチとしてのコミュニティ・ドックでは、学術論文による発信のみが成果ではない。むしろ、コミュニティ・ドックを実施しているコミュニティ（地域）へのフィードバックとしてのワークショップや社会改善提案、実践報告が重視されてくる。

実施プランの立て方についても、違いが認められる。従来型の制度不変型政策手法では、綿密な計画立案が当たり前とされてきたのに対して、制度変更型政策手法であるコミュニティ・ドックでは、協働作業によって、政策実施プロセスを修正可能なものにしていこうとするため、自由度の高い計画を立てていくことが求められている。

当事主体の視点で、地域コミュニティの再生や発展を進めていくことは、既存の手法に比べて、魅力的な仕組みである。従来型の手法では、地域の活性化は地域GDPと言う一元的指標で測られ、この数値を高めるための方策が優先されてきた。これに対して、コミュニティ・ドックでは、地域コミュニティ生活をより豊かなものにするための方策をボトムアップで形成していくのである。地域住民の間の社会的関係性、つながりを高めるこ

とが地域の生活を豊かにしていくといったことが十分に尊重されていくようになる。

　ただし、コミュニティ・ドックの導入に伴う2つの課題を指摘しておく必要がある。1つ目は、コミュニティ・ドックが、専門家と地域の当事主体の協働チームで進めていく必要があるという点である。主体者間の協働チームの形成や展開は、実際には、なかなか容易なことではない。また、専門家とそれ以外の人の間でコミュニケーションがうまく取れるかどうかが2つ目の課題である。コミュニティ・ドックの実践には、協働するチームが不可欠だ。そのためには、チームワークを支援する地域の支援が欠かせない。

　以上、制度変更型の政策手法として、コミュニティ・ドック手法を提案してきた。コミュニティ・ドック実験を行うことによって、この手法の有効性を確かめていくことが必要である[9]。

---

[9]　筆者らはこれまで北海道苫前町や東京都武蔵野市などにおいて、地域通貨導入による地域変容の把握と制度変更型のパイロット研究としてコミュニティ・ドックの開発に取り組んできた。

● 第 2 章

地域通貨：地域経済と地域コミュニティの活性化のための統合型コミュニケーション・メディア[10]

　前章では、コミュニティの当事者による内発的な制度変更型政策手法であるコミュニティ・ドックの概念や必要性を人間ドックとのアナロジーで考察し、次いで、その特色・位置づけや方法論について検討し、1-6-2「地域通貨導入実験に見るコミュニティ・ドック・ツール」では、地域通貨をツールとして使用したコミュニティ・ドックの実施手順をステップ・バイ・ステップで具体的に見た。

　本章では、コミュニティ・ドックで使用される一つのツールないし媒体である地域通貨についてその概念と意義、目的と効果、背景、分類や実際事例などを多面的に考察する。次章以下で地域通貨を導入するコミュニティ・ドックの実際事例を報告するが、本章は次章の内容を理解するのに必要な理論的フレームワークであるとともに、コミュニティの人びとや団体が地域通貨を導入する際の実践的ガイドを提供するものである。

2-1　地域通貨の概念と意義

　地域通貨とは何か。それはお金であるが、ただのお金ではない。地域通

---

[10] 本章は、西部監修(2004)の第Ⅰ部をベースに、西部監修(2001)、西部忠(2006b, 2006c, 2006d)など、地域通貨に関する過去の研究・報告を参照し、最新の研究成果や情報を取り入れた論考である。

貨には、お金である部分とお金ではない部分が相補いながら共存している。この二面性が、法定通貨とは異なる、地域通貨の興味深い特徴である。だからこそ、地域通貨は経済だけではなく社会や文化・倫理といった広い領域に関わることができる。ここでは、地域通貨の概念と意義をこの両義性から明らかにする。

2-1-1　通貨的側面：経済メディア

　まず、地域通貨の貨幣的な側面に注目しよう。地域通貨は、通常の貨幣と同じように、財・サービスの価値を測るための物差しになり（価値尺度）、財・サービスを売買するための手段となる（交換手段）。また、受け取った地域通貨（紙幣・手形や口座上の黒字）を使わずに貯めておくことができる（価値保蔵手段）。また、LETS（地域経済取引システム）など口座方式の地域通貨では、コミュニティに対する貸し借りを参加者間で相互に相殺する多角決済機能を持っている（決済手段）。このように、地域通貨は一般の貨幣と同じく、「価値尺度」「交換手段」「価値保蔵手段」として、また一部の地域通貨の場合は「決済手段」として機能する。

　では、地域通貨が現在の法定通貨である国家通貨と違うのはどういうところであろうか。国家通貨には二種類ある。現金通貨と預金通貨である。まず、現金通貨には紙幣と硬貨がある。前者は、中央銀行が発行する日本銀行券であり、後者は政府が鋳造する補助通貨である。さらに、預金通貨がある。これは、民間銀行が通帳やコンピュータ上の元帳に数字として記録する通貨であり、預金者の要求により直ちに現金通貨として払い戻される預金（要求払預金）である。民間銀行は大量の預金払戻に備えて預金の一定率の現金を日銀に預けているが、この預金準備を維持しながら、当座預金勘定で企業・個人への貸出を繰り返すことによって、現金と預金準備の合計（ハイパワードマネー）の何倍もの預金通貨を創り出すことができる。これを「信用創造」という。

　このように、中央銀行ないし政府か、民間銀行が国家通貨を生み出している。現金通貨を保有していても利子は付かないが、それを貯蓄して預金通貨として保有すれば利子が付く。銀行は、貸出に対して預金利子より大

きな貸出利子を徴収して、収益を上げる。また、中央銀行は、公定歩合操作、公開市場操作、預金準備率操作といった金融政策を通じて、景気や物価をコントロールしようと努めている。

円のような国家通貨は外国為替市場で、ドルやユーロなど他の外国通貨と交換される。その際の為替レートは日々変動している。ドル、ユーロ、円などの主要な国家通貨は、国内で流通するだけでなく、国際貿易決済、対外長期投資や国際的投機取引のために使われるので、絶えず国境を越えて流通している。

これに対して、地域通貨は市民による任意団体、NPO、商工会や自治体が自分たちで自由に発行し、運営管理するものである。その発行や運営管理のコストは、運営団体と参加者が共同で負担する。地域通貨は、決められた一定の地域内でのみ流通する。それは、地域の外へと流出せずに、その内部で循環することで、域内経済取引を活発にする。多くの地域通貨はドルや円などの国家通貨に換金することはできない。これは、地域通貨の域内循環の安定性を保証するために必要なルールである。もし換金が可能ならば、地域通貨は国家通貨に換金され、それは地域外へと漏出してしまい、地域通貨の流通量が縮減してしまうからである。

地域通貨は、それを手元に持っていても口座に保有していても、利子が付かない。このため、その価値や残高が自然に増えることもない。通常の貨幣の場合、現金として持っているだけでは利子は付かないが、預貯金や借出金には利子が付く。また、地域通貨には、国家通貨のように貨幣そのものを売買する市場は存在しない。したがって、それは投機や利殖の対象にはならない。地域通貨は、銀行により信用創造される貨幣ではない。人々や団体が必要に応じて発行するものであり、より安定的で自立的な経済成長を可能にするための疑似通貨である。

地域通貨の中には、利子がゼロどころかマイナスのものもある。「減価通貨（劣化通貨）」と呼ばれる地域通貨は、貨幣価値が時間とともに減少していく。例えば、「スタンプ付紙幣」の場合、一定期間（例えば一週間）ごとに一定額の印紙（スタンプ）を券面裏の升目に貼らなければ受け取ってもらえない。印紙代は、貨幣を手元に持っていることに対する保有税、「デ

マレージ（滞船料）」を意味する。

　では、どうして利子をマイナスにするのか。長い間、経済不況が続いており、企業業績は低迷し、倒産する企業、破綻する金融機関も少なくない。もちろん、失業者も多い。勤労者の給与も減額されており、今後もそう予想される。また、長期的には少子高齢化で年金制度の継続性にも不安がある。こうして、企業は設備投資のための貨幣を借りず、銀行は不良債権を抱えているので、自己資本比率規制（国際決済銀行（BIS）による国際業務銀行向け統一基準8％、国内業務銀行4％）を満たすために、貸し渋りや貸しはがしを行った。消費者は雇用や年金に不安を抱えており、将来に悲観的であるため、貨幣を貯蓄して使わない。したがって、投資も落ち込み、消費も伸びなくなり、不況は深刻化する。これは「デフレ・スパイラル」と呼ばれる悪循環である。マイナスの利子は、この悪循環を断ち切るための一つの手段である。先ほどのスタンプ付紙幣を導入すれば、人々は貨幣の減価を避けるために手持ちのスタンプ付紙幣をできるだけ早く、つまり、法定通貨よりも先に使おうとするため、消費が刺激されるからである。

　このように、市民や団体が自由に自主的に発行・運営する地域通貨は、経済的機能の側面から見れば、「流通圏」を制限し、「価値増殖機能（資本機能）」を排除した疑似通貨であり、そうすることで、地域内の経済活動の結びつきを強め、経済取引を刺激し、地域の経済的自立の度合いを高める役割を果たすことを目的としている。

　以上から、地域通貨の国家通貨に対する特徴は以下の3点にまとめられる。

（1）人々や団体による自由発行と運営コストの共有
（2）限定的流通圏と国家通貨への換金不可
（3）無利子（負の利子）

　（1）の意味での地域通貨は、自分たちの経済・社会の根本にある「貨幣」を自分たちの共有物として自分たちで制御しうることを自覚させる。それ

は、リンカーンの言葉を借りて言えば、「人民の、人民による、人民のための」〈民主主義的〉な貨幣である。

　また、(2)における地域通貨は、地域の外へと流出せずにその内部だけで流通することで地域経済を振興し、外部の不安定な金融市場から地域経済を防御してエコロジカルな循環型経済を築くことを可能にする。それは地域だけで使われ、その内部でぐるぐる回り、地域から持ち出されず、地域を守り、地域を自立させる〈地域主義的〉な貨幣である。

　さらに、(3)の視点から見た地域通貨は、信用創造を伴わず、利殖や蓄積のために利用されない交換媒体であることにより、消費を刺激することができる。それは、長期間貯め込まれないで使われ続けることで、経済取引を活発にする〈非資本主義的〉な貨幣である。

　このように、地域通貨は、地元商店街・市街地の経済を活性化し、「地産地消」や「ゼロエミッション」を実現し、NPOやNGOの活動を支援し、過剰な資本蓄積、投機的なバブルを排除するための貨幣である。要するに、地域通貨とは、自立循環型経済と自由民主的社会を構築するために人々が自主的に設計・運営する、特定の地域・コミュニティ内でのみ流通する、利子がつかない、経済メディア（媒体）だと言えよう。

2-1-2　非貨幣的側面：社会・文化メディア

　さて次に、地域通貨が単なる貨幣ではない側面を見てみる。通常の貨幣が経済的な価値を表現し経済的な取引を媒介する時には、人と人は互いによそよそしく、冷たい関係に立つ。貨幣が介在すると、人と人との活き活きした親密な関係を、利害と打算に基づく疎遠な関係に変えてしまうことがしばしばある。また、それは生産者同士、消費者同士に常に競争的関係を生み出す。特に、現金は、その取引の匿名性によって取引自由を確保し、プライバシーを守るという側面がある反面、種々の犯罪・不正取引につながる面があることも否定できない。

　地域通貨は、それとは逆に、地域・コミュニティを媒介にして個人と個人を互いに親和的・懇親的に結びつける機能を果たす。コミュニティが形成されるのは、同じ市町村に住んでいるとか、同じ伝統や風土、あるいは

価値や関心を持っているとか、人々が何らかの共通な性質を持つ場合である。地域通貨の趣旨に賛同して参加するというだけでも、緩やかであるとはいえ、参加者間にはルールへの合意に基づく信頼のコミュニティが形成されると言える。

　また、地域通貨には助け合い、相互扶助のための媒介物になりうるという側面もある。地域通貨は、無償ボランティアではなく、ある種の有償ボランティアを奨励するものであると言える。ただし、ここで「有償ボランティア」と言っても、地域通貨による有償性は、円のような法定通貨による有償性とは意味が異なることに注意する必要がある。地域通貨は、いつでもどこでも欲しいものが買え、利子が付き、貯め込めるような経済的な価値や富ではない。あくまでコミュニティの参加者間で財・サービスを多角的に交換しながら、互いに助け合うことを促進する経済媒体にすぎない。しかも、地域通貨における相互扶助は、多くの参加者間の自発的な助け合いに基づくものであり、全員にボランティアの参加や実行を強く要求するものではない。

　例えば、AさんがBさんに雪かきをしてあげたとしても、BさんはAさんに直接何かお返しや反対給付をする必要はない。ここで、Bさんは第三者であるCさんに郷土料理の作り方を教えてあげればよい。さらに、CさんはDさんに家でとれた野菜を提供すればよいのである。これらAさんからBさん、BさんからCさん、CさんからDさんへと提供されるモノやサービスは個々の取引だけを見れば贈与にみえるが、それがコミュニティ内で次々に行われ繋がっていけば、時間がかかるにしても、やがて元のAさんのところに戻ってきて、大きな円環を描くはずである。これが、地域通貨が想定する互酬・相互扶助の関係であって、強者（富者）が弱者（貧者）を常に救済・支援するのでも、二者間で贈与と返礼を行ったり、助け合ったりするのでもない。また、同じ町や村に住んでいるからといって、必ずしも助け合いの輪に参加することを強いられるものでもない。地域通貨は、あくまで自発的、内発的に参加する助け合いの輪としての「コミュニティ」を形成することに主眼があり、そのコミュニティの中で、参加者同士の合意のもと行なわれるサービスを評価・記録し、将来、他の参加者からサー

ビスをしてもらう時に使うためのものなのである。

　地域通貨のねらいは、参加者が所有する財だけではなく、参加者が提供できるサービスや情報を互酬的に交換することにより、個人が持っている技能や才能を相互に利用しながら、地域やコミュニティを経済、社会、文化などいろんな面で活性化させ、新たな地域コミュニティを築くことにある。その際、専門的技能の発揮を職業とする人々だけでなく、主婦、学生なども参加できるし、さらに失業、休業、退職といった状況にある人々が自らの持つ遊休的・潜在的な能力を自発的に発揮して、それを相互に有効活用することができる。

　このように、地域通貨は単なる「貨幣」ではなく、人と人とをつなぐリング、人と人との交流のためのメディアである。地域通貨は、それを使う人々の間に同じ「地域」の中で相互に支え合う協同的な関係を築き、そうした関係に基づいたより豊かなコミュニケーションを可能にする。地域通貨は、環境や介護など一定の興味や関心を共有しているものも少なくない。この場合、人々は共通の課題や理念をより強く自覚することができる。この側面から見れば、地域通貨は「貨幣」よりもむしろ「言葉」に近いとさえ言えよう。

　ただの貨幣ではない地域通貨とは、協同的コミュニティを形成するために、人々をつなぎ合わせ、互酬的・互助的関係を形成し、共通の価値や関心を表現・伝達・共有するための社会・文化メディア（媒体）なのである。

2-1-3　地域通貨：統合型コミュニケーション・メディア

　初めに、地域通貨は「お金であるが、ただのお金でない」と述べた。今やその意味が理解できる。地域通貨とは、貨幣としての経済的側面と非貨幣としての社会・経済的側面を合わせ持つ。これらは相補う二面性である。貨幣的な側面がすべてを一次元で表現する「数」に近いとすれば、非貨幣的な側面はすべてを多次元で表現する「言語」に近い。なぜなら、地域通貨は、一面で、価格付けにおいて一次元的な価値表現を行うが、他面で、通常の貨幣と比較すれば、それを発行・運営する主体や、それが流通する地域コミュニティに固有な社会的価値・規範・文化を多様な形で表現・伝

言語にも事象を分類したり抽象化したりする点で事象的一般化の機能がある。貨幣と言語の決定的な差違は、貨幣が価格表現により商品の質的な多様性や複雑性を一元的情報へと縮約する「一様メディア」であるのに対して、言語は、貨幣と比較すれば圧倒的な多様性と複雑性を保持した表現が可能である「多様メディア」であるという点にある。この点から見ると、通常の貨幣は現実の経済社会の多様性や複雑さを一次元的表現へと縮約することで得られる効率性や便宜性にその存在意義があるのに対し、地域通貨は、そうした量的視点での効率性を捨てることによって得られる複雑性や多様性を再導入することで、それらに含まれる質的な価値や豊かさを回復するところにその存在意義がある。では、なぜ複雑性の縮減を可能にする貨幣と並んで、そのような非効率的な地域通貨があえて必要とされるのであろうか。それは、グローバル資本主義の現在のあり方がすべてのモノやコトを一元的に評価し、貨幣の量的な多さが豊かさであるとする資本のコードを押しつけてくることに多くの人々がもはや満足できなくなり、多様性や複雑性の価値の回復を強く望むところから生じていると言えよう。

　実際の地域通貨を見てみると、経済ないし社会・文化のどちらかに重点を置いたものになる。しかし、どちらか一方に偏りすぎると地域通貨はその存在意義を失うか、うまく機能しなくなる。経済メディアに傾きすぎると、その社会・文化的な意義が失われ、普遍性と広がりを持たないものになってしまう。その反面、社会・文化メディアに傾きすぎると、使える場所や用途が少なくなり、一部の参加者に滞留するなど、通貨としての流通や循環に支障をきたす恐れが出てくる。経済的側面と社会・文化的側面は常に相補わなければならず、地域通貨は両者のバランスを取りながら行っていく必要がある。これらの二面的特性の相互補完的性質は、地域通貨の目的を考える上でも重要である。

　社会学者ニクラス・ルーマンは全体社会をコミュニケーションのオートポイエティック・システムと捉え、貨幣、真理、愛などの象徴的に一般化されたコミュニケーション・メディアによって全体社会をいくつかの部分システムに分割した(Luhmann 1984, 1988)。地域通貨もそのようなコミュ

ニケーション・メディアの一つとして理解しうる。しかし、地域通貨が特異であるのは、それが象徴的に一般化されたコミュニケーション・メディアのように、社会を別々の部分システムへ分割するよりも、むしろそうした分離されている部分システムを再統合することを指向する点にある。つまり、分離ではなく統合のためのメディアなのである。

　このように、地域通貨は、前後に二つの顔を持つ古代ローマの神「ヤヌス」のごとく、貨幣と言語という二つの側面を必ず合わせ持っており、経済的領域だけでなく社会・文化的領域でも機能を果たすコミュニケーション・メディアである。地域通貨はこれら二要因の統合体であるにもかかわらず、「貨幣」ないし「通貨」という語が付いているため、どうしても経済的意味を強く持ってしまう。ここでは、地域通貨が貨幣としての「経済メディア」であるとともに、言語としての「社会・文化メディア」でもあり、そうした両側面の統合体であるということを明確にするために、地域通貨を「統合型コミュニケーション・メディア」と呼ぶこととしたい。図表2-1 に、地域通貨の二面性を目的・機能・形態という観点からに整理してみた。

　地域通貨は、日本でも広く普及してきたとはいえ、今のところまだ一部の試みにすぎず、社会全体に根付いているとは言えない。したがって、地域通貨がより身近なものとして、広く普及し深く浸透するためには、地域通貨によって人々の意識や価値観、社会経済構造、団体・組織のあり方が徐々に変化していくことが必要である。こうした社会心理・倫理的、構造論的、組織論的なプロセスにおける変化がなければ、実は地域通貨を媒介にした社会経済の変化も生じえない。

　もし消費者がただ安い農産物を求めるのであれば、労働力コストが安い途上国からの輸入品に太刀打ちすることはできないだろう。しかし、表面的には同じ野菜のように見えるが、鮮度、含有成分や栄養素、使用された農薬の種類や濃度は異なっている。さらに、農業は単に農作物を産出しているだけではなく、食料安全保障の確保、心休まる景観の提供、二酸化炭素の吸収、生物多様性の保護など、今まで十分にその存在や意義が理解されてこなかった多くの外部経済的な事物を供給していると見ることができる。もし消費者がこういった事物の価値に気づくならば、「地産地消」や「身

図表 2-1　地域通貨の両義性

統合型コミュニケーション・メディアとしての地域通貨		
側　面	貨幣（経済メディア）	言語（社会・文化メディア）
目　的	地域経済の活性化（自律・循環）	交流、コミュニケーションの活性化（コミュニティ構築）
機　能	自主発行・運営管理 域内限定流通 無（負）利子	信頼・協同関係醸成 価値・関心の共有 感情の表現・伝達
形　態	補完・緊急通貨（スタンプ紙幣、LETS）	相互扶助クーポン（タイムダラー、エコマネー）
領　域	市場	非市場（コミュニティ）

土不二」の意義を見直し、自分が住む地域の農業を支持するために、たとえ価格が高めであっても、それを消費しようと自らの嗜好や好みを変化させることも考えられる。

　こうしたものごとの多様性に着目する価値観の重要性はさまざまな社会的事象について言えることである。例えば消費者が地元商店街を単なる商品を供給する場所として見る限り、安く品揃えの多い商品を提供する大手スーパーや量販店と比較して、高く品揃えの少ない商店街の魅力は乏しい。したがって、消費者は商店街にやってこず、商店街は競争に負けて廃れていくことになる。だが、商店街がお祭りなどの伝統文化、町の清掃、バザール、フリーマーケットの主体となったり、火事・犯罪を予防する自警的機能を果たしたりしているなど、各種のコミュニティ機能を提供していることを消費者や地元住民が評価するようになれば、商店街に対する意識や見方が変化するであろう。地域通貨はこのような価値観の変化を前提するだけではない。逆に、消費者や市民に対しこのような理解を求め、大店舗における低価格商品を指向する消費者の意識を変えていくためにも、地域通貨のようなツールが効果を発揮するのである。

　こうした観点から見ると、地域通貨は、経済のグローバル化に伴う社会情勢や価値観の変化により崩壊しつつある従来型のコミュニティ（市町村などの行政区や学校区、近隣区域、家族）を単に復興するものとは言えな

図表 2-2 地域社会と地域通貨の適用関係

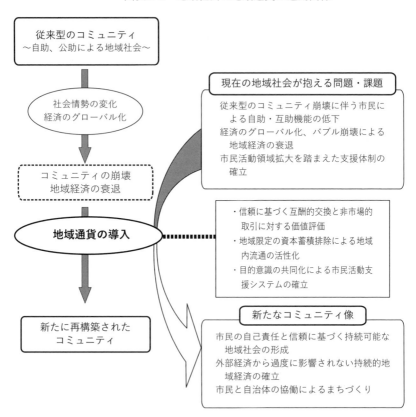

い。むしろその導入により、市民の自己責任と信頼に基づく新たなコミュニティを再構築することになる。そうした観点から、法定通貨と地域通貨の機能上の際を理解する必要がある。

以下に掲げた図表 2-2 と図表 2-3[11] はそれぞれ地域社会と地域通貨の適用関係、法定通貨と地域通貨の機能・特性比較をまとめたものである。

---

[11] 西部監修 (2001)、43-44 頁より転載。

第 2 章　地域通貨

図表 2-3　法定通貨と地域通貨の機能・特性比較

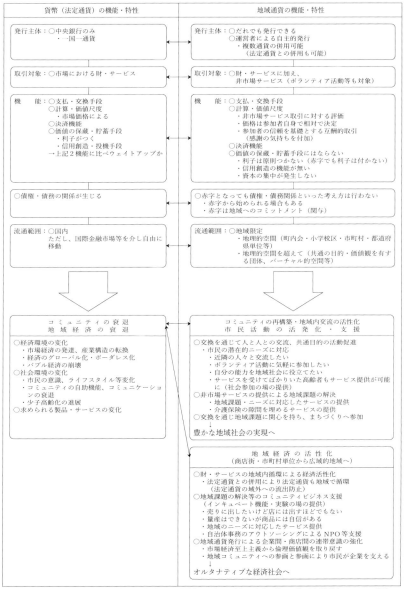

2-2 地域通貨の目的と効果

　既に述べたように、地域通貨は、経済的メディアと社会的・文化的メディアの二面性を備えている。それぞれの側面でどのような目的があり、どのような効果が上げられるのかを考えてみよう。

2-2-1 地域通貨の目的
　地域通貨は、地域経済の活性化（振興と自立化・循環化）とともに、コミュニティの活性化（再構築・保全・創造）をも目指す。もう少し具体的に言うならば、次のようになる。

①信頼を基盤として互酬的交換（二者間の贈与と返礼というやりとりではなく、多数の自発的な参加者が必要な財・サービスを互いに提供しあうこと）を目指す。
②地域通貨の域内循環により地域経済の自立的な成長を確立し、インフレや失業の問題を解決する。
③ゼロないしマイナスの利子により信用創造、投機、独占的な資本蓄積を阻止し、財やサービスの取引を活性化する。
④個人の福祉・介護、救援などの非市場的サービスを多様な観点から評価する仕組みを提供し、それらを活発にする。
⑤労働、消費、福祉、環境に関わる、様々な非政府組織（NGO）や非営利組織（NPO）の活動を互いに結び付けるための理念や枠組みを提示する。
⑥人々に安心感や一体感を与えるのではなく、人々の間に協同や信頼の関係を築き、貨幣交換へと一元化しているコミュニケーションを多様で豊かなものにする。

　①から③までが「経済」の活性化、④から⑥までが「コミュニティ」の活性化に関連する。各地で行われている地域通貨の多くは、これらすべてではなく、そのうちのいくつかをその導入目的としている。どのような地

域通貨を設計し導入するかは、発起人たちが話し合い、自分たちの地域の課題に即して決定すべきである。両方のバランスがとれた地域通貨である方が持続的になるとともに、社会的・倫理的意義を持ちうる。そして、その方が多様な考えや価値観を持つ人々や団体の賛同や参加が得られやすく、閉鎖的・独善的ではない、開放的・多元的なコミュニティになりうる。

2-2-2　社会的・文化的効果：コミュニティの再構築・保全・創造効果

まず、地域通貨の社会的・文化的効果を考えよう。

ここでは、個人の参加者からなり、雪かき、清掃、介護などのボランティア・サービスを中心に交換する地域通貨システムを想定してみよう。これは、日本では「エコマネー」という名称で呼ばれたシステムであり、主に1990年代末から2000年代前半まで実施されてきた。この場合、地域通貨システムは、人々が交流し相互扶助することで、コミュニティを再構築・創造するためのコミュニケーションシステムとして機能する。つまり、地域内でお互いが困っている時に助け合い、求めていることを互酬的に賄い合うことで、温かく豊かな地域コミュニティを形成するための支援システムとなりうる。

このようなシステムの参加者は、次のようなメリットを得ることができる。

① グローバル化に伴いコミュニティが崩壊しつつあるが、参加者同士が顔の見える関係のなかで交換を行うことで、コミュニティの互助機能を補完し、コミュニティへの共属意識を醸成する。
② 地域の伝統、風土、特産物や価値・関心に関するメッセージが、紙幣やホームページに記載されて表現され、参加者間で共有され、外部へと発信される。
③ 地域住民が、新たな文化的・社会的意義を持つ起業・事業（コミュニティビジネス）計画を直接的に評価、支援する仕組みとなり得る。例えば、新規就農者が来年の有機農作物の供給を担保にして、地域住民から地域通貨で融資を受け、種や苗の仕入れや繁忙期のアルバイトへの支払を行う。こうすることで、有機農法を守り自然環境保全に資するとともに、住民に農

業体験の機会を提供する。

　図表 2-4 は、個人サービスの交換イメージを示したものである。挙げられているように、高齢者、若者、子供など体力や能力の違いに応じてそれぞれ異なる技能やサービスを提供しうる。こうした技能やサービスの互酬を通じて、住民間の自然な交流や相互扶助が促進できると考えられる。

2-2-3　経済的効果：地域経済の振興と自立化・循環化

　次に、地域通貨の経済効果である地域経済活性化とはどのようなものかを見よう。ここでは、地域通貨の市場経済に対する影響を考えるために、地域通貨が個人の相互扶助など非市場的サービスや不要品の交換を媒介するだけではなく、部分的には法定通貨と同じように市場取引にも使われる場合を想定する。これは、商店や地元企業が地域通貨システムに参加し、代金の一部として地域通貨を受け取るような場合である。

　以下の図表 2-5 は 3 つの取引を表している。①高齢者 B さんが A 商店の前の舗道を掃除してあげ、A 商店が B さんに地域通貨で支払う、②若い C さんが B さんの自宅前の舗道の雪かきをしてあげ、B さんが C さんに地域通貨で支払う、③ C さんが A 商店で買い物をして、代金の一部を地域通貨で支払う。

　地域通貨は特定の地域でしか流通しないので、購買力を域内にとどめ、循環させる効果がある。市民である B さんと C さんだけでなく A 商店が地域通貨循環の輪の中に参加し、市民と商業セクターがコミュニティを形成している。ここにおける「A 商店」の替わりに、飲食店、喫茶店、パーマ屋、床屋、パン屋、酒屋、肉屋、魚屋、電気屋、リサイクル用品店などの小売商店、地元で米・野菜を作る農家、医師、弁護士、会計士、税理士などの専門家、地元のメーカー、ソフトウェアハウス、土木建築会社などの企業なども入りうる。したがって、域内の市民と産業セクターだけでなく、産業セクター内での地域通貨循環が形成されれば、域内取引は盛んになる。現金（円）と地域通貨を併用して利用できるならば、消費者は買い物の時、現金を節約できるので、雪かきのようなサービスを提供して地域

第 2 章　地域通貨

図表 2-4　個人サービスの交換イメージ

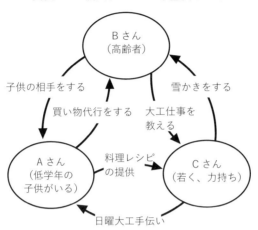

図表 2-5　商店が参加した場合の交換イメージ

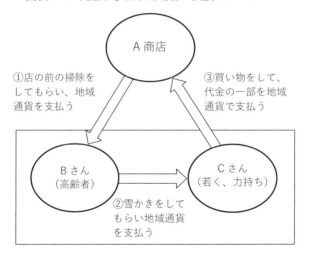

通貨を得るための動機が生まれる。だが、地域通貨は特定の地域でしか使えず、貯めても金利がつかないため、消費者は円よりも地域通貨を優先的に使おうとするであろう。この結果、地元の商店での買い物の回数は増え、購買額も増加する。地域外の大型スーパーで安い商品に向かいがちな消費

71

者を地元に引きつける一方策となりうるのである。地場産の野菜などは健康志向や地産地消という点からも好まれる。このように地域通貨は地域内で生産される財・サービスの取引を活発化させ、地域経済の活性化を図ることができる。

　各参加者は以下のような具体的な経済的メリットが得られる。

① 消費者は円を節約することができる。円を手元に残し、先に地域通貨を使おうとするであろう。自分の特技、技術を生かすことで地域通貨を稼げれば、暮らしに役立つ。よって、地域通貨の受入を表明する商店は、地元の消費者から追加的な購買や愛顧を期待できる。
② 商店街や企業は、社会的・文化的な意義の高い地域通貨の受入を表明することで、自分の商売や利益だけでなくコミュニティ全体の厚生を考慮し、地域社会に貢献することになる。企業は立地する地域社会における雇用の創出、地域の福祉・環境への支援、芸術・文化の支援などの「社会的責任」（フィランソロピー）を果たしうる。このようなプラス・イメージが住民にアピールすることで、結果的に売上げにも好影響を与えるであろう。
③ コミュニティ内の交換を活発にして、個人や企業がこれまで放置されてきた技能や忘れられていた資源を掘り起こして有効に活用し、また、気づくことがなかった新たなニーズの発掘やそれに応じる新たな革新的活動（コミュニティ・ビジネス、社会的企業家）を生み出す可能性がある。これは、将来の地域経済に大きく貢献する。
④ 商店の加入は個人の参加へのインセンティブとなり、個人参加者の増加は商店の参加の呼び水となる。このような好循環がいったん形成されれば、地域通貨で交換される財・サービスの多様化が急速に進み、個人や商店・企業の参加者が増えるというように、好循環はさらに拡大していく。これが、地域内の経済取引を活性化する。

　さらに地域経済を都道府県のレベルのマクロ的な視点から見た場合、地域通貨にどのような経済効果がありうるかを考えてみよう。
　ここでは、北海道を例に説明する。北海道の産業構造は農林水産業やサー

ビス業などの第 1 次産業と第 3 次産業の比率が高く、第 2 次産業の比率が低い。第 2 次産業の中では、建設業の割合が高く、製造業の割合が低い。北海道の域際収支（域外への移輸出額［販売］－域外からの移輸出額［購買］）は恒常的に大幅な赤字である。分野別で見れば、第 1 次産業および食料品製造業で黒字だが、第 2 次産業の機械とその他の製造業で大きな赤字である。このように、北海道経済は第 2 次産業、特に製造業を中心とする輸出牽引型の日本経済とは大きく異なり、第 1 次産業と第 3 次産業を主軸とし、建設以外の第 2 次産業を輸移入に大きく依存する貿易赤字型の特徴を持っている。

　一般に域際収支は、域際収支＝純貯蓄［＝民間貯蓄－民間投資］＋財政収支［＝租税－政府支出］とも書ける。北海道の場合、いま見たように域際収支は大幅な赤字だが、それは、民間部門のプラスの純貯蓄（貯蓄超過）を上回る財政収支（政府の支出超過）の大幅な赤字の存在を意味している。そして、この財政収支の大幅な赤字は、中央政府の再分配政策に基づく租税移転（地方交付税や補助金）によって相殺されている。北海道にはかつて北海道開発庁（現国土交通省北海道開発局）を初めとする中央省庁の存在が大きく、財政的に国からの地方交付税や補助金に頼る中央依存体質が強かった。だが、近年、その傾向も財政改革に伴う財政移転や道内公共投資の縮小により弱まっている。北海道を資金循環から見れば、第 2 次産業で貿易赤字であるだけなく、民間貯蓄の大半が域外へ投資され、そのため資金は域外へ多く流出しているが、それが地方交付金や補助金として環流するという構造になっている。

　他方、北海道の移輸出入比率（＝（移輸出額＋移輸入額）÷道内 GDP）は 64.7％（平成 17 年度、全国平均 132.6％）と 47 都道府県で最下位である。貿易面でのオープン度は全国一低く、域外交易への依存度が低い「地産地消」型の産業構造であることがわかる。特に、第 1 次産業と第 3 次産業で「地産地消」型の高自給率が見られる。これは、北海道が食料基地であることに加え、中央からの財政移転に依存する開発投資が建設業の肥大化を伴いつつ行われ、それとともに公的サービスを含むサービス業全般が比較的高いレベルで維持されてきたからであろう。

北海道では、域際収支改善のために工業化により域際収支を改善し、経済を成長させ所得を増大させるべきといった提言が従来から繰り返されてきた。だが、産業構造を転換し、第２次産業を主軸とする輸出牽引型経済にしていくには無理がある。むしろ、現状すでに優位にある第１次産業と第３次産業、特に農林水産、食料品生産、観光、情報、環境をさらに発展させ、財政や社会保障の中央政府依存を脱して公助から共助・自助への転換を図ることで、真の経済的自立を目指す方が望ましいのではないか。
　すでに見たが、北海道の民間純貯蓄は東京などの大都市圏を中心に域外流出しており、それをもっと北海道内で活用すべきだが、金融機関に域内投資に貸出すよう規制をかけるよりも、道内限定の流通圏として制度設計された地域通貨を第１次、第３次産業を中心にして利用できるようにする方が望ましいだろう。そうすれば、通貨の域内循環が促進され、投資の経済的波及効果も高まるからである。このように、地域通貨は、経済を都道府県レベルあるいは市町村レベルのよりローカルなレベルで見た時に地域経済の発展や経済的自立をうながすための政策ツールとなる可能性もある[12]。
　いま北海道で見た産業構造、貿易構造、財政構造、資金循環の構図は、国内の他の都道府県や市町村にそのまま当てはまるわけではないものの、対外貿易依存、資金流出、財政中央依存など地域経済の問題点の多くを示しているはずである。このような現状に対して、地域通貨システムは、参加する個人と個人、個人と事業者、事業者間における取引を増加することによって、地域外に流出しない域内資金循環の形成を通じて地域経済の内需拡大を図り、地産地消や地域経済社会の自律を促進する方向に働くと考えられる。

2-3　地域通貨の目的別分類

　2-1「地域通貨の概念と意義」では、地域通貨が地域経済を活性化する「経

---

[12] 北海道経済の問題と北海道地域通貨の詳細な制度設計については西部(2002a、2012c)、Nishibe (2012)を参照されたい。

済メディア」の側面と、地域コミュニティや人々のコミュニケーションを活性化する「社会・文化メディア」の二つの側面を兼ね備えた統合型コミュニケーション・メディアであることを見た。ここでは、地域通貨のこの二面性をうまく生かし、従来の地域通貨の方式に残された課題を克服するより実践的な試みとはどのようなものかを考えるために、地域通貨をその目的やねらいという観点から「コミュニティ・ベース型」、「プロジェクト・ベース型」、「事業者ベース型」に分類してみよう。

(a) コミュニティ・ベース型

　コミュニティ・ベース型とは、個人間のボランティアや相互扶助などのインフォーマルな活動と非商業的取引を中心にして、人と人との結びつきを強め、地域コミュニティの助け合いを活発なものにすることを基本的なねらいとするものである。タイムダラーやエコマネーなどがこのタイプに相当する。これらでは、商業者が提供する商品やサービスは取引されないので、企業や商店が参加するのは難しい。

　したがって、コミュニティ・ベース型は、地域コミュニティとの交流や参加者間のコミュニケーションを促進することによって商店街への集客を増やすなど、間接的な商業効果が部分的に期待されるものの、直接的な経済効果や実利効果は上げにくい。また、インフォーマル活動の媒介だけでは地域通貨が円滑に流通せず、熱心な一部の参加者に地域通貨が滞留してしまうといった問題が生じている。

　もちろん、こうした課題を解決すべく、地域通貨の流通促進のためのさまざまな工夫もなされてきている。タイムダラーは支払能力がない人が税金の代替として支払うことができる。エコマネーも、フリーマーケットで支払いに使えたり、スーパーで買い物袋を受けとらなければポイントをもらえたりするようになってきた。このように、コミュニティ志向型もプロジェクト志向型や経済循環志向型の方向を模索し始めている。このため、エコマネーの中にも一般の企業や商店の商品やサービスの代金に利用されるものが出てくるかもしれない。

(b) プロジェクト・ベース型

　プロジェクト志向型は、まちづくりや地域貢献などコミュニティ支援活動（例えば、道路や河川の清掃、グランドワーク、風力発電設置、雪かき、お祭り、遠足、見学会）をマクロ的な通貨循環の中に意図的に組み込んで、地域通貨を地域社会の活性化に役立てることを主たる目的とするものである。ボランティアや相互扶助を個人ベースだけでなく、大規模なプロジェクト単位で行うためのスキームを提供し、そのスキーム中に非商業取引だけでなく、商店や企業などの商業的活動を組み入れていくところがコミュニティ・ベース型との違いである。

　プロジェクト・ベース型の地域通貨は、さまざまなコミュニティ支援活動への協力（労務の提供や現金の寄付など）への返礼として発行され、このプロジェクトに賛同する地域の企業や商店での商品の購入代金として利用できる。

　この具体例として「コミュニティ・ウェイ（Community Way）」を挙げることができる。これは、企業やNPOも参加できる、LETSを用いた経済活性化のための具体的なシステムである（図表2-6）。

①公益的なコミュニティ事業を行う団体（NPO等）の活動に賛同する企業・商店が地域通貨や商品・サービスをNPOに寄付することから始まる。NPOにとっては、この寄付された地域通貨が事業運営資金の一部あるいは全部になる。

②NPOは、事業に必要な現金は個人からの寄付で調達し、現金を寄付してくれた人々に、寄付をしてくれた企業との取引に使える地域通貨を贈呈（反対給付）する。つまり、NPOは企業・商店から寄付された地域通貨を市民から寄付された現金と1:1で交換するわけである。こうすることで、その地域に住む人々だけではなく、地域外に住む人や地域を訪れる人々からの現金寄付が促進される。

③地域住民である個人は、NPOへの円の寄付にたいする地域通貨の反対給付か、他の個人への財・サービス提供の対価として入手した地域通貨を企業・商店が提供する商品の販売代金の一部として利用できる。

第 2 章　地域通貨

図表 2-6　コミュニティ・ウェイの循環

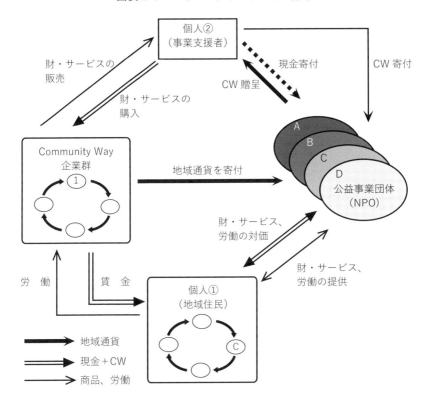

　こうした仕組みは、コミュニティ事業を支援しつつ、企業・商店経営にも貢献することができる。地域通貨と一緒に現金が付いて回るので、顧客による地域通貨による支払部分を「割引」と考えれば、この割引効果によって売り上げが増加する。しかも、企業・商店街がほとんど元手のかからない地域通貨を寄付することで、地元に貢献しているという良い評判やイメージを築くことができ、それが顧客からの愛顧を得る手段となる。一般の LETS と同様に、地元住民もこの地域通貨を個人間の取引に使えるし、企業・商店間でも取引に使用することによって、地域の経済や人々の繋がりをより活性化していくことになる。

77

コミュニティ・ウェイでは、企業・商店は商品代金のうち地域通貨で何％受け取るかを適切に設定することが重要である。マージン率が高い業種、例えば、飲食店は数10％とかなり高い受取率を設定してもやっていけるのに対し、マージン率が低い商店では受取率をそれほど高くすることはできない。地域通貨の受取比率を大きくしすぎると、現金収入で仕入原価や賃金をカバーできず、赤字になってしまうからである。これでは元も子もない。
　この仕組みでは、NPOに寄付した地域通貨はいずれ自分のところに戻ってくるものと想定されているが、受取率が大きすぎると、自分のところへ還流してくる地域通貨額が寄付した地域通貨額以上になってしまうかもしれない。寄付をすることでマイナスになる自企業・商店の口座に、顧客が支払う地域通貨が入ってきてゼロになれば、当初意図した寄付を行ったことになる。
　たとえ、結果的に地域通貨の口座がプラスとなっても、必ずしも現金収支が赤字になるわけではない。しかし、企業・商店は、余剰の黒字分をコミュニティ事業に寄付するなどして、手元に地域通貨が貯まらないよう使うほうがよい。もし企業・商店間取引（仕入）や労働対価（賃金、アルバイト料）として利用することができるようになれば、企業・商店にとってのメリットは大きくなる。そのためには、地域通貨がより多く広範囲で流通するだけでなく、地域通貨による賃金の一部支払を合法と認めるための法的整備がなされる必要がある。商店・企業ごとに各種費用の割合や粗利率が異なるので、商品・材料の仕入れや賃金として取引に使える地域通貨の割合にも異なる限界がある。地域通貨の受取率をできるだけ引き上げることが地域通貨の利便性を高めることにつながり、自分たち企業・商店の地域通貨取引にもプラスになる。また、それは通貨の域内循環を刺激し、ひいては、地域経済を活性化することになり、企業の寄付行為を促進することにもなる。こうした好循環が形成されれば、企業や市民が寄付先を選択することで、人々が望む公的事業を行うNPOの成長が加速され、そうしたNPOの事業基盤が安定化するのである。
　コミュニティ・ウェイの特徴は、地域の市場経済において、LETSのマ

イナスの絶対値の合計が法定通貨供給量に付け加えられて流通することにある。その分だけ貨幣流通量が増えるが、現金よりも早く使われる。しかも、参加主体の信頼度に応じてマイナスの下限枠を拡大するようなルールであれば、企業や個人事業者は無利子の借入金（地域通貨による）をかなりの金額まで導入可能になり、これにより経営を安定させ、経費削減による価格引き下げを行うこともできる。

　個人がマイナスでモノが買えることに奇異を感じるかもしれないが、信用を個人が得られるという点ではクレジットカードや消費者ローンと似ている。クレジットカードの場合、本人の給与所得などの経済力があることを証明すれば、それを基盤にして一定限度額までの信用を利用できる。LETSでは、コミュニティにおける参加者の社会的信頼を基盤にして、物的担保がなくても信用が得られる仕組みである。両者の違いは、信用の提供主体が信用会社かコミュニティか、また信用の内容が経済的ないし物的な信用か社会的ないし人的な信頼かという違いに求められる。また、返済できない場合、法律や強制による処分を受けるか、倫理や評判による制裁を受けるかという違いもある。LETSで大きな赤字を累積したまま退会することは、厳しい借金の取り立てと破産の代わりに、そのコミュニティ内部における評判と信頼を失うことになるわけである。

　このように、コミュニティ・ウェイは、経済活性化の原動力となりうるだけではなく、従来の企業経営や市場経済の常識を変え、行政が行っている公益事業の手法、さらには行政の運営方法をも転換する可能性を秘めている。

　北海道の経済状況は全国で最も厳しいが、コンサドーレや日本ハムなど「北海道」のシンボルとも言えるスポーツ団体にはそれらをサポートしようとする道内外の企業や市民から多くの支援や出資金が集まっている。また、南アフリカなどの子供たちにワクチンの予防接種を受けさせるための資金調達手段としてワクチン債が発行され、日本でも販売されている。利回りは一般債権に比べて低くとも、その調達資金の用途が社会貢献的なものであることが明確であるならば、同じ投資でもいくらかでも社会貢献をしたいと望む人びとの価値観にアピールするこうした社会的投資も広がり

つつある。こうした価値指向型の支援や投資が普及する時代の流れから見ると、NPO事業を支援する仕組みであるコミュニティ・ウェイも現実味を帯びてくる。

　この方式は、事業者にコミュニティ事業の支援のための地域通貨の寄付と商品販売の「割引」を求めるモデルになっている。また、個人には現金の拠出により寄付を求めている。いずれにしても、この地域通貨が十分に流通し、広く使えるものでなければ、十分な商業や経済の振興にはつながらない。

(c) 事業者ベース型

　事業者ベース型とは、企業・商店など事業者を地域通貨流通の主体と考え、特に事業者間の取引を含むような経済取引を活性化しようとするものである。その代表例は、スイス圏内全企業の1/6に当たる76,000社の中小企業が利用するWIR BANKであろう。中小企業がWIR建ての追加の仕事を確保することにより取引を活発にすることを目的としており、大企業や個人は加入できなかったが、2000年以降、個人も参加可能となった。取引総額は3,600億円に上る。WIR建の決済業務に加え、預金・貸付業務も行っている。クレジットカードのように、WIRを単位とする電子決済システムが構築されている。また、POS、デビッドカード発行業務も行っている。

　WIRの経済効果は二つある。一つは、WIRはスイスフランと換金されず、参加企業間でしか使えないので、参加企業間の取引を活性化するという直接的効果がある。もう一つは、WIR BANKが余剰なWIRを不足する企業に貸し出すという間接金融により、経済を活性化するという間接的効果である。これは、頼母子講や無尽のような、コミュニティ内の相互信用に近い。このような円とは異なる地域通貨に基づく相互信用システムを地域ベースで構築していくことは容易ではないが、もしうまく行けば大きな経済活性化効果が期待できるであろう。

　日本でも地域内での経済振興を主眼とする試みとして、地域商品券が注目された。平成11年に、地域経済の振興を目的に全国各自治体によって

地域振興券が発行されたが、地域商品券はこれにヒントを得たもので、自治体、商工会議所・商工会などが発行し、流通範囲を市町村などに限定するものである。多くの場合、利用者にメリットを提供するために、額面の10%から20%のプレミアムが付けられたが、そのための原資は自治体が補助金として拠出していた。しかし、これは財政赤字に苦しむ自治体にとって大きな負担になるばかりか、商店街などの事業者がプレミアム付き商品券に依存してしまい、自ら商店街の魅力を高めたり、消費者へアピールしたりする努力をしなくなるなどの弊害も見られる。また、事業者が商品券を買い占めてから換金することでプレミアム相当分を儲けるといった不正行為が続出するなど、大きな問題があった。

そもそも、地域商品券に経済効果があるのかどうかも疑問であった。地域商品券は、利用者が商店・企業等で買い物をした時にそれで支払うと、事業者である商店・企業は商品券を金融機関などで換金手数料を負担して円に換金する仕組みである。このため、それは、持ち手を変えて転々流通する「通貨」ではない。一回限りの利用では、通貨循環による乗数効果を通じたマクロ需要創出効果は生まれず、プレミアム相当分の所得（多くの場合は税金）が再分配されるだけにおわってしまう。地域経済にお金を落とすこのような一過性の試みによっては、持続的な経済効果は期待できない。これは、高齢者や子供にのみ配布された地域振興券が、極めて不公平で恣意的な形の税再分配効果しか生まなかったのと同じである。それは、商店街の基本的な商業機能やコミュニティ機能を改善するなど、実質的な改善が可能になる戦略がなければ無意味なのである。

しかし、この問題を克服するような新たなアイディアが生まれた。もしこの地域商品券を何度も持ち手を替え流通させることが可能ならば、地域通貨と同じ効果が期待できるのではないか、地域でより自主的・自律的な経済を作っていくために使えるのではないか。これは、後述するように、地域商品券を地域通貨へと変身させるユニークな試みである。

2-4　地域通貨の新展開

　ここまで見たように、「コミュニティ・ベース型」では、その地域通貨が円滑に循環しないという問題が生じ、活動の継続性が危ぶまれるため、エコマネーも「プロジェクト・ベース型」に向かいつつある。渋谷で実践されている「アースデイマネー」のような「プロジェクト・ベース型」の地域通貨の試みは注目される。しかし、その経済活性化の効果がどの程度あるかは見えづらかった。

　そうした状況において、この10年間に地域通貨にも新型と言えるものが生まれ、地域通貨が商品券と融合し、特区認定を受けるなどの新展開があった。特に、注目されるのが、①複数回流通型地域商品券、②ポイントカード連動型、③債券通貨である。これらはともに、預託金（準備金）を積み上げて国家通貨と同じように商店・企業での代金100％支払可能な通貨である。①については、以前は、商工会議所や商工会などが民間の発行主体の場合、発行額の1/2を預託しなければならなかった（自治体の場合、必要なかった）が、2003年以降の大阪府、福岡県など各地区における地域通貨特区認定とその後の全国展開により、こうした制約が解除され、発行が容易になった。②のタイプは換金しないが、発行額の100％を円で準備している。③は、債券の償還時に必要な現金の準備をしなければならない。いずれの場合も、より現金に近づけるか、従来の商品券に似たシステムを転用することで、従来の地域通貨に比べて価値の保証ないし価値の安定化を図るシステムであると言えよう。

(a) 複数回流通型地域商品券

　地域商品券は商店での使用後、すぐに換金されてしまうので、近郊大型店へ流れる円を地域内に囲い込む効果は期待できても、通貨が循環することで継続的に購買を喚起する需要創出効果は期待できない。しかし、それを複数回流通させ、地域通貨に転換できるのならば、地域通貨と同じ経済活性化の効果が発揮できると考えられる。複数回流通型地域商品券は、こ

のような発想から生まれた。

　北海道常呂郡留辺蘂町（るべしべちょう）は 2002 年 4 月より「留辺蘂町地域商品券」を発行していたが、1 度限りの流通しか認められていない商品券を地域内で地域通貨として複数回流通できるように構造改革特区認定を求めた。商品券の根拠法である「前払式証票の規制等に関する法律」に、複数回流通を禁止する条項が明記されていない点に着目して、留辺蘂町は特区を申請したのである。

　これに対して、金融庁は商品券の複数回流通を認めたが、財務省は紙幣に似た証券の流通を禁止する「紙幣類似証券取締法」に抵触するとして「不可」と回答していた。留辺蘂町はこれを不満として「地域商品券が東京で流通することはあり得ない」、「よって、地域商品券が国の通貨政策に混乱を招くこともあり得ない」、「本町には 8 億円の基金があり、2,000 万円の地域通貨が失敗した際のリスク負担能力がある」などの意見書を提出した。2003 年 3 月に、財務省は「複数回流通は登録事業者間に限る」、「換金は登録事業者が指定金融機関で行う」などの条件を満たせば「紙幣類似証券取締法」に違反しないとの方針を示し、町の構想は実現の方向に進み出した。構造改革特区としては認定されなかったが、商品券の複数回流通が以上の条件を満たす場合、現行法のもとで容認されたのである。このため、全国どこの自治体でも取り組むことが可能となり、多くの自治体や商工会がこの種の地域通貨をはじめることになった。

　この時点では地域通貨特区は生まれなかったが、2005 年 3 月には地域通貨関連特区（第 7 回認定申請）として「大阪元気コミュニティ創造特区」と「北九州市地域通貨特区」が認められ、前払式証票に関する発行条件の規制緩和が行われた。規制緩和は、大阪府寝屋川市「げんき」、同吹田市「いっぽ」、福岡県折尾市「オリオン」といった地域通貨に適用された。「前払式証票の規制等に関する法律」（プリペイドカード法）と「同法施行令」によると、財産 1,000 万円未満の団体が発行する地域通貨（第三者発行型前払式証票）の有効期限は 6 か月を超えることができない。このため、半年毎に紙幣を印刷するための費用負担が大きく、財政基盤が脆弱な市民団体が運営主体となるうえで大きな障害となっていた。今回の特区認定によっ

て、基本財産が1,000万円未満の場合も、無期限に地域通貨を発行できるようになった。通貨印刷費用の削減や地域通貨の有効期間の延長によって、長期安定的な事業展開が可能になったと言えよう。その後、他の多くの地域でこの方式の地域通貨が発行された。その後、2009年に施行された資金決済法により、地域通貨を発行するNPOについて無期限発行が可能になった。北海道更別村の公益通貨「サラリ」はこの方式の地域通貨である。

「げんき」や「いっぽ」では、初めに有償ボランティアの利用者が地域通貨を円で購入し、サービス対価として支払う。それを受け取ったボランティア提供者が商店街で利用でき、さらに、商店が受け取った地域通貨を換金できるように工夫したシステムである。いずれも商店による地域通貨の円への交換率は100%であり、換金手数料はかからない。また、「オリオン」では、ボランティア活動の対価として受け取れるだけでなく、市民はだれでも950円で1,000オリオンを購入できるので、ボランティアや相互扶助活動に加え、賛助会員である商店での買い物に使うことができる（代金の100%、50%ないし一定額に対して）。賛助会員である商店はオリオンを90%の交換率で円に換金できる。いずれの場合も、非市場的取引（ボランティア）の対価に利用される地域通貨を広く市場取引で使えるようにしてその流通性を高め、広範な人々が参加しやすいものにしているのが特徴である。

地域商品券の域内循環を促進し、経済的効果を発揮させるためには、地域商品券の円への換金をできるだけ減らすようにする必要がある。そのためには「10%のプレミアム付、10%の換金手数料徴収」というように、商品券購買にメリットを与え、換金にコストがかかるようにするスキームを導入するのがよい。このスキームであれば、自治体がプレミアム付与のために財政援助する必要は必要ない。なぜなら、10%のプレミアム（100円）を付け1,100円分の地域商品券を1,000円で販売するとすれば、それを受けとった事業者が換金する時、1,100円×0.1＝110円分の換金手数料を支払わなければならないからである。だから、換金手数料でプレミアムを賄うことができる。もし事業者が換金手数料を払いたくなければ、他の事業者への支払いに使っていけばよい。これはスタンプ付紙幣のように、時間

経過に応じて減価する通貨ではないが、利子を生む円に転換するには手数料がかかるとすることで、商品券をできるだけ早く使わせるインセンティブを生み出している。

地域や団体の個性や創造力を発現させるためには、特定の方策やプロジェクトを推奨するよりも、それらが望むプロジェクトの実行に対して禁止・抑制機能を果たしているルールを除去して、実行可能な自由の領域を広げることの方がより有効な政策である。現行の法・規制体系や制度が足かせになっていて新たな試みが実現できない場合、規制緩和によりそれを一時的・局所的に取り払って、そうした試みを積極的に行おうとする自治体や団体に実験させれば、それらが持つ創造性は自ずと発揮される。そして、成功事例を多く生み出す規制緩和を徐々に認めていけば、法・規制体系は地域の自発性と分権性を生かす方向へ進化するであろう。これは各自治体・団体のイノベーション（革新）を促進する政策であり、仮に顕著な効果がなくても弊害さえなければ全国的に適用していくことで、多様性を生み出す「自由」を拡大できる。

経済・社会・文化のマクロ状況や人々の内的意識・価値観のみならず、それらを成立させるルールや制度も変わりうる社会進化の中では、主体の行為の適応度は絶えず変化するし、また、ルールや制度の効率性は他のルールや制度から独立に定義できない。このため、社会進化の視点からは多様性の創出こそが重要である。

(b) ポイントカード連動型地域通貨

ポイントカード連動型地域通貨は、コミュニティ事業を行う NPO を支援するために LETS を使う「コミュニティ・ウェイ」と同じようなスキームを基盤にしており、「プロジェクト・ベース型」地域通貨の発展型であると見ることができる。その代表が東京都練馬区北町「ガウ（GAW）」である。ガウとコミュニティ・ウェイとの違いは、

- 円担保型地域通貨 (ガウは円に換金されないが、発行額の 100% を円準備)
- 金券として利用可 (商品券のように代金 100% に使用できる)

● ポイントカード「かるがもカード」との連動性

にある。

　地域通貨ガウは、他の多くの地域通貨と同じように円に換金されない。これが先に見た複数回流通型地域商品券との大きな違いである。しかし、その発行額の100%を円で準備しているため、しかも、商店で代金の100%を支払える金券であるため、利用者はその価値が保証されていると感じ、安心して受領しうる。通貨価値を保証することで受領性を高め、そうすることで流通性・循環性を高めている。このように、通貨の信頼性を多面的に支えているのが特徴的である。また、ガウとポイントカードの連動には、地域通貨ガウの流通性をさらに高める工夫が施されている。加盟店舗での現金による買い物に比べ、ガウを使った買い物ではポイントが2倍に増えるので、消費者は円よりもガウを使おうとする。こうすることで、ガウの受領と使用にインセンティブを与え、その価値を高めることに成功している。地域通貨ガウの流通促進と、ポイントカード加盟店増の相乗効果をねらう仕掛けである。ガウが始められてから半年で、約70万ガウ（＝70万円）が流通した。

　ポイントカード連動型の地域通貨は、スタンプを配布している多くの商店街で比較的容易に導入しうる地域通貨システムである。ただ、ガウの場合、NPO北町大家族理事長がニュー北町商店街の専務理事を兼任しているという特殊事情が成功のためのかなり大きなファクターであったと考えられる。というのも、この循環スキームが上手く回るためには、コミュニティ事業を行い、地域通貨を発行するNPOと、ポイントカードを発行する商店街の協力関係（特に後者の前者への協力）が不可欠だからである。ガウと異なり、商店街とNPOがまったく別の独立した組織である場合には、両者が協力できる関係を取り結べるかどうかが第一の関門になる。もしこれがクリアできるならば、この方式は経済的活性化とコミュニティ活性化を同時に達成する地域通貨システムとして成功する見込みが高い。

　次にガウの仕組みを見てみよう。

【北町ボランティア活動センター NPO 北町大家族】

　東京都練馬区北町を中心に活動する、「特定非営利活動法人北町ボランティア活動センター NPO 北町大家族」は 2000 年 7 月より、高齢者向け生き生きデイサービス事業「北町いこいの家」（週 2 回）を開始、その後、地域通貨「ガウ」の発行、商店街会館で行われている地域育児支援事業「かるがも親子の家」（週 1 回）などの活動を通じて、2001 年 7 月に NPO 法人となった。様々なボランティア活動を通して地域住民との結びつきを深め、「人にやさしい街づくり」を目指し活動を行っている。

【地域通貨「GAW ガウ」】

　NPO 北町大家族は、「かるがも親子の家」、「北町いこいの家」、「北町病院非常時支援事業」、「北町タウン誌カレンマ発行事業」などのボランティア事業とニュー北町商店街の活性化をより円滑かつ有機的に結びつけるために、2001 年 10 月から紙幣型地域通貨として発行。「かるがも親子の家」にちなんで、地域通貨「ガウ（ガウはかるがもの鳴き声）」を発行した。価値標準は「1 ガウ = 1 円」。100 ガウ札と 500 ガウ札がある。

　これは、「かるがも親子の家」「北町いこいの家」を手伝うボランティアや商店街や地域ボランティア活動（クリスマス時のイルミネーション、花見季節時のちょうちんの設置作業、お祭りの手伝いなど）の謝礼として支払われ、また商店街の事業に活用されている。例えば、「かるがも親子の家」ではボランティアスタッフに対して 300 ガウが支払われ、スタッフが自分で 200 ガウを買い足して計 500 ガウを手に入れるというという形をとっている。こうして手に入れたガウは、コンビニエンスストアを含む商店街の 29 店舗で金券として使用することができる。

　ガウは、賛助会員からの会費、ナイトバザールやフリーマーケットでの収益金などを原資として運用されている。ガウは円に換金しないが、金券として利用されるので、その発行額に相当する円原資を 100%積んでいる。

【かるがもカード】

　ニュー北町商店街は、「ガウ」と連動する形で、「かるがもカード」とい

うポイントカード（使い捨てタイプのPET式カード）を発行している。かるがもカード加盟店で、「ガウ」または「現金」で買い物をするとポイントが貯まる。

　現金100円の買い物あたり1ポイントが印字され、400ポイント（80マーク）で満点となって500円相当の金券として使える。加盟店側ではカードリーダーを購入し、月会費1,000円と1ポイント発行あたり1.75円を負担する。総事業費は約2,600万円で、まずは35店舗でスタート。事業開始を記念して、各加盟店では先着2,000名に5,000円相当のポイント付きカードも配布した。

　「かるがもカード」が400ポイントで満点になった場合、500円のキャッシュバックか500ガウを選択できるようになっている。「ガウ」を選択し、そのまま「北町大家族」へ寄付することもできる。かるがもカードは、NPO法人「北町大家族」を支援するために、加盟店を「NPO協力店」と銘打って、顧客が持ち込む満点カード1枚につき10円をNPO法人「北町大家族」へ支給する。これはデイサービス利用者の保険料となっている。さらにNPO協力店でのガウによる買い物については、ポイントを通常の2倍提供する。

　ニュー北町商店街だけでなく近隣商店街にもかるがもカードとガウマネーへの参加を呼びかけるなど、ポイントカードを地域コミュニティの活性化に役立てて行こうとしている。

(c) 債券通貨

　債券通貨とは、発行主体の有期限有利子債務証書を一定の流通圏内における通貨とするもので、発行主体に地域における何らかの信用力（社会的・文化的な）が備わっていることを前提としている。一方、一定期間後に一定の利子を付けて円を償還することを約束しているのだから、地域通貨の価値を国家通貨で裏付けており、利用者としては発行主体が信用できるならば、それを受けとるリスクはそれほど大きくないと感じることができるであろう。その点がうまく行けば、かなり広範囲の領域での受領・流通も可能になる。

第 2 章　地域通貨

　以下に見る債券通貨はいずれも発行主体が地方自治体（州、県、市、町、村）である。現代の中央銀行券は本位との兌換を行わない不換紙幣である。このため、中央銀行券は中央銀行が発行した無期限無利子債務証書であるとみなすことも可能である。債券通貨の起源はこのような中央銀行券の現代的性格にあると言える。

　アルゼンチンの「債券（準）通貨」で最も有名なのは、2001年8月に、ブエノスアイレス州が財政難から州債として発行し、通貨として流通している「パタコン」（Patacon）である。これは、利付債券通貨（年7％で1年後に償還）として5億ペソ相当が発行された。ドルとの換金不可である。これ以外にも、コルドバのレコル等、15の州が州債通貨を発行しており、事実上、一国複数通貨制になった。パタコンは、公務員の給与や業者への支払いの一部として発行し、税金の支払い、役所の種々のサービス、鉄道や高速道路、光熱費に使える。これにより、飲食店やスーパーなど一般の商店や企業もこの通貨を受け取るようになり、消費が10％上昇したと言われている。

　アルゼンチンでは2001年12月の銀行預金封鎖に対して暴動や略奪が発生し、デフォルトの後、ペソ切り下げが行われたが、その後、アルゼンチン共和国もパタコンをまねて「レコップ（Lecop = Letra de Cancelación de Obligaciones Provinciales・地方政府債務支払債券）」を30億ペソ分発行した。これは、連邦政府が地方政府に対して負っている債務の支払いに当てる5年期限付債券（無利子）で連邦政府が毎月地方政府に対して支払う10億ドルを多少上回る交付金の、税収分で補えない分を、この債券通貨で支払うことになるとしている。この他、公務員給与、年金の支払に使われた。

　先ほど述べたように、債券通貨は発行主体にある程度の信用力があることを前提としているため、自治体など公的機関に相応しい方式だが、町村レベルの小規模な地域では商工会議所や商工会も公的機関に準じたかなり高い信用力を持っていると言えるので、この方式を実施することも可能であろう。ただし、日本では実施された実例はない。

89

2-5　地域通貨の運営構想とコミュニティ・ドック

　ここでは、地域通貨とは何かを再度まとめ、地域通貨を実際に立ち上げ、運営する際、どのように構想し、どのような点に注意して進めて行けばいいのかを整理しておく。また、地域通貨の運営構想がコミュニティ・ドックとどう関わってくるかを考える。

　地域通貨とは、人々が自主的に設計・運営し、特定地域・コミュニティ内でのみ流通する、利子がつかない貨幣である。それはまた、人々をつなぎ合わせ、互酬的・互助的なコミュニティを形成し、そこにおける共通の価値や関心を表現・伝達・共有するための媒体でもある。地域通貨は、〈経済メディア〉としての貨幣の側面と〈社会・文化メディア〉としての言葉に近い側面を兼ね備えているからこそ、「地域経済の振興・活性化」という「経済的」目的と、「地域コミュニティの保全・創造」という「社会的・文化的」目的を同時に達成することができる。地域通貨はこれら2つの側面を統合するものだが、個々の地域通貨が両側面をどのような割合と具体的形態で含むかは、それを導入する地域や目的、システムのタイプによって異なる。

　地域通貨を自主的に立ち上げ、運営していく際には以下の点に留意する必要がある。

　地域通貨は、発行・流通方法の点からは紙幣方式・口座方式・手形方式と分類され、また、導入目的の観点からは、コミュニティ・ベース、プロジェクト・ベース、事業者ベースと分類できた。それぞれのシステムや方式の特性の違いを理解し、世界や日本の多くの事例をよく研究して、関連する国内の法・規制等を確認しておかねばならない。さらに近年、町や村の中だけで使える地域商品券を複数回流通させることにより、それを地域通貨に転用しようという動きも出てきた。ポイントカードや電子マネーの地域通貨への応用ないし地域通貨との融合が見られる。地域通貨を運営主体として始めようとする人々や団体は、こうした新たな動向にも注意しながら、自分たちの地域やコミュニティが抱えている問題を明確にした上で、

それを克服するためにはどのような地域通貨を導入すべきかを考え、導入目的に適合したシステムと方式を採用しなければならない。

　それとともに、どのような人々や団体に参加や協力を依頼して、どのような組織体制で運営していくかについて事前に十分話し合っておく必要がある。これらについて、納得できる合意に達したうえで地域通貨を始めなければ、運営継続が難しくなる恐れがある。地域通貨は即効性の効果ではなく、遅効性の効果を発揮するツールであるので、長期にわたって継続することが非常に重要である。したがって、途中で息切れして休止や停止をしないためにも、システムの選択・設計に加え、規約・ルールの確定、運営団体内の人的組織とその運営ルール、財務経営について事前に周到な計画・準備しておかなければならない。スタートアップのための事業経費は外部からの援助や補助金で調達しても構わないが、長期的にはそれらに依存しない自立的な運営体制を確立する必要がある。そうでなければ、補助金が切れたとたんに運営が立ち行かなくなってしまう。

　運営組織については、新たな団体を設立して行うか、それとも既存の組織・団体を中心にして行うのかの選択肢がある。次に、既存の組織の場合は自治体、商工会、商店街振興組合、公益法人、NPO法人、大学、企業などが考えられ、新たに設立する場合はどんな組織を作るのか（任意団体、NPO法人、協同組合など）の選択肢がある。

　このような地域通貨の構想についての話し合いでは、住民や参加者が自主的な参加意識を持って自分たちの地域コミュニティの現状を認識し、その将来のありうべき姿を展望する必要がある。こうした地域通貨の検討や構想の段階は、すでにコミュニティ・ドックにおける現状の診断・評価のプロセスに入っていると言える。

　序章で述べたように、地域通貨の「地域」は近隣、近所のような場所的に近い領域を表すのみではなく、価値や理念の共有に基づく集団や組織、ネットワークやアソシエーションを意味することがある。これと同じく、コミュニティ・ドックの「コミュニティ」も、価値や理念のみならず、問題や課題を共有する集団やネットワークでもありうる。地域通貨を活用するコミュニティ・ドックが展開できるのは既存の行政区、学校区や町内会

だけではない。例えば、2011年の東日本大震災をきっかけにして、被災者同士、被災者と支援者、被災自治体と姉妹提携している自治体のネットワークがすでに多く存在する。それらは、地理的には必ずしも近隣ではなく、かなり広い領域にわたっており、場合によっては、国境を越えるものもあるだろう。そういうネットワーク型のコミュニティでも、地域通貨を使ったコミュニティ・ドックは実践することができる。また、原発事故を目の当たりにして、今後はできるだけ自然エネルギーによる電力を使うべきだと考えるネットワークが形成されることも考えられる。参加者が自分で風力、太陽光、小水力を使った発電を分散的に行い、その余剰部分を電力会社にただ売電するのではなく、足りない人が余っている人から融通してもらい、地域通貨を支払う。そのような電力の相互利用をメインに据えた地域通貨を導入すれば、そこで形成されるネットワークでコミュニティ・ドックを実施することも可能である。

　そうしたコミュニティは、人間が生活する場所としてではなく、問題や理念の共有地として存在する。それは予めどこかに存在している場所である必要は必ずしもなく、むしろわれわれがこれから見出していく場所でもよい。この場合には、地域通貨の触媒力を通じて、コミュニティは次第に紡ぎ出されるのであり、コミュニティが事前に「ある」のではなく、むしろ、事後的にコミュニティに「なる」のだと言えよう。

第2編

地域通貨を活用した
コミュニティ・ドックの事例研究

● 第 3 章

苫前町地域通貨流通実験（第 1 次、第 2 次）[13]

3-1 コミュニティ・ドックの源流としての苫前町地域通貨流通実験

　われわれの調査研究チームは、苫前町の地域通貨流通実験で初めて共同で地域通貨に関するフィールド・スタディーを行うことになった。そして、苫前町での調査研究が本書の中心的な概念であり方法論である「コミュニティ・ドック」の源流である。苫前町で地域通貨の流通実験が行われることになり、われわれが共同でそれを調査研究することになった経緯については後ほど説明する。

　西部は1990年代後半から地域通貨についての個人研究として進めてきたが、地域通貨を本格的に研究するにはチームを結成して共同で現地調査を行う必要があると考えてきた。というのも、地域通貨は地域経済の活性化と地域コミュニティの醸成の二側面の目的を持つ新たな政策展開運動なので、その効果や影響の調査は地域を少なくとも二側面から調査研究しなければならないと考えていたからである。地域経済活性化という経済効果については、紙券の裏書きによる取引データを使って流通速度や流通ネッ

---

[13] 本稿は、第 1 次と第 2 次の 2 回にわたる苫前町地域通貨流通実験に関する報告書である西部忠編著（2005、2006）の要点を整理して紹介するだけでなく、報告書では行えなかった流通分析における第 1 次実験と第 2 次実験の比較、苫前町地域通貨と他の地域通貨との比較を加え、アンケート、インタビュー、フォーカス・グループ・ディスカッションを通じて、この実験からどのようにしてコミュニティ・ドックが着想されるに至ったかを説明する。

トワークの分析を進めれば、経済効果の数量的分析が客観的にできると確信していた。しかし、他方の地域コミュニティの活性化といういわば社会的、文化的な効果や影響についてはどうすればいいのか。住民や参加者にアンケート調査を行うことでコミュニティがより豊かになったかどうかがわかるはずだと考えていたが、果たしてそれでいいのか自信はなかった。もっと人びとの生活や肉声に迫り、地域の中へ踏み込んだアプローチが必要になるのではとも考えていた。

　西部は、一人あたり GDP に代わる代替的経済指標として人間開発指標に関心をもっており、当時北大経済の同僚で経済開発論の専門家であった草郷とこの問題について話しをする機会を得た時、彼が国連や先進国が途上国で行う人びとの幸福や福祉を無視した搾取的な経済開発援助のあり方に疑問を抱き、住民の生活意識や満足度という観点から調査研究をしており、当時は余り知られていなかったブータンの国民総幸福を研究していることを聞き、そうしたアプローチに大いに共感した。地域通貨流通実験を行おうとする北海道の多くの地域は、かつて石炭で賑わい、一時はめざましい発展を遂げたが、エネルギー転換とともに衰退し、国鉄が廃線になって、一気に過疎化、高齢化が進んだ。その意味で、日本のような先進国は「内なる途上国問題」を抱えていると言える。西部がそう説明すると、草郷も同意した。その後、草郷が苫前町地域通貨の共同調査研究への協力依頼を引き受けてくれ、現在のような協働チームができあがった。コミュニティ・ドックという発想もこうした共同研究チームによる調査研究の経験に根ざしている。

　「調査研究」といっても、流通ネットワークを中心とする紙券流通分析は苫前町地域通貨の流通実験を事後的に外部から客観的に観察するという手法をとるのに対し、他方の地域コミュニティに関する調査はそうしたスタンスではない。より地域内在的で実験の過程に即して行うものであり、住民の主観に依存する性質のものであった。それは、導入した地域通貨を流通させるためにはどのようなことが必要かについてしばしば苫前町の代表的な住民と共に考え、必要ならば、こちらから示唆をしたり行動を起こしたりといったアクションリサーチの性質を持つ。たとえば、インタビュー

調査やフォーカス・グループ・ディスカッション（FGD）は、苫前町の現状をどのように捉え、地域通貨をどのように活用しているのかということを把握する調査であったと同時に、いかにすれば地域通貨が利用しやすくなるのか、対象者自身に考えさせ、参加者が互いに意見を交換し情報を共有する機会を提供することでもあった。また、調査主体がそうした話し合いに参加して流通スキームをともに検討し、助言をすることもあった。

このように、苫前町地域通貨流通実験は、発行主体である苫前町商工会と苫前町民、そして、われわれ研究者による協働体制のもとで苫前町の抱えている問題を明らかにし、その解決策を考えていくという形で進んだ。そういう意味において、今日から振り返ってみると、これが「コミュニティ・ドック」の原型なのである。

3-2　実験の経緯・背景（苫前町の人口動態等の実態）

（1）流通実験当時の北海道苫前町の状況

北海道苫前町は、人口3,515人（男1,667人、女1,848人）（2012年3月現在）、北海道北西部の日本海に面する留萌管内に位置する町である（図表3-1）。苫前町地域通貨流通実験は2004年から2006年にかけて二回に分けて行われた。ここでは、はじめに、当時の苫前町の状況について平成17（2005）年の『国勢調査』のデータを中心に見て行くことにする。

2005年の人口は4,202人（男1,989人、女2,213人）で、図表3-2に示されているように、1955年をピークに人口は減少傾向にあり、2012年の人口が約3,500人であることを見れば、減少傾向はさらに続いていることがわかる（図表3-2）。

主要産業に目を向けてみると、就業者数2,086人のうち、第1次産業への就業者数が807人、第2次産業への就業者数が353人、第3次産業への就業者が924人とあるように、第1次産業と第3次産業への二極化が生じていることがわかる。2-2-3で見たように、これは北海道全体の特徴であり、苫前町が北海道の他の地域に比べて特に際立っているわけではない。また、苫前町商工会が実施した調査から2000年度において販売充足

図表 3-1　苫前町の位置

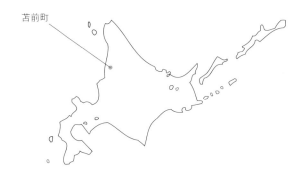

図表 3-2　苫前町の人口推移（1920-2005）

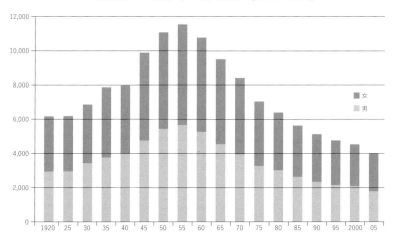

率は 32.5％にすぎず、67.5％が町外へ流出していることがわかっている。さらに、苫前町の財政力指数（＝基準財政収入額／基準財政需要額）は実験を行っていた 2004-2005 年度において 0.17 である。一般的にこれが 0.3 以下の市町村は地方税の収入能力が極めて低く、地方交付税への依存を高めていかなければならない。

　以上のように、地域通貨流通実験時の苫前町は、人口減少に伴う過疎化

図表 3-3　苫前町の年齢別人口構成（平成 17 年度　国勢調査）

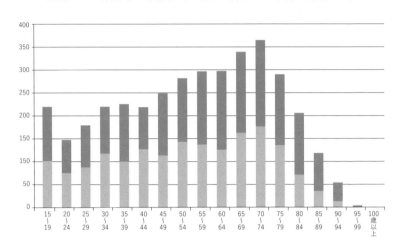

や超高齢化、購買力の町外流出、町の財政難といった多くの問題を抱えていたことがわかる。苫前町地域通貨流通実験はこのような状況のもとで行われた。

　年齢別構成に目を向けると、15 歳未満の割合が 11.5％（全国平均 13.7％）、15 〜 64 歳割合が 55.6％（同 65.8％）、65 歳以上の人口合は 32.9％（同 20.1％）である。65 歳以上の人口割合が平均よりも高く、「超高齢社会」の定義として使われる 65 歳以上の人口割合 20％も大幅に上回っている。最も人口割合の多い年齢層が 70 〜 74 歳である。これらから、苫前町が「超高齢社会」であることは明らかである（図表 3-3）。

（2）苫前町地域通貨流通実験に至る経緯と流通実験の全体像

　ここでは、2004 年から 2006 年にかけて行われた北海道苫前町地域通貨流通実験の経緯についてみていく（図表 3-4）。まず、本実験のきっかけについて少し遡って説明する。

　2003 年、西部は北海道商工会連合会から当時 200 以上あった道内商工会で地域通貨を推進するために、地域通貨運営マニュアルを作成してもらえないかとの依頼を受けた。西部は同連合会職員や北海道下川町の地域通

第 3 章 苫前町地域通貨流通実験

図表 3-4 時系列から見た苫前町地域通貨流通実験

年　月	苫　前　町	研　究　体　制
2004 年 3 月	苫前町商工会『地域内経済循環型活性化構想』作成	北海道商工会連合会『地域通貨のすすめ』作成：ダブル・トライアングル方式の提唱
2004 年 4 月～6 月	苫前町商工会が選抜商店街スタンプから地域通貨への移行を決定	ダブル・トライアングル方式の地域通貨モデルの実証実験実施団体の公募 北海道商工会連合会から北大西部研究室にアドバイザーと可能性調査の実施委託可能性調査のための研究・調査チーム結成（アンケート、FGD、インタビュー、流通ネットワーク分析）
第 1 次流通実験開始		
2004 年 7 月	苫前町商工会を中心とした地域通貨の発行・流通デザイン策定	苫前町地域通貨発行・流通に関する中心メンバーとの会合
2004 年 9 月		第 1 回インタビュー調査(9/30、10/1)
2004 年 11 月	苫前町地域通貨流通開始	地域通貨講習会(11/13)
2004 年 12 月		第 1 回アンケート調査(12/13−12/18) 第 1 回フォーカス・グループ・ディスカッション(FGD)実施(12/10) 第 2 回インタビュー調査(12/10)
2005 年 1 月		第 2 回アンケート調査(1/24−1/31) 第 3 回インタビュー調査(1/14)
2005 年 2 月	苫前町地域通貨流通終了	第 2 回 FGD 実施(2/3) 第 4 回インタビュー調査(2/3)
2005 年 3 月	地域通貨券回収	第 3 回アンケート調査(3/7−3/13) 流通ネットワーク分析
		『苫前町地域通貨流通実験に関する報告書』（北海道商工会連合会）作成
第 1 次流通実験終了		
第 2 次流通実験開始		
2005 年 8 月	苫前町地域通貨流通開始	
2005 年 9 月 2005 年 12 月		第 1 回インタビュー調査(9/5) 地域通貨ワークショップ(12/11) 第 1 回アンケート調査
2006 年 1 月		第 2 回アンケート調査
2006 年 2 月	苫前町地域通貨流通終了	第 3 回アンケート調査 第 2 回インタビュー調査(2/22−2/24)
2006 年 3 月	地域通貨回収	流通ネットワーク分析 『苫前町地域通貨試験流通事業報告書』（苫前町商工会）作成
第 2 次流通実験終了		

貨「フォーレ」の会長とともに日本の他の地域の地域通貨を視察し、その見聞も踏まえて地域通貨運営マニュアルを監修・編集した。それが 2004

年3月に発行された『地域通貨のすすめ』(北海道商工会連合会)である。北海道商工会連合会は2004年度、『地域通貨のすすめ』で西部が提唱した「ダブル・トライアングル方式」の地域通貨構想に基づく流通実験を実施する商工会を道内で公募した。「ダブル・トライアングル方式」とは、ボランティアや相互扶助など非商業取引だけを媒介する地域通貨(当時盛んだった「エコマネー」)が一部の参加者に滞留するなど円滑に流通していなかったので、そうした非商業的取引と商店街などの商業取引が「二重の三角形」を形成して相互補完的になることで、地域通貨の域内循環が円滑になり、地域経済活性化と地域コミュニティ活性化がともに達成されるとする考え方であった。

　この地域通貨流通実験の公募に応募したのが苫前町商工会であった。苫前町商工会はすでに前年度『地域内経済循環型活性化構想』(苫前町商工会)を発行していたが、その中で行政・住民・各産業が連携して地域的経済循環を促すツールとして地域通貨を位置づけ、従来の商店街スタンプを統合する地域通貨を実施する構想を提示していた。その構想は「ダブル・トライアングル方式」に類似していたため、苫前町なら可能だと判断された。こうした経緯を経て、商工会連合会による地域通貨流通実施団体の公募に対して苫前町商工会が選ばれ、北海道商工会連合会の助成のもと、苫前町と苫前町商工会が地域通貨の発行者となる流通実験を行うことになった。

　西部は北海道商工会連合会よりアドバイザーに指名され、同時に北海道商工会連合会から流通実験の可能性(フィージビリティ)調査の委託を受けて、西部を中心とする研究調査チームが編成された。調査内容としては、アンケート、フォーカス・グループ・ディスカッション(FGD)、インタビュー、そして地域通貨の紙券流通データに基づく流通分析を行うことが想定された。こうして実施されたのが、2004年11月から2005年2月の3ヶ月弱の苫前町地域通貨流通実験(第1次)である。その調査結果は西部編著(2005)『苫前町地域通貨流通実験に関する報告書』(北海道商工会連合会)として北海道商工会連合会に報告された。その後、苫前町商工会は第一回の流通実験の結果を良好と判断して、第2次実験を実施することを決定し、西部に調査を委託した。第2次流通実験は2005年8月から

図表3-5　取り組み概要

```
［目的］地域経済活性化と地域コミュニティ活性化の同時達成
［システム］複数回流通型地域商品券と商店街買物シールの統合システム
［種類］地域通貨券（500P券）とポイント券（2P券）の二種類
［価値単位］1P（ピー）＝1円
［発行主体］苫前町，苫前町商工会
［運営主体］苫前町商工会
```

2006年2月までの6ヶ月余りの期間で実施された。その調査報告書が西部編著（2006）『苫前町地域通貨紙券流通事業報告書』（苫前町商工会）である。

3-3　苫前町地域通貨の仕組み（地域通貨券とポイント券）

　ここでは、苫前町地域通貨の仕組みについて説明する。苫前町地域通貨流通実験では、第1次流通実験を通じて明らかになった課題に合わせて、第2次流通実験時に若干の制度変更を行っている。したがって、まずはじめに第1次流通実験時における仕組みを説明した後、制度変更を加えた第2次流通実験時の仕組みを説明していくことにする。

（1）第1次流通実験における仕組み
（a）発行組織、全体像
　「取り組み概要」（図表3-5）にある通り、苫前町地域通貨は、複数回流通型地域商品券と商店街買物シールを統合したシステムである。地域通貨券（500P）とポイント券（2P）の二種類あり、地域通貨券は苫前町と商工会が、ポイント券はニコニコシール協同組合が発行している。地域通貨システムを管理運営する主体は苫前町商工会である。
　図表3-6は、地域通貨券とポイント券が発行され、特定事業者や個人の間を流通し、最後に、交換・換金されるシステムの全体を表している。商

図表 3-6　苫前町地域通貨流通全体図

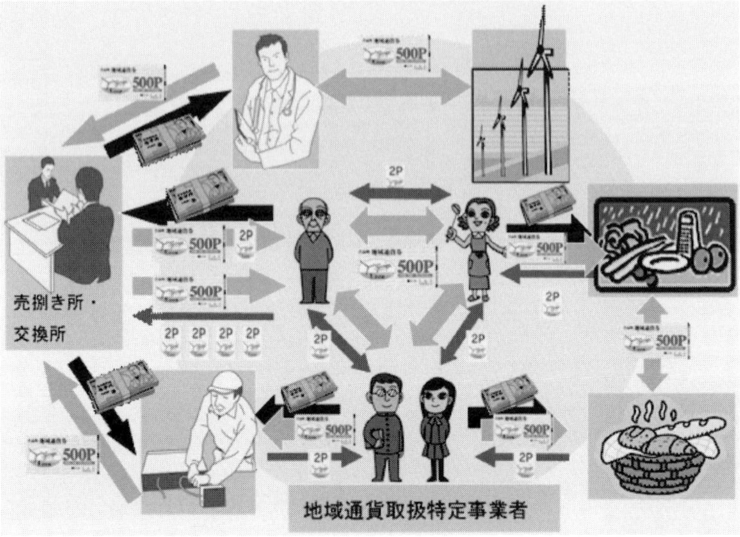

店は特定事業者として参加する。地域通貨を換金できるのは特定事業者だけである。なお、今回は、特定事業者になるための要件は、事前にポイント券を購入の上、販売額 100 円ないし 100P ごとにポイント券（2P）1 枚を顧客に配布すること、すなわち、地域通貨券（500P）による販売と円による販売の双方にポイント券（2P 券）を配布することである。協力諸団体は地域通貨流通実験検討委員会に参加するとともに、各団体には事前にポイント券を 1,000 枚ずつ寄付し、諸活動に利用してもらうこととした。

図表 3-7 にあるように、特定事業者は 49、協力関連団体は 12 である。

(b) 地域通貨券（500P 券）

地域通貨券は 500P 券一種類であり、1000P 券などは存在しない（図表3-8）。

紙券表は水色で「TOMAMAE」の模様が全体に施されており、正式名称「苫前町地域通貨券」、額面金額 500P、有効期限、発行者が記載され

第 3 章　苫前町地域通貨流通実験

図表 3-7　特定事業者・協力諸団体リスト

特定事業者（全49）

伊藤石油店	（有）大川商店	スーパー加納	木全金物店	菊池書店
黒川豆腐店	古丹別電化センター	（株）印刷のサンエス	手打ちそば三平	飲み食い処山海幸
（有）丸田島田商会	（有）新光ビジネス	鹿内生花店	洋品のつちだ	中川靴・鞄店
西写真光学館	㈲苫前自動車整備工業	苫前運輸（株）	（有）花井商店	（有）藤観光バス
スナックフランセ	㈲北栄自動車整備工業	（株）マイルド商事	三田商店	渡部工業（株）
工藤商店（三渓）	阿部畳店	スナック葵	（有）猪俣石油店	五十嵐商店
工藤商店（苫前）	（有）久保田商店	（有）小泉商店	（有）古谷水産	（有）マルキ小阪商店
（有）柴田商店	庄村うどん店	瀬川燃料店	瀬川理容店	西村燃料店
ニシムラ苫前店	苫前環境産（有）	千葉建設（有）	北開建設工業（株）	八代呉服店
でんきのタカヤマ	スナック　みこと	苫前温泉ふわっと	苫前町振興公社	

協力団体（全12）

苫前町役場	苫前町商工会	社会福祉協議会	北るもい漁業協同組合苫前支所	農業協同組合
女性連絡協議会	青年ボランティア	苫前町連合町内会	老人クラブ連合会	苫前町高齢者事業団
商業高校	苫前町建設協会			

ている。他地域の地域通貨に多く見られるような地域固有の事物を象徴する名称は付されていない。苫前町には風力発電用風車が全部で 42 本あり、「風車の町」として有名なので、シンボルとして風車が三つ描かれ、その下に「Windtown とままえ」と書かれている。額面は「500P」だが、「P」が「ポイント」を意味するのか否かは不明である。地域商品券は法律上、前払式証票と見なされるが、「前払式証票の規制等に関する法律」の供託金条項の適用除外を受けるため有効期限は 6 ヶ月未満とされた。当初の有効期限は、平成 16 年 10 月 20 日から平成 17 年 2 月 20 日までの 4 ヶ月間とされていたが、運用開始が予定よりも 1 ヶ月遅れたため、有効期限は 3 ヶ

図表 3-8　苫前町地域通貨券（上図：表、下図：裏）

月となった。

　地域通貨券は、現金と同様に商店街等での買物に使用できる他、ボランティアや相互扶助のお礼としても使用できる。商店街では、地域通貨券はステッカーが掲示してある取扱特定事業者だけで使うことができる。ただし、500円単位未満の買い物をしても釣銭は支払われない。例えば、800円の買い物をして500P券2枚を渡してもおつりは出ないので、500P券1枚と300円を支払う。

　地域通貨券（500P券）は次のいずれかの方法で入手できる。

①交換所（商工会）で、現金500円で購入する（現金購入）
②交換所（商工会）で、500P分のポイント券と交換する（ポイント券交換）

図表 3-9　ポイント券（2P 券 50 枚綴り）

③自分が提供する財・サービスの対価として受け取る（市場的取引（中古品販売）や非市場的取引（車による送迎や雪かき）など）

　地域通貨券（裏）には、利用者が使用した日付、名前、住所、使用目的等を記載することになっている（5人まで記載可）。記載欄が一杯になってさらに利用する場合は、交換所で新券に交換してもらう。換金を求める特定事業者は事業者印を押せば、現金交換所で換金できる。今回の実験では、換金手数料は額面 1% と設定された。つまり、500P 券を換金する場合、5円の交換手数料を差し引かれ、495 円の現金を受け取ることになる。

(c) ポイント券（2P 券）
　特定事業者はポイント券（2P）（図表 3-9）を1枚2円で購入し、顧客に対して現金または地域通貨による代金の 2% のポイント券を配布しなければならない。
　個人または団体が地域通貨を現金購入する時、プレミアムとして購入額の 2% 分のポイント券がもらえる。つまり、500P 券1枚に対しプレミア

ムとしてポイント券5枚（10P）が付くことになる。これは、個人や団体による地域通貨の現金購入を促進するためのインセンティブとなる。

　各種団体や個人も、ボランティアや相互扶助の支払いのために購入することができる。ポイント券を50枚単位で購入すると、2%分のプレミアムが付く。例えば、ポイント券100枚購入すると、プレミアムとしてポイント券2枚が付く。

(d) ちらし広告——案内と申込書

　本実験を行うに際し、苫前町商工会は特定事業者向け（図表3-10）と一般住民向け（図表3-11）の二種類のちらし（案内と申込書）を新聞の折り込み広告として配布した。「苫前町地域通貨券取り扱い特定事業者加入申込書」は商店などが地域通貨を換金することができる特定事業者となるための申込書であり、「苫前町地域通貨試験流通への入会申込書」は、ボランティア・相互扶助なサービスの提供・需要を希望する個人が、「自分が頼みたいこと」、「自分ができること」を記入して申し込むものである。図表3-12は、住民参加者の参考のために、「してもらいたいこと」「してあげられること」を列挙している。

(e) まとめ

　第1次流通実験における苫前町地域通貨のシステム面での特徴は以下のようにまとめることができる。

①円で地域通貨券（500P券）を購入時にプレミアム（2%）がポイント券として付く（地域通貨購入のためのインセンティブ）
②商店街で100円ないし100Pの買い物をするとポイント券1枚（2P）もらえ、それを50枚ずつ1シートに貼り付け、5シート分である250枚（500P）を貯めると、地域通貨券（500P券）に交換できる（商店街での買い物にインセンティブ）
③特定事業者による換金時に換金手数料（1%）が必要である。換金しないでそのまま地域通貨として使用すれば手数料は掛からない（できるだけ換金

第3章 苫前町地域通貨流通実験

図表3-10 取り扱い特定事業者向け募集案内（左）と加入申込書（右）

《苫前町地域通貨信券》**提供企業**
及び **提供事業者**の募集!!

「苫前町地域通貨券」を提供して、地域福祉の充実と生活環境の向上
及び地域産業の振興のために、参加しませんか？

「地域通貨券」取り扱い特定事業者とは？
農業者・漁業者・商工業者・サービス事業者等で、
苫前町地域通貨券取り扱いの事業者のことをいいます。

● 町内企業等の多くの
　加入ご協力をお願いします

《《参加するには？》》

新規作成済みの店舗等を

◎ 苫前町地域通貨券提供するとは？
1. 100円のサービスの利用及び商品購入等に対して、ポイント
　（1ポイント1円換算）の地域通貨かポイントを提供する。
2. 地域通貨券の利用に対応し、サービス及び商品等の提供をたべる。
3. 地域通貨券は、地域通貨券次回現金交換所で、交換手数料を払し、
　い現金に交換できる。

◎ 参加申込みするには？
1. 特定事業者加入申込書、名前、住所などの必要事項を記載して、
　商工会事務局に届け出て下さい。
2. 申し込みが終わると、事務局から地域通貨券を備えて下さい。
3. 事務局は内特定事業者名登録済の証を受け取り、見えやすい一所に
　して下さい。

事業主体：苫前町・苫前町商工会

「苫前町地域通貨券」
取り扱い特定事業者加入申込者

平成　年　月　日

苫 前 町 長　森　菊　地　利　男　様
苫前町商工会長　　　　　　　　　　様

住　所
氏　名
電話番号 01646（　　）

地域通貨券利用事業者として登録をお願いしますので、募集要項を
承知のうえ申請致します。

1.	事業所等の名称	
2.	事業所等の住所	
3.	業　種　等 （該当する業者を○で囲む）	小売業・飲食業・サービス業・理美容 旅館業・医療業・運輸業・建設業 農業・漁業・その他（　　　　）
4.	支店・営業所の 名称・住所 （複数申込の場合は 別紙に記入のこと）	名　称 住　所 苫前町字 電話番号 01646（　　）
5.	換金の振込み口座	信金・支店・苫前町農協 北るもい漁協 金融機関 預金種別 普通・当座　口座番号

提出先～苫前町商工会

107

図表 3-11　一般町民向け実験開始の案内（左）・入会申込書（右）

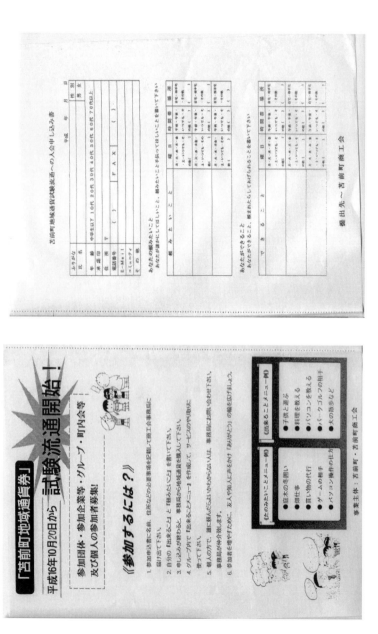

図表 3-12　してもらいたいこと（左）・してあげられること（右）の例

《してもらいたいこと例》

登録項目	登録項目
草むしり	タイヤ交換
水遣り	洋服直し
窓拭き	ゴミが出ない方法
託児・子守	家屋の寒さ対策
おつかい	植木の冬囲い
犬の散歩	庭木の保守管理
犬のトリミング	リサイクル品交換
お菓子の作り方を教えて	果実酒の作り方を教えて
ケーキの作り方を教えて	お弁当の作り方を教えて
マッサージ	ダイエットの仕方教えて
肩もみ	漢方薬の使用法を教えて
美顔施術を教えて	盲人バレーのボランティア参加
宿題を教えて（小学生）	算数を教えて
宿題を教えて（中学生）	ハングルを教えて
英語の基礎を教えて（中学生）	薪割り・薪切り・薪運び
スポーツの相手	お茶のみ相手
卓球の相手	酒の相手
軟式テニスの相手	ギターを教えて
硬式テニスの相手	ウクレレを教えて
キャッチボールの相手	チェロを教えて
サッカーの相手	家庭菜園の上手なやり方を知りたい
サッカーＰＫ練習の相手	ハーブ栽培方法を教えて
ゲームの相手	ガーデニングのアドバイス
ビリヤードの相手	似顔絵を描いてほしい
囲碁の相手	占いをしてほしい
将棋の相手	占いを教えてほしい
麻雀の相手	自転車を譲ってほしい
ミニバレーの会員になってほしい	遊びにつれていってほしい
パソコン操作の仕方を教えて	デジカメの画像処理方法を教えて
パソコンの初歩を教えて	ソフトウェア改造方法を教えて
農家の手伝い	トマトジュース加工の手伝い
農場見学をさせてほしい	商店街区域清掃の手伝い
農業体験をさせてほしい	店舗掃除の手伝い
畑仕事	商店街イベントの手伝い
稲のはさがけ	旅とびあの手伝い
魚の料理方法を教えて	釣りの仕方を教えて

《してあげられること例》

登録項目	登録項目
皿洗い	オルゴール修理
はき掃除	ブリキ・ゼンマイ式おもちゃ修理
託児・子守	包丁とぎ
おつかい	日曜大工
車での配達	ペットの世話（散歩・エサやり）
車のワックスがけ	建物の維持・補修などの相談
宛名書き代行	家電に関する相談
ワープロ代打ち	種々の相談
レンタルビデオ返却代行	独立開業のためのアドバイス
テレビ番組録画代行	ハネ有機野菜の提供
MD録音代行	リサイクル品提供
本・絵本の読み聞かせ	古本提供
肉体労働系の手伝い	ガラス切り
丸刈りにしてあげます	漁業の手伝い
料理教えます	ピザ作り
キムチのレシピ教えます	パイ作り
鮭とば作り	シフォンケーキ作り
ダンボール燻製入門	クッキー作り
障害者制度のアドバイス	マッサージ
ホームヘルパー	肩もみ・肩たたき
数学教えます（中学）	就職・進学の小論文指導します
宿題教えます（小中学生）	簿記の初歩教えます
スポーツ全般の相手	木工製品の作り方指導
サッカーの相手	リサイクル品によるアート工作
軟式テニスの相手	木花の病気と名前教えます
卓球の相手	家庭菜園のアドバイス
スノーボード教えます	道内秘湯案内
ミニバレーのコーチ	東京の文化施設の案内
パークゴルフの相手	オセロの相手
パークゴルフの場所情報	囲碁の相手
鮒釣り情報	囲碁初級の相手
太鼓初歩教えます	話し相手
パソコン初歩	メールの使い方
パソコンセットアップ	インターネットセットアップ
店舗掃除の手伝い	農業体験
商店街イベントの手伝い	農家の手伝い

させずに地域通貨として流通させる仕組み。手数料は運営資金）
④一般商店での利用の他、ボランティアや相互扶助にも使用（エコマネー的な利用も可）
⑤最初に一定額を地域関連団体（町内会、観光局、福祉団体）に寄付し、ボランティア活動を促進する

（2）第2次流通実験における制度変更

　われわれは、第1次流通実験報告書（西部編著2005）において、①広報宣伝活動の拡大充実、②特定事業者の要件の緩和、③運営における諸団体の連携、④個人間取引の促進・拡大、⑤地域通貨の電子カード化という5つの提言を行った。このうち、①については、住民による地域通貨の認知度と理解度を上げるために、講習会の実施されることになった。⑤については、検討はしてみたものの、商店や消費者、参加者に多い高齢者にとって、電子マネーは技術的な取扱いのためのハードルが高いということと、費用がかさむので各商店単位で必要となるレジスター機器の導入は難しいということで見送られることとなった。しかし、この提言に答える形で、第2次流通実験においては、以下のような制度変更が行われた。
　第一に、提言③に対して、運営主体の改組を行った。運営主体はこれまで苫前町商工会のみで構成されていたが、そこに「苫前町地域通貨協議委員会」が加わった。地域通貨協議委員会は、地域通貨がよりよく流通する仕組みを考える「システム委員会」、地域通貨流通にあたって関連する諸団体の調整を行う「諸団体連携委員会」、地域通貨について多くの町民に知ってもらうように広報を行う「広報委員会」という三つの部会があり、それぞれ有志の町民がメンバーとなって地域通貨の利用促進を目指すものとされた。
　第二に、提言④に対して、ポイント券（2P券）の利用方法の変更し、使いやすくした。第1次流通実験ではポイント券を250枚（ポイント券50枚を貼り付けるシートを5枚まとめて提出）を地域通貨券に交換して利用する仕組みであったが、250枚集めるのは大変であり、ポイント券が結局使われないまま退蔵されることが多かった。そこで、第2次流通実験

では、ポイント券50枚を貼り付けたシートをそのまま100P券として商店などで利用できるようにした。これはいわば、500P券に加えて100P券を新たに発行することに等しい。ただし、2P券を50枚貼り付ける用紙（100P券）の裏には日付、氏名、地区、用途等の記載欄がないため、その流通データを補足できない。このため、100P券の流通分析（流通速度、流通ツリー、流通ネットワークに関する）は行えない。このことは調査分析上の困難を生み出すが、利用者の利便性を高め、地域通貨の流通を促進することを第一に考えての制度変更の決定であった。

　第三に、提言②に対して、特定事業者になるための条件の緩和を行った。第1次流通実験では、特定事業者は一律に事前にポイント券を購入、500円あるいは地域通貨券（500P券）を使用する毎にポイント券を5枚（10P）配布することになっていた。第1次流通実験の報告書における提言の②で述べているように、地域通貨券の流通を促進するためには、苫前町民が頻繁に利用する地元スーパー、農協（A-coop）、コンビニ（セイコーマート）を参加者が利用できるようにするため、それらが地域通貨を受取って換金できるようにする必要があった。スーパー、農協、セイコーマートはいずれも販売額に応じてポイントを配布する独自のポイント・システムを持っているので、以前からニコニコシールに参加していなかった。したがって、ポイント券の購入配布を特定事業者の条件とすると、これらが参加できなくなる。そこで、第2次流通実験ではポイント券を購入配布するという条件をはずして、どこでも特定事業者になれるようにした。これによって、スーパーやコンビニなどでも地域通貨券が利用できることとなった。

　注意すべきなのは、以上の3点の制度変更がいずれも第1次流通実験報告書で提言した内容に基づくものであり、しかもそれらはフォーカス・グループ・ディスカッションの中で住民参加者が自発的に指摘した問題点であるということである。商工会は苫前町地域通貨を発展させるために、われわれの提言を受入れて、自ら前向きに努力して制度変更を実行した。これは、現時点からみれば、苫前町地域通貨実験というコミュニティ・ドックにおける調査研究のフィードバックが運営者を促し、地域通貨の制度設計（メディア・デザイン）の変更をもたらした。しかも、問題点の指摘は

住民自身から自主的、自発的に出されたという点で、進化主義的制度設計の具体例と考えることができよう。

　第1次流通実験後の3つの制度変更のうち、ポイント券の利用方法の変更と特定事業者の条件緩和は参加者の利便性の増大とそれを通じた地域通貨圏の拡大により一定の成果を挙げた。しかし、個人や諸団体の参加意識を高めたり、新たな発想に基づくさまざまな取組が活性化したりすると考えられていた運営主体の改組は当初思ったほどの効果をもたらさなかった。諸団体の代表格ともいうべき住民が地域通貨の運営に参加したにもかかわらず、なぜそうだったのか。おそらく、運営委員会への参加が自発的、内発的なものではなく、商工会からの依頼があったからでしかなく、会議への参加も形式的なものに止まってしまったのではないか。

　しかし、初めはそうであっても次第に意識が変化することはよくある。そうしたことが起こらず、自主的な参加意識を実質的に向上させるには至らなかったのは、なぜだろうか。以下に見るように、インタビューやフォーカス・グループ・ディスカッションからは、運営参加者がボランティア活動を活発にする必要があると感じながら、地域通貨が商工会中心のプロジェクトであると依然として考えており、自分たちのプロジェクトとして取り組もうという積極的な姿勢になっていないことがうかがえた。苫前町では町や商工会の年配者が中心になって万事を決定し実行していくといった伝統が強く、女性や若年者の意見は通らないとの発言もあった。このように、苫前町が伝統的な村落共同体の特性を強く持っているため、商工会以外の参加者も思っていることがあってもはっきりとは言わず、自ら率先して物事を始めにくい環境があり、人びとがそれに適応した思考習慣を身につけてしまっていたことが原因ではなかろうか。

　こうした伝統的な地域性や思考習慣を打破していくことも、コミュニティ・ドックの一つの目的ではあるが、この場合、参加者の自発性が発揮されるようになるまでただ待っていても、基本的に物事は変わらないので、より積極的な働きかけが必要になるだろう。

3-4 アンケート、インタビュー、フォーカス・グループ・ディスカッションによる調査研究

　ここでは、苫前町地域通貨流通実験における調査研究のうち、アンケート、インタビュー、そしてフォーカス・グループ・ディスカッションの実施状況とその調査結果を見ていくことにする。

(1) アンケート調査
　第1次流通実験と第2次流通実験においてそれぞれ事前、最中、事後の3回アンケートを実施し、地域通貨導入による生活意識の変容や地域通貨の認知度の変化、そして、それらに伴う地域通貨の利用状況の変化などを調査した。以下は、その実施要項とアンケート結果の概要である。

(a) 第1次流通実験

> 実施期間
> 　第1回：2004年12月13日から同年12月18日まで
> 　第2回：2005年1月24日から同年1月31日まで
> 　第3回：2005年3月7日から同年3月13日まで
> 抽出・配布・回収方法
> 　北海道商工会連合会より苫前町地域通貨流通実験に関する可能性調査を委託された西部忠が草郷孝好と連名で実施したものである。配布用アンケート調査票は、西部、草郷を中心とするグループで作成し、苫前町商工会の同意を得て、内容を決定した。西部、草郷は回答者の抽出およびアンケート調査票の配布と回収を苫前町商工会へ委託した。
> 　苫前町商工会によれば、回答者の抽出、およびアンケートの配布・回収方法は以下の通りである。
> 第1回：町民から地区的なバランスをとり460人を抽出して郵送で配布、後日、個別訪問して回収。第2回：協力諸団体を通じてアンケート用紙を合計200人へ配布、回答者は自分で公民館や特定事業者店舗内など数

> カ所に設置した回収箱に投函、期限後に回収。第 3 回：第 1 回目の回答者 187 人を含む合計 204 人へ郵送で配布[14]、協力諸団体へ合計 50 人分配布、後日、個別訪問によって回収。
> 回収率
> 　第 1 回：40.07％（460 人配布、187 人回収）
> 　第 2 回：89.00％（200 人配布、178 人回収）
> 　第 3 回：85.04％（254 人配布、216 人回収）
> 質問内容
> 　第 1 回：苫前町の生活意識、商店街利用、地域通貨についての基本知識など
> 　第 2 回：地域通貨を実際に使用した用途・感想・意見など
> 　第 3 回：地域通貨流通実験後の変化、実験に対する感想・意見など

①第 1 回アンケート調査：主たる質問とその回答
（ⅰ）苫前町の生活意識

　苫前町の生活意識に関する質問への回答から見えてくる特徴としては、自然環境の豊かさなどについては満足している一方で、雇用機会の減少、医療・保険および公共交通機関の整備に対する不満が多く挙げられたことがある。雇用機会の減少は若年層の町外流出の原因となる点で苫前町全体に関わる問題である。また、苫前町で生活するうえで満足している点や不便を感じている点についての質問に対し、「高齢者にとってハイヤーがないと病院や買物に行けない」と 4 人が回答している。車を運転できない高齢者が通院や買物に行くのに、ハイヤーを使わざるを得ないというのは、単に不便でコストが掛かるというだけでなく、人間にとって基本的な価値を持つ自律心や自由を毀損することになる。一方、子供を持つ世代は、子供達の遊び場が少ない等、子育て環境に不便を感じており、医療・福祉関

---

[14] 商工会を通じて第 1 回アンケートの回答者に対して送付してもらった。われわれ調査主体は第 1 回と第 3 回のアンケートの回答者を通し番号により同定できるが、それがどの個人かは特定できない。他方、回答者にアンケート調査回答を封印してもらうことで、商工会が各個人のアンケート回答の内容を見ることができないようにした。

係では小児科がないことを問題視している。

（ⅱ）地域活動の状況

　地域活動については、「よく参加している」と回答したものが47％、「ほとんど参加しない」と回答したものが39％であった。よく参加している理由として「義務として」（47％）、「仲間がいるから」（35％）、「生き甲斐を感じる」（19％）が挙げられ、ほとんど参加しない理由として「仕事が大変で余裕がない」（32％）、「億劫である」（22％）などが挙げられた。苫前町民の間のつながりについては、「前ほどではないがつながりを感じている」と回答したものが35％、「前のようなつながりは薄れている」と回答したものは25％だった。10年後の状況を見据えて今必要なものとして、働く場所、医療施設の充実、農漁業の活性化、観光名所の整備などが挙げられた。

（ⅲ）地元商店街の利用状況

　地元商店街の利用頻度が高いものは食料品及び理容・美容であった。時々利用するものは、日用雑貨、外飲食、贈答品、薬、書籍・文具、宿泊・温泉、電化製品などである。その一方で衣料品、高級衣料品などでは、ほとんど利用されていないことが示された。商店街を改善するために必要なものとしては、個々の店舗への改善アドバイザー、商店街の景観の改善、空き店舗の積極利用が上位であった。それに対して、ポイントカードやインターネットショップの開設については優先度が低かった。

　地元商店街を改善する上で欠かせないものとして挙げられたのは、外部の「アドバイザー」である。このことから、商店街が自ら効果的な改善点を見いだしにくい、あるいは、改善点はわかっていても自分らだけで実行しづらい状況にあることがわかる。これは、商店街での売り出しイベント等が町民によってそれほど重要視されていないことにも現れている。また、商店街の景観の改善や空き店舗の利用などは、商店街の魅力の向上にとって必要であると答えている一方で、インターネットショップの開設の必要性の順位は圧倒的に低い点にも注目したい。

（ⅳ）地域通貨の認識状況

　地域通貨の認識状況については、「よく知らないが聞いたことがある」と回答したものが59％で最も多く、次いで、「よく知っているが使ったことがない」とするものが20％であった。地域通貨流通実験を始める段階で、地域通貨について「よく知っている」が20％、「聞いたことがある」もあわせると約80％であったことは、他の一般の地域に比べて高いと言える。実験以前の啓蒙周知活動が一定の効果があったからだと考えられる。

　地域通貨で望むことについて、33％が「地域内での流通経済の活性化」を、15％が「福祉や医療の充実」、13％が「掃除などの雑用依頼」を望んでいた。多くの町民がボランティア、福祉、社会的なつながりよりも経済活性化を望んでいるのは、苫前町も発行主体であるとはいえ、今回の地域通貨は商工会が中心実施されることが広く知られているからであろうか。

　さらに、具体的にどのような商品やサービスを地域通貨で取引したいかについて聞いたところ、上位は、22％が「日用品・衣類・食料品の購入」、11％が「不用品・中古品の交換」、9％が「在宅介護サービス・掃除」であった。不用品・中古品の交換を望む町民が意外に多いことは、衣料品は商店街で購買する頻度が少ないという先のアンケート結果とあわせて考えてみると、町民がフリーマーケットのようなものを強く望んでいる結果かもしれない。

②第2回アンケート調査：主たる回答とその分析

　第2回アンケート調査は地域通貨券（500P券）の利用者を対象としていたが、実際にはアンケートが地域通貨券利用者以外にも配布されたため、回答者の中には地域通貨を利用したことのない人も含まれている。

　今回のアンケート調査で最も知りたかったことは、地域通貨導入によって住民による商店街ないし各商店の利用頻度が増大したかどうかである。それにより、町民の購買力の67.5％が町外へ流出している状況で、地域通貨が購買力を町内へ引き寄せる効果を持つかどうかがある程度わかるからである。

アンケート調査では、商店街で買物をするために地域通貨券を購入した 29 人に対して、地域通貨導入後、買物へ行く頻度は増えたかどうかを尋ねた。これに対し、25 人（86.2％）は「変わらない」、2 人（6.9％）が「増えた」と答え、2 人が「無回答」（6.9％）であった。今回のプレミアムは購入時 2％、購買時 2％、合計 4％とさほど大きくないにもかかわらず、地域通貨券購買者の 6.9％が商店街での購買頻度が増えたと答えていることは、地域通貨が購買力の引き寄せ効果を一定程度持つことを示している。ここでは地域通貨券の購入者に聞いているが、それ以外に、地域通貨は他の参加者に提供した物品やサービス、ボランティアの対価として、他の参加者からの景品や贈答として、あるいは、貯めたポイント券との交換によって入手できる。このような方法により地域通貨を入手した人もまた商店街で買物をするので、地域通貨導入による購買力の引き寄せ効果はこれに限られない。

実際、購入以外の経路で地域通貨を入手した人は 99 人であり、円による地域通貨の購入者である 33 人を圧倒的に上回っていた。その中で最も大きな割合を占めたのが「ボランティアの対価」（44 人）であり、次いで「景品」（31 人）、「商品の代金」（13 人）、「友人からもらった」（10 人）、無回答（5 人）（複数回答可）であった。アンケートでは地域通貨を購入以外の方法で入手した 99 人に、地域通貨の用途を尋ねているが、「自分の欲しいものを購入した」が 26 人、「ボランティアに使った」が 1 人、「使っていない」が 34 人、無回答が 38 名[15]であり、参加者が購入以外の方法で入手した地域通貨のほとんどは商店街で使われることがわかった。

アンケートでは、地域通貨券を入手した 132 名（= 33+99）のうち、ボランティアをして地域通貨券をもらったものは 44 名（33.3％）となっている。地域通貨券を入手した人の三分の一が、ボランティアの対価として受け取ったというのは注目に値する。このうち 100P を受け取った雪か

---

[15] 「使っていない」と答えた人は、アンケートの時点（2005 年 1 月 24 日から同年 1 月 31 日）では使っていないが、その多くは流通期限（2005 年 2 月 20 日）までに使うつもりである人であろう。中には、ボランティア活動や買物によりポイント券（2P 券）を入手したが 500P まで貯まらず使えなかった人も含まれると推測できる。

き（24 名）、瓢箪作り（12 名）、マスコット作り（8 名）は、協力諸団体が商工会より寄付されたポイント券（2P）をボランティア活動の参加者に配布したものだが、個人による葬儀の手伝い（3 人）も見られる[16]。これより、地域通貨がボランティア促進効果をある程度発揮したと言える。だが、ボランティア活動の対価が地域通貨券（500P）ではなく、100P 分のポイント券（2P）であることを考えると、他にも同じように 100P の対価でボランティアや相互扶助が個人間で行われていた可能性が高い。先ほど見た、購入以外の経路で地域通貨を入手した 99 人のうち、地域通貨の用途に関する問いに答えていない人は 38 人（99 −（26 + 1 + 34）= 38）で、全体の 38.4%にも上る。これは、「地域通貨」を「500P」だけでなく、「ポイント券（2P）」も含むと解釈した人が多かったからではないかと推測できる。もしそうならば、この 38 人のほとんどは 3 ヶ月という流通期間の間に 500P まで貯まらず使えなかった人たちであろう。

　ポイント券（2P）がたとえ 100P 単位で実際には使われていたとしても、その取引流通データは、取引情報の記載欄を設けた地域通貨券（500P）と異なり、まったく捕捉することはできなかった。運営主体や調査主体の側では、そもそもポイント券（2P）は地域通貨ではなく、地域通貨を流通させるための補助的制度と考えていたので、その取引流通データを補足するための制度設計も準備も行わなかった。ポイント券（2P）の流通は、インタビューやアンケートへのこうした回答からその存在が結果的に知られただけである。ポイント券（2P）は、流通データとして記録されず、アンケート結果にも出てこないが、実際には全取引のかなりの割合を占めており、特にポイント券（2P）を使って多くの非市場的取引が行われた可能性が高い[17]。

---

[16] 100P 券はないので、この対価はポイント券で支払われたはずである。ここで「地域通貨券」が「ポイント券」を含むものと受け取られていることがわかる。この問題は、第 3 回アンケートでより深刻なので、そちらで考察している。

[17] 地域通貨券のデータも利用者が自発的に記入するものなので、すべての取引を正確に記録したものではない。記録されたデータによって分析を始めた当初、ボランティアや相互扶助など非市場的取引を記録したデータは数件にすぎず、これらは今回の実験でほとんど行われていないと思っていた。しかし、その後、詳しく調べて行くうちに、多くの取引が記載されていないことがわかった。そのほとんどは個人間の地域通

③第3回アンケート調査：主たる回答とその分析
（ⅰ）地域通貨についての認識
　地域通貨流通実験を知っていますかという問いに「はい」と答えた数は全体の82％を占めた。知った時期としては、実験中の11月から12月がそのうちの51％であり、実験前に知っていたものは33％だった。知るに至った経路として最も多かったのは、「商工会が作成したチラシを通じて」（35％）だった。ただし、「商店街」（21％）、「友人・知人」（13％）といった人づてに聞いたものも割合としては高いし、「アンケートを通じて知った」と答えたものが16％もいることも無視できない。
　理解度としては、71％が「あまり理解していない」と回答しており、「十分理解している」と答えたものは11％にとどまった。より多くの人に知ってもらうにはどのような方法がよいかという質問に対しては、「定期的なイベント」（37％）、「講習会」（34％）の二つの回答が大半を占めていた。
　今回の地域通貨流通実験に対して回答者の多くが「知っているがよくわからない」状況にあることがわかった。これについては、地域通貨システムがもつ理念、地域通貨のシステム、具体的な利用方法など、地域通貨の何がわからないのかについての詳しい調査が必要となるが、利用回数の少なさがこの原因の一つとして考えられる。より多くの人に知ってもらうために定期的なイベントや講習会を求めている割合が多いことからも、地域通貨を手にとって実際に利用する機会が増えることは、地域通貨に対する理解を向上させる上でも重要だと考えられる。

（ⅱ）利用状況
　地域通貨券を実際に入手した者は、地域通貨について「知っている」と答えた178人中48％（86人）であり、「入手していない」の51％（90人）とほぼ同数であった。入手経路としては、「ポイント券を貯めて交換」

貨の授受であるから、利用者も記録する必要がないと考えたのかもしれない。しかし、実態は非市場的取引であろう。これは様々な証拠を照合した結果明らかになったものであり、影の取引全体の一部にすぎないと考えられる。

(30％)、「景品」（25％）、「何らかの代償として」（19％）が上位であり、「購入した」は10％であった。

利用回数として最も多いのが「入手したが利用していない」（36％）、次いで、「1回」（27％）、「2回」（14％）、「3回」（8％）、「4回」（6％）、「5回以上」（2％）であった。

入手したのに利用しなかった人はその原因として、「面倒」（48％）、「使い道がない」（39％）を挙げている。一方、実際に利用した人の57％が「商店街で利用」し、「ボランティアに利用した」人は3％に止まった。商店街での利用先は、「食料品店」（35％）、「本屋」（13％）、「日用雑貨店」（12％）、「衣料店」（12％）、「飲食店」（8％）、「金物店」（5％）、「薬局」（5％）となっている。商店街で地域通貨がもっと利用されるために必要なものとして、「地域通貨券のみ取り扱った安売りセール」（38％）、「地域通貨が使えるイベント開催」（34％）、「地域通貨券を利用できる魅力ある商品開発」（22％）が挙げられた。

地域通貨の流通を促進するためにボランティア活動が必要であるかどうかという問いに対して「はい」（41％）は「いいえ」（31％）を上回った。必要であると答えた者に、地域通貨券がボランティア活動で積極的に利用されるために必要なことを尋ねると、回答として最も多いのが「講習会で利用方法を教えてもらうこと」（36％）であり、「ボランティア種類の充実」（22％）、「ボランティア・メニュー登録の簡便化」（21％）、「仲介役の整備」（18％）が続いた。ボランティア活動の充実のためには、地域通貨を利用しやすい環境づくりが必要なことを物語っている。

増えてほしいボランティア・メニューとしては、多い順から「除雪」（24％）、「在宅介護・掃除」（14％）、「町の美化」（12％）、「車での送迎」（9％）、「農作業の手伝い」（8％）、「環境保護」（8％）、「子育てや家事の手伝い」（6％）、「防災活動」（5％）、「スポーツの指導」（4％）等が挙げられた。また、回答者の50％は苫前町にボランティア活動を支援するような仕組みがそもそもないと答えていることにも留意したい。

(iii) 地域通貨のシステムとその運営形態

　地域通貨購入時のプレミアムや、地域通貨と現金双方で購入した時に受け取れるポイントに関する項目については、「よくわからない」という答えが半数を占めた。ポイント券については、100 ポイントシート 5 枚で地域通貨券（500P）と交換するという現行システムについて、「現状のままでよい」（14%）と答えた人に対して、「シート 1 枚（100P）でそのまま利用したい」（26%）とする人がかなり多い。その一方で、地域通貨券自体は「100 ポイントの紙券が必要だ」（21%）とする人を「そのままでよい」（28%）とする人が上回った。

　また、これまでまちづくりに貢献してきた団体として、「婦人会」（16%）、「商工会」（16%）、「学校」（12%）、「青年部」（12%）、「町役場」（10%）、「社会福祉協議会」（8%）、「観光協会」（6%）、「農協」（5%）、「老人会」（4%）、「漁協」（4%）が挙げられた。今後の地域通貨流通実験に欠かせない団体について、商工会を除いて尋ねると、「町役場」（18%）、「婦人会」（13%）、「社会福祉協議会」（12%）、「青年部」（11%）、「農協」（10%）、「観光協会」（8%）、「漁協」（6%）、「老人会」（6%）、「学校」（6%）、「NPO 等の新しい団体」（3%）、「医療関係団体」（3%）の順となった。さらに、運営方法として望ましいものは、「役場と商工会が中心となるのがよい」（39%）、「各種団体が運営に参加するのがよい」（30%）、「商工会中心となるのがよい」（20%）であった。

　地域通貨のシステムについての理解度が低いせいで、プレミアムや獲得できるポイントが妥当かどうかについて有効な回答を得られなかった。しかし、地域通貨券の入手方法で最も多かった「ポイント券を貯める」については、100P 単位で利用できた方がよいとする回答が多かった。短い実験期間中に 500P はなかなか貯まらないので利用できない、100P なら貯められそうだという町民の率直な意見として受け止めるべきであろう。実際、アンケート調査の結果を受けて、商工会は第 1 次実験の最終段階に 100P 単位で使えるよう、システムを変更した。

　運営方法については、商工会とともに、役場や各種団体が運営に参加するよう要請する回答が 70%近く上った。婦人会、学校、青年部等の団体

がこれまで苫前町のまちづくりに貢献してきたと高い評価を受けていることを考慮するならば、商工会がこれらの各種団体と運営形態について十分に協議し、今後の地域通貨流通実験で協力・提携していくことが望まれる。

(iv) その他

地域通貨流通実験の今後の目標は何かという問いには、「商店街の活性化」(28%)、「地域活動の活発化」(28%)、「高齢者福祉の増進」(16%)、「地域への愛着心の高揚」(13%)、「地域・社会的な問題を解決する」(9%)が挙げられた。今後の改善点としては、地域通貨券の購入、ポイント券の交換について回答者の大半が「各商店で行えるようにした方がよい」と答えた。また今後行っていくべきこととして、「イベントの開催」(18%)、「地域通貨の仕組みの簡単化」(17%)、「参加商店・団体の増加」(16%)、「地域通貨の情報を多く流す」(15%)、「ボランティアに使いよくする」(10%)、「流通期間の長期化」(10%)、「地域通貨講習会の充実」(8%)、等が挙げられた。

地域通貨実験の今後の目標として、「商店街の活性化」(28%)と「地域活動の活発化」(28%)が上位同率になったことは重要である。これは、地域通貨の実験において町民が経済効果だけでなく町全体が活性化することを望んでいることを示している。そして、それはまた、地域経済の活性化とコミュニティの活性化の同時達成という本実験の目的と見事に一致している。したがって、町民は、本実験の基本的な主旨と目的に対して理解と賛同を表していると考えてよく、後は、いかにそうした町民の気持ちを地域通貨の実践に具体的に結びつけて行くかに掛かっている。その点で、講習会やイベント等、地域通貨に関する情報不足の解消を目指した取り組みを強く望んでいる点にも注目したい。

(b) 第2次流通実験

実施期間
　第1回：2005年12月実施

第 2 回：2006 年 1 月実施
第 3 回：2006 年 2 月実施
抽出・配布・回収方法
　アンケートは、第 1 回、第 2 回は苫前町商工会がアンケート調査票を作成し実施した。第 3 回目については、西部、草郷を中心とするグループで作成し、苫前町商工会の了解を得て、実施した。回答者の抽出、およびアンケートの配布・回収方法は、苫前町商工会が以下のように決定した。
- 第 1 回：町民から地区的なバランスをとり 400 人を抽出して配布、後日同封の返信用封筒にて回収。
- 第 2 回：町民から地区的なバランスをとり 400 人を抽出して配布、後日同封の返信用封筒にて回収。
- 第 3 回：町民から地区的なバランスをとり 400 人を抽出して配布、後日同封の返信用封筒にて回収。

回収率
　第 1 回：47.2%（400 人配布、189 人回収）
　第 2 回：39%（400 人配布、156 人回収）
　第 3 回：37%（400 人配布、148 人回収）

質問内容
　第 1 回目：苫前町地域通貨の認知度や制度についての基礎知識など
　第 2 回目：苫前町での生活や商店街利用についての意見や感想など
　第 3 回目：苫前町地域通貨流通実験後の住民の意識の変化や苫前町の社会資本などに関する質問など

①第 1 回目アンケート：主たる質問項目とその回答
（ⅰ）苫前町地域通貨の認知度について
　今回は第 2 回目の実験ということもあり、「よく知っている・知っている」の合計は 60%強にものぼる。この点は、地域通貨に関するイベント（風車祭り、ふるさと祭り）が開催され、商工会が地域通貨流通実験のチラシを配ったことによる効果と思われる。500P と 2P それぞれの認知度を見

てみると、ほぼ同じ割合でアンケート回答者から認知を得ていることがわかる。ところが、2Pの入手法に関する質問項目を検討すると注目すべき結果が得られる。通常の買い物にプレミアムがつくことを認知していた割合が57％であるのに対して、地域通貨購入により付加されるプレミアムへの認知度は48％であった。ここから、地域通貨購入によるポイント券入手という仕組みに対する認知度が一般の買い物へのプレミアムに比べて低いことがわかった。

（ⅱ）地域通貨の入手方法・利用形態について

　地域通貨の利用度について見ると、500P券を「使用したことがある」と答えた人は27％で、2P券を「使用したことがある」と答えた人は16％と、両者とも低い利用率となっている。地域通貨券（500P券と2P券）の認知度に関する質問では、「よく知っている」、「知っている」、「聞いたことはある」と答えた人の合計が9割を超えていたにもかかわらず、利用したことのある割合は3割に満たず、少ない点は、注目すべきである。また、500P券と2P券の利用率について比較した場合、2P券に比べて500P券の方が利用者は多い。これは、500P券は商品購入に利用できるが、2P券の場合、100Pまで貯めてからでないと商品購入に利用できないことが一因として考えられる。

　次に、地域通貨の入手方法についてみてみると、500P券を「手に入れたことがない」と答えた人が89人（52.3％）で、全体の約半分強にのぼる。この結果は、地域通貨の利用度が低い結果と整合性がある。だが、ここで注目すべき点は、地域通貨がボランティアのような非市場取引を通じて入手されていた点にある。たとえば、「お返しとして（22件）」、「ボランティアのお礼として（11件）」、「お手伝いをしたお礼として（9件）」、「その他（町の敬老会の歌のお礼として）（1件）」を合計すると43件（25.3％）となり、4分の1以上は市場を介さないで入手していたのである。「手に入れたことがない」という回答が89件にのぼるため、地域通貨が浸透していないようにみえるが、実は、さまざまな非市場取引を通じて500P券を入手しているケースがかなり存在していることがわかる。

一方、100P券については、「商品等を購入して」入手したと答えた人が、全体の5割を超える90人となっている。商店街で購買すれば、必然的にポイントを入手できるので、これは当然の結果であろう。では、ボランティアをすることで2P券を受け取ることへの認知度や利用度はどうだろうか。500P券のそれらと比べると、この仕組みを理解している人数は7人と極めて少ない。2P券に関しては100Pでの利用が今回から可能になったにもかかわらず、まだボランティアの利用を通じて入手もしくは供与という行為が一般化していないのではないかと考えられる。今後は、地域通貨購入時におけるプレミアム（2P券で購入額の2%）についての認知度の向上を図るとともに、2P券の利用を促進することがカギとなるだろう。

(ⅲ) 苫前町地域通貨の望ましい利用方法について
　苫前町の地域通貨は商店街でも利用できるので「商品などの購入」に地域通貨を利用したいと回答した人が一番多い。だが、一方でボランティアやお手伝いのお礼に利用したい人も少なからず存在するという点は見逃せない。「ボランティアのお礼」、「お手伝いのお礼」、「お返し」として、また、「ゲームの景品」としてという四つの項目を足し合わせると67人となり、非市場取引でも苫前町地域通貨を利用したい人が少なからず存在するという点が明らかになった。

(ⅳ) 苫前町でのボランティアの状況
　約4割近くの人が苫前町にはボランティア活動があると答えている。ここでは「どのようなボランティア活動が行われているのか」という設問を作っていないので、活動の具体的な内容はわからない。だが、決して少なくない数の町民が「ボランティア活動が存在する」と回答しており、苫前町地域通貨流通実験でボランティア活動を推進していくための土壌がすでにあると解釈することもできるだろう。また、ボランティア活動を推進する取り組みがあるという回答が約3割みられる。このような取り組みが一体どのようなものであるのかという点はここでは明らかにされていないが、このような取り組みが認知され、利用されることでさらに苫前町でボ

ランティアが活発化する可能性がある。

②第2回目アンケート：質問項目とその回答
（ⅰ）地域通貨事業の認知度について
　地域通貨事業についての認知度であるが、回答者の内、74％が「知っている」と回答し、これに「聞いたことがある」と回答した人を含めれば、全体の91％が何らかの形で地域通貨事業について見聞きしていたことがわかる。今回のアンケートでは、通貨を利用したかどうかについての設問はなかったので、町民の利用度についてはわからない。

（ⅱ）地域通貨利用の方法について
　本アンケートでは、実際の利用状況ではなく、地域通貨を「どのように利用したらよいか」について尋ねている。上位から順に、各種ボランティア、地域の清掃、商品等の購入、空き缶拾い、町おこし、道路清掃、ゴミの減量化、商工業の振興、景観整備活動、地域人材育成、漁業の手伝い、商業の活性化、漁業の振興、留守番、ゲーム等の景品となった。第1回目のアンケートと同様、「地域の清掃」という回答が多いのは注目に値する。そして、実際の利用についての希望、不明な点、苦情などの自由記入欄があり、そこでは、利用法の改善や利便性の向上などについて書かれていた。

（ⅲ）苫前町での生活
　質問項目は大別して、苫前町の生活実感と商店街の利用状況についてであった。生活実感としては、そこそこ住みよい環境であるとする者が回答者全体の43％を占めた。具体的な記述欄には交通の不便さ、子供の遊び場の必要性などが書かれていた。全体の69％が苫前町に定住し続けたいと考えており、定住したくないと答えた人は、理由として雇用先や収入の不安、自分が高齢になったときには子供のところへいくということを挙げていた。商店街の利用度については、食料品、灯油・ガソリン、贈答品、理容・美容に関しては、利用度が50％を超えていた。特に、灯油・ガソリンと理容・美容については、80％を超えていた。

ここで苫前地区と古丹別地区に分けて商品の利用を検討してみたい（苫前地区は苫前、旭、栄浜、豊浦、香川の5地区で49人、古丹別地区は古丹別のみで64人分のデータを使用する。図表3-25、3-26を参照されたい）。苫前地区では羽幌町の利用が高いことは明らかである。古丹別地区では衣料品以外はすべて、古丹別を利用する割合が最も高い。それでも古丹別と羽幌＋留萌を比べてみると、苫前地区の結果に似てくる。すなわち、食料品、日用雑貨、事務機器類、家庭電気製品の4項目において町外の主な利用率が4割と苫前町での利用率を超えてしまう（ただし、古丹別では地元の利用率が6割と高い）。あくまでもこの数値は利用率の割合だけであって、苫前町の商店街がほとんど利用されていないということを示すものではない点には特に注意が必要である。

③第3回目アンケート：質問項目とその回答
（ⅰ）地域通貨の利用状況

地域通貨の利用状況について、まず、地域通貨を認知している人（129名）のうち、43％にあたる54名が実際に地域通貨を利用したと回答している。地域通貨の利用金額では、500Pの活用が大半であった。

地域通貨を利用した商品やサービスの内容については、大多数が日用品・衣料・食料品などの商品購入に利用し、それ以外のサービスにはあまり活用されていないことがわかる。ところが、町内助け合い活動に対する地域通貨の活用の実際について質問したところ、人の手助けの項目の上位にあげられている項目（葬儀のお手伝い、雪かき、車での送迎、買い物の手伝い、育児・家事など）のうち、車の送迎を除く項目については、地域通貨を活用していた。その割合も、葬儀のお手伝いでは、手助けをしたと回答されたケースが41回、手助けされたケースが17回あるが、そのうち、5回に地域通貨のやり取りがなされていた。同様にして、雪かき、買い物の手伝いなどにも一割程度のケースについて地域通貨が活用されていたことは、商店における活用のみならず、非市場的取引への活用の浸透を示すものとして興味深い。

さらに、地域通貨を利用して感じたことを質問したところ、「正直、地

域通貨を使うのは、わずらわしいと感じた」との回答が24件と一番多かった。これは、地域通貨の入手や商店による換金の手間がそのメリットより大きいと感じる人が依然多いことを示している。これに対して、「地域通貨を使えるいろいろな商品やサービスがたくさん欲しいと感じた」（18件）、「何かこれまでとは違う人と人とのかかわり方を発見したような気持ちがした」（7件）、「もっと地域通貨を使って何か人に頼んでもいいなと思った」（5件）、「もっと何かしてあげて、地域通貨を受け取りたいと思った」（3件）など地域通貨を肯定的に捉えているのは30件にのぼり、将来の地域通貨利用を期待する前向きな感想が多く寄せられた点も大変重要な結果であるといえる。

「苫前町で地域通貨が流通するようになってから、人と人とのつながりには何か変化があると感じていますか。」を尋ねたところ、7割近くの人が、特段の変化を感じなかったと回答した一方で、約15％、つまり、6人に1人近くの町民が人と人とのつながりに少しだけ変化を感じると回答した。実験期間が3ヶ月と短く、地域通貨の浸透も十分とはいえない段階でありながら、15％の人びとに変化を感じさせた。この数字は決して小さくない。これは、地域通貨が今回の実験で苫前町の人と人とのつながりを実際に変化させたというよりも、そうした可能性を感じさせた結果であろう。

（ⅱ）商店街における地域通貨の利用状況

地域通貨を商店街の買い物に利用したと回答した人は63人であった。商店街における地域通貨流通の金額は500Ｐ、100Ｐともに活用されていたが、500Ｐの方がより多く活用されていた。また、地域通貨を活用していた商品であるが、食料品が38件と多数あり、酒類（12件）、書籍・文具（12件）、衣料品（7件）、電化製品（6件）、化粧品（5件）、外飲食（5件）と続いていた。また、実際に活用されていた商店としては、食料品店、チェーン店、酒屋、書籍・文具店、ふわっと、薬局などが挙げられる。一回目の実験時には地域通貨利用を認めていなかったチェーン店（A-coopやセイコーマート）や公共宿泊施設「ふわっと」での日帰り温泉利用がある程度見られている。これは、地域通貨の利用しやすさをアップするため

にその利用範囲を拡大しようと商工会を中心として努力してきたことの成果の一つであるが、町民の購買行動にうまく連動するように地域通貨の活用範囲を随時点検し、拡大していくことが重要であると示唆している。

　地域通貨実験開始後に行ったアンケートで商店街への利用、商店街の変化、活気についての回答を見ると、商店街の利用度の減少傾向は依然として続いており、商店の対応や活気について変化なしとの回答が多数を占めた。これは、たとえ地域通貨に町外へ流出する購買力を町内へ引き寄せる効果がある程度はあるにしても、商店街からの顧客離れを食い止めるには至っていない、消費者から見ると商店街の対応は以前と比べて代わっていないということであり、商店街にとっては再度反省すべき厳しい結果である。今回の地域通貨実験は限定された期間での実施にすぎず、商店への浸透、町民への浸透がもっと進んだ段階で地域通貨の効果について評価すべきである。こうした変化の把握については更なる実験による検証が必要である。

(2) インタビュー調査

　第1次流通実験と第2次流通実験を通じて計6回インタビュー調査を行った。苫前町の諸団体の代表者やボランティア活動の担い手などへのインタビューを通じて、苫前町の抱える問題や、地域通貨の利用状況や利用についてのアイディアなどを聞いた。以下はインタビュー内容の概要である。

(a) 第1次流通実験

　第1次流通実験では、主に地域通貨の協力12団体（図表3-7）の代表に対するインタビューを4回に分けて行った。それらのインタビューを通じて明らかになったことは以下の二点である。

①どの団体も、人口減少、少子高齢化、過疎化、若者の流出、所得・雇用の減少は、苫前町の現状における問題であると共通に認識している。
②しかし、こうした共通認識にもかかわらず、商業やコミュニティ・相互扶助における問題に関しては、団体ごとに現状認識が食い違っており、今後

のあり方に関する意見もかなり異なっている。

　例えば、婦人会、商店街、商工会青年部などは先の共通認識から、さらに町内の商業・商店街が、顧客の減少、後継者不足、購買力の町外流出によって衰退しつつあることを苫前町にとっての深刻な危機と捉えており、地域通貨に期待を寄せているのに対し、老人会や商業高校はあまり当事者として危機意識を持っていないように感じられる。他方、漁協や農協は、魚介・穀物・野菜を大都市の大規模な市場向けに出荷し、あるいはブランド品として差別化を図り、できるだけ付加価値を付けて高く売ることを経営の観点から優先していることを認めており、協同組合としての組織の性格上、地産地消や地元への貢献といった理念に共鳴を示しながらも、市場での競争や経営状況を考えると、そうした方向への努力は難しいと判断していることがわかる。今回の流通実験に当初参加しなかった理由（農協A-coopは第2次実験で参加）の一端もそこにあるのかもしれない。

　コミュニティや相互扶助については、老人会が地区間の協力関係が少ない、婦人会が若年世代の活動への不参加が目立つ、社会福祉協議会が町内単位で自主的に問題を解決せず、役場に頼る傾向が強いと述べて、コミュニティの共同性の喪失とその世代間・地区間の分裂、自主性・自律性の欠如を指摘している。しかしながら、町役場は町民同士のつながりは強く、相互扶助は十分行われていると答えている。

　（1）で述べたように、人口減少、少子高齢化、過疎化、若者の流出、所得・雇用の減少といった問題は広く共通に認識されているにもかかわらず、（2）の商業的衰退、コミュニティや相互扶助のような経済的・社会的問題についての共通認識は築かれていない。こうした現状や問題に関する各世代、各団体・組織間の認識ギャップは予想以上に大きく、それゆえ、苫前町の今後の展望や方向性に関する意思疎通やコミュニケーションの努力は十分に図られておらず、各世代、各団体・組織の意見や主張に大きな食い違いが見られる。結局、商業やコミュニティ・相互扶助の問題に関しては、苫前町の各団体がその役割やポジションから全く別々に現状を眺め、将来を考えているのである。これらの点について、町全体に一体感がなく、分

裂しており、共有されたヴィジョンが存在していないと言えるだろう。その中で、公助・自助と異なる共助を促進するための自発的なコミュニティやそのための手法としての地域通貨の必要性を認識している者は一部に限られている。

　アンケートからもうかがえるが、住民の中には、「自分は商店街なしでも生活に困らないが、それでは商業者たちが生活できず困るだろう」といった冷めた見方をする者が少なくない。商店街なしでも生活に困らないというのは、町民の大多数が自動車を運転して、留萌市や羽幌町といった苫前町の近隣にある大型店舗へ出かけて行き、町外で買物することができるので、地元商店街で買物をする必要性があまりないからだ。商店街は古丹別と苫前という二つの地区にある（旧古丹別駅前〔1987 年に国鉄羽幌線廃線に伴い廃駅〕にできた古丹別商店街の方がかなり大きい）が、地理的に離れているので、とりわけ苫前地区住民は古丹別商店街へ行くのと距離的に変わらない羽幌町のホクレンショップへ行く方がより便利だという実情もある。さらに、洋服などファッション性やデザイン性が重視される商品は、旭川市や札幌市まで出かけて行って購入することが多い。それは、都会に行かなければ、お洒落でハイセンスな洋服を入手できないからだ。このように、多くの住民は単に「商店街＝商品を買う場所」としか見ていない。しかし、そうした見方を前提すると、商店街が安さや品揃えで大型店舗に勝つことはほぼ不可能であり、存在価値はないという悲観論から一歩も出ることはできないだろう。われわれは、地域通貨を近隣住民に商店街の果たしてきた社会的、コミュニティ的役割に気づかせ、それを近隣住民と商店街が共同で守り育てていくためのツールであると考えていたが、そうした認識は簡単には出てこなかった。

　また、先に述べた二つの主要商業地区の地理的関係に加え、様々な歴史的経緯もあり、町のイベントを行うにしても両地区の協力体制が取りにくいという現状があるようだ。お祭りや商店街の売り出しセールも全く別々に行われている。この二つの商業地区の分裂という問題は、後で見る地域通貨流通ネットワーク分析でも、その傾向がはっきりと現れている。

　こう考えると、商店街が単なる物品を販売する市場であるだけではなく、

祭などの文化や伝統を保持し、人の往来や触れ合いというコミュニケーションを豊かにし、防犯防災に役立ち、相互扶助を担うというような固有な価値を持っており、町民にその保全が意義あることであることを積極的に示し、理解してもらうよう努力する必要がある。その結果として、町民に商店街に愛着を持ってもらえるならば、町内にコミュニティ感覚が生まれ、各地域間の協力も生まれるだろう。

　苫前町商工会は、今回の地域通貨導入の目的として、町に一体感をもたらし、商店街が活性化することを掲げており、地域通貨を町が抱えている現状の課題への解決策として捉えていることがわかる。しかし、団体や住民の商業と相互扶助・コミュニティに対する見方は各自の立場や利害に応じてまちまちであり、そうした分裂状況を認識することも、それに危機感を持つこともないのが現状である。問題は、まず、こうした事態への客観的認識と当事者意識を持ってもらえるかどうか、そして、それを克服するための一つの方法として地域通貨を位置付け、自らも積極的に問題解決に関わろうとする自主的な意志を持ってもらえるかどうかに掛かっている。その点で、地域通貨の意義や仕組みに関する住民への説明や参加への呼びかけがまだまだ不足していることは明らかである。

　この他、本地域通貨のシステムや運営など制度上改善すべき点があること、本地域通貨の用途が商業的利用へ大きく偏っていて、ボランティア活動がまだ活発化していないことなど、今回の地域通貨流通実験をめぐる問題点がインタビューを通じて色々と明らかになった。

　しかし、どの団体も苫前町を改善していく必要性があることは認識している。例えば、今回北るもい漁協は地域通貨流通実験に参加しなかったが、その関係者が指摘した、「家族単位の購買主体を主に担っている30-40代の主婦層に地域通貨への理解を深めてもらい、その意見を積極的に組み入れる必要がある」といった意見など、今回の地域通貨の問題点を適切に指摘しているといえる。

(b) 第2次流通実験

　第2次流通実験では、地域通貨発行主体側の人々（地域通貨協議会委員、

苫前町長、商工会関係者）から第 1 次流通実験の感想と第 2 次流通実験への課題について聞くインタビュー調査と、第 2 次流通実験終了後に苫前町の様々な住民から地域通貨の利用実態と課題について聞くインタビュー調査を行っている。以下はその概要である。

①第 1 回インタビュー調査

> 日時：2005 年 9 月 5 日（月）
> 場所：苫前町公民館
> 時間：11:00 － 17:00
> 対象：地域通貨協議会委員、苫前町長、商工会関係者から計 10 名
> 方法：地域通貨協議委員に対しては、3 名 1 組でのグループインタビュー
> 　　　苫前町長には個別インタビュー
> 　　　商工会関係者については 2 名同時のグループインタビュー
> 内容：第 1 次流通実験の感想と第 2 次流通実験への課題

（ⅰ）第 1 次地域通貨流通実験の感想
- 地域通貨をあまり理解してもらえなかったし、自分も理解できなかった。
- 裏書記載の手間が商店側に回ってしまう。
- 第 1 次流通実験は商店側にとっての実験だったのではないかとの印象を得た。
- ボランティアを当たり前のようにやってきた町民にとって、地域通貨によるボランティアへの支払の必要性を見いだせないのではないか。

（ⅱ）第 2 次地域通貨流通実験への課題
- 若者や高齢者など世代を超えた活発な意見交換が重要になってくるのではないかと思う。
- 地域通貨を利用することの意味、特に普通のお金との違いについて明確な理解が難しい。

- 地元での買い物の主体である主婦層が地域通貨の使い勝手を知らなければ、流通範囲が広がっていかない。

②第2回インタビュー調査

> 日時：2006年2月22日(水)〜24日(金)
> 場所：苫前町公民館、その他
> 対象：役場職員、社会福祉協議会、商店主、町内会関係者、女性連絡協議会関係者、商工会青年部関係者、町会議員、保健士、ボランティア、地域通貨協議会委員、商工会関係者　計17名
> 方法：全て個別インタビュー
> 内容：二度にわたる地域通貨流通実験への関わり方、地域通貨導入による地域への経済面や社会面における影響、地域通貨の課題、地域通貨の本格導入への関心。

(ⅰ) 地域通貨と地域経済活性化について
- 第1次流通実験以来、徐々にではあるが、商品券とニコニコシールの組み合わせという地域通貨のイメージが定着しつつあるようだ。
- セイコーマートやA-coopで利用されることになって地域通貨をお客に説明しやすくなった。
- 第1次流通実験を通じて地域通貨の仕組みや実態が見えてきたので、新たに参加した。
- ポイント券を出さなくても参加できるように条件が緩和されたので、新たに参加した。
- 地域通貨を受け取る割合が大きくなると、町外から仕入れしなければならないので、資金繰りに問題が出てくるのではないか。

(ⅱ) 第2次流通実験における地域通貨委員会について
- 委員になっている人の大半は商工会関連の人。

- 第1次流通実験と比べて個々人に責任が出てきたので張り合いがでてよかった。
- 第2次流通実験期間を通じて、商工会の呼びかけで2～3回程度しか会合が行われなかった。
- 実際に何かをしたという感じではなかった。
- 委員が自主的に集まるということはなかった。
- 実際の活動としては、数回老人会等で説明会をした程度。
- もっと責任をもった形で自主的に活動すべきだった。
- 町民が上からの指示をまつという態度が地域通貨の熱を下げてしまう。
- 地域通貨に関する会議は男性・夫が出席するが、実際に店を仕切っている女性・主婦の方へそこで話し合われた情報が伝わってこない。

(ⅲ) 地域通貨のコミュニティ活性化への利用
- 苫前町のボランティア活動は学校や企業(建設業)中心で、それほど盛んに行われていない。
- 有償ボランティアも高齢者のニーズはあるが、現状ではほとんど行われていない。
- 苫前町では、以前よりも減ったにしても、親戚や近所のつきあいで除雪や冠婚葬祭といった助け合いがあたりまえに行われており、ボランティアとしてあえて何かをすることは特にない。
- ボランティアでお金を支払うということについては抵抗がある。

(ⅳ) 地域通貨実験支援のための町民（諸団体）間の連携
- 同じ地区の商店同士で協力して地域通貨を使っていけるようなことにはならなかった。
- 仕事が忙しく様々な会議に出席することができず、あまり積極的に協力できなかった。
- 活発に活動している女性団体でも地域通貨に関しては面倒とのことで、利用に消極的であった。

（ⅴ）地域通貨への町の関心や反応について
- 地域通貨の使用方法について近隣の住民とのコミュニケーションがとれるようになった。
- 地域通貨講習会に参加された主婦層からは地域通貨についての話をしてもらいたいと商店主に依頼する声があった。
- 地域通貨に対する関心は薄い。
- 商店街の中では地域通過に対する温度差があった。
- 商店の主婦層のネットワークや商業部会への女性の積極参加が必要だと痛切に感じるようになった。
- 苫前町で高齢者の有償ボランティアのニーズは確かにあるが、ボランティアの恩恵を最も受ける高齢者が利用できるような地域通貨であれば、より利用されるようになる。
- 在宅介護支援センターの関係者によれば、独居老人の割合が高く、除雪や交通の便の悪さなどが生活に大きな影響を与えている。
- 家に引きこもる高齢者が多く、高齢者がコミュニケーションをとれる場所もないという状況であった。
- 高齢者が積極的に町に関わろうとする目的で「ヤルンジャー」という活動が現れていることは特筆すべきことである。園児の遠足、町内の視察、中学校の授業参観などに参加し、高齢者が積極的にコミュニケーションをとるべく自らボランティアで活動をしている。
- ボランティアに高い関心を持ち自ら実践している人たちにとって、現状の地域通貨はあくまで商業や経済中心のものでボランティア方向へ使えるものになるのかどうかわからない。

（ⅵ）地域通貨成功の基準とその鍵は何か
- 地域通貨実験成功の指標として商店街の活性化。
- 地域通貨の費用対効果を見計らう必要性がある。
- 地域外流出を食い止められるかどうかがポイント。
- コミュニティ面の充実よりも経済面の充実が鍵。
- 主婦層の参加、高齢者の参加、そして子供達の参加。

- 町内会の活動が鍵。町内会の活動資金のほとんどは募金に回っており、これを町内会活動に生かすことができる。
- 民生委員、町内会、老人会などの連携。
- 子供と高齢者をつなぐ学校の協力。

(3) フォーカス・グループ・ディスカッション

　フォーカス・グループ・ディスカッション（FGD）は、苫前町民が互いに苫前町と地域通貨流通実験についての問題点を指摘し合い、それに対する解決策を探り出すことを目的に、第1次流通実験において合計2回行われた。以下はその要約である。FGD は、コミュニティ・ドックで重視される調査研究主体や他の参加主体との討議に基づく自己反省と自己の認知・価値意識・参加意識の変容にターゲットを置いたアクションリサーチ的な研究方法であり、苫前町地域通貨の活動と流通を活性化させることを目的に試行的に導入した。

(a) 第1回 FGD

> 日時：2004年12月10日
> 場所：商工会会議室
> 参加者：以下の団体から 1-2 名参加
> 役場・社会福祉協議会、商店街(古丹別)、苫前町花木愛好会、苫前町商工会、婦人会、商工会青年部、観光協会、ＪＡ厚生病院

要約

　ディスカッションは参加者の自己紹介と地域通貨に関するコメントを述べる形式で始まった。しかし、参加者からの意見は、「商工会がまとまらなければうまくいかない」、「地域通貨を会計上どのように扱えばよいのか」といった地域通貨実験に対する疑問や批判に集中してしまった。そこで、どうすれば地域通貨はうまく行くかを問いかけてみると、婦人会から「もっと町民は町内で買物をする方がよい」、商店主から「商店街では価格では

町外に負けるけれども、サービスでその分を補うつもりだ」といった意見が出されたが、地域通貨をいかに使いやすくしていくかという建設的かつ具体的な議論にまでは発展しなかった。

また、「地域通貨のシステムが難しく、理解しづらい」との指摘が多く、中には「ボランティアよりも商業中心でやった方がわかりやすい」とする否定的な意見も出た。全般的に、まだ地域通貨へ理解は深まっておらず、その取り組み方も消極的であったと言える。

これは、この時点で地域通貨の説明会や講習会が実施されていなかったため、その仕組みや使い方に対する住民の理解不足があったということ、また、地域通貨の流通開始が11月21日と予定より一ヶ月程遅れたため、人々がまだ地域通貨の取引を行ったことがなく、イメージがわきにくいなどが理由であったと考えられる。

(b) 第2回FGD

日時：2005年2月3日

場所：公民館農村研修室

参加者：以下の団体から1名参加

　　社会福祉協議会、商工会青年部、婦人会、役場

要約

　2回目のFGDは、1月の段階において地域通貨流通があまりなされていないという現状に対処する具体的な提案等についてディスカッションをしてもらった。今回は、参加者全員が地域通貨による取引を体験しているので、前回のような基本的な疑問や理解不足は見られなかった。むしろ、地域通貨の現システムに対する問題点が具体的に指摘された。

　現状の問題点として挙げられたのは、「ポイント券を集めたり配られたりしても、それをどのように利用すればいいのか、どこで使えるのかといった情報が足りない」、「町民はポイント券を従来のニコニコシールと同じものとして認識している」など、主に現システムにおけるポイント券の仕組

みに意見が集中したが、そのなかには「ポイント券2Pを1シートに50枚貼り、それを5枚、すなわち2Pを250枚分貯まらないと使えないのは不便だ。むしろ、50枚の1シートをそのまま100P券として使えるようにしたらいい」といった建設的な提案も見られた。実際、この意見を受けて商工会はすぐにポイント券（2P）50枚の1シートを100P券としていつでも特定事業者で使えるように制度を変更した。第1次流通実験の最終段階ではあったが、自主的な提案を出発点とする制度変更がなされたのはポジティブな流れであった。

　その上で、地域通貨の運営のあり方については、「商工会だけではなく町の有志や関連諸団体も参加する運営委員会作りが望ましい」、「地域通貨を使用できるメニューとしてボランティア活動や相互扶助を充実させる必要がある」との前向きの提案がなされた。これらの意見は、次回の第2次流通実験で、諸団体のメンバーが参加する自主的な運営委員会への改組として実現した。

　また、われわれ調査研究者はポイント券の仕組みを「特定事業者は、顧客の地域通貨による購買に対してのみ、購買額の2%分のポイント券を配布する」と認識していた。しかし、このディスカッションの過程で、実際には、商店街が従来実施してきたニコニコシールと同じように現金による購買に対しても2%分のポイント券を配布していることを知った。このため、ポイント券（2P）が従来のニコニコシールを統合したシステムであることを初めて理解し、町民が当初からポイント券をニコニコシールと同じであると認識していたのはなぜかが判明した。こうして、われわれにとっても、FGDは調査研究であるとともに、自己発見、自己反省、自己啓発をうながす社会的実践のプロセスであることがわかった。

　アンケートやインタビューも受け手にとって自己反省や自己変容を促す評価プロセスの契機になりうるが、依然として研究調査の主体である研究者と客体である被験者は明確に分けられている。それに対して、FGDは、ファシリテーター（促進係）が一定のテーマを与えて討議を先導したり誘発したりすることから始めるが、やがて討議参加者の発言が相互作用して、批判的評価や創造的提言・行動的発意を生み出したりする。この意味で、

アンケートやインタビューより現実関与と協調行為の度合が強い。しかも、FGDの特徴的なところは討議参加者同士だけでなく、討議参加者とファシリテーターとの間にもそうしたダイナミックな関係が生まれるので、研究調査の主体と客体という区別は次第に消えていくところにある。そこでは、調査研究者はもはや実験の外部に位置する中立的で客観的な観察者ではなく、実験の内部に帰属し、参加者と主体的に関わり、参加者に意識的に働きかけることで討議の過程や結論に影響を与える、参与的で主体的な協同的実践者である。FGDはコミュニティ・ドックで明確になるこうした事態を強く意識させる試みであった。

　これに対して、次に見る、地域通貨の流通速度や流通ネットワークの分析は全体を上から観察するような俯瞰的な調査研究手法であり、研究者の主体的関与やアクションをむしろ捨象するような見方である。それはアンケート、インタビュー、ディスカッションといった主観的な分析からの結果を裏付けることもあるが、それだけではない。紙券流通ネットワークの分析はそれらからは必ずしもよく見えない団体、商店、地域、個人間の関係のあり方を照らし出すことで、アンケート、インタビュー、ディスカッションで必ずしも明示的に語られない問題点、たとえば、諸団体間や商店・個人、地域間の強固に存在する壁の存在を明らかにすることに役立つ。

　コミュニティ・ドックは、アンケート、インタビュー、ディスカッションと紙券流通ネットワークという一見すると水と油のように相容れないように見える、主観性と客観性が強い2つの調査分析を相互補完的に利用しながら、コミュニティを分析評価しつつ、コミュニティに助言支援していく統合的な手法である。

3-5　苫前町地域通貨の流通分析 [18]

3-5-1　流通速度について

　図表3-13は、苫前町地域通貨流通実験の主な統計データである。地域通貨券の裏面から取得した情報により、取引に参加した総主体数、一枚の紙券が何回人の手に渡った末に換金されたかを知る紙券回転数、紙券流通

第3章 苫前町地域通貨流通実験

図表 3-13 苫前町地域通貨流通実験結果
(第1次, 第2次)

流通実験期間	2004年11月22日～ 2005年2月20日(第1次)	2005年8月1日～ 2006年1月20日(第2次)
実質紙券流通期間	0.2493年	0.4740年
総換金枚数 ＝総発行枚数	2192枚 (2005/4/8 最終確定)	2970枚 (2006/2/10 最終確定)
総主体数(個人, 特定 事業者数, 諸団体)	272主体	327主体
紙券回転数		
回転数1	1764枚	1731枚
回転数2	314枚	851枚
回転数3	77枚	203枚
回転数4	37枚	95枚
回転数5	0枚	56枚
回転数6	0枚	24枚
回転数7	0枚	9枚
回転数8	0枚	1枚
紙券流通枚数	2771枚	4917枚
総取引額	1,385,500P	2,458,500P
商業取引額(全体比率)	1,294,500P (93.4%)	2,097,000P (85.3%)
平均取引額	5,093.75P(20432.21P/年)	7,518.35P(15861.50P/年)
貨幣流通速度	5.078(回／年)	3.493(回／年)

枚数、総取引額、さらに、商業取引総額と非商業取引総額が得られ、これらの情報に基づいて平均取引額と貨幣流通速度が計算された。

[18] 苫前町地域通貨流通実験の第1次、第2次の報告書（西部編著 2005、2006）では、地域通貨紙券裏の取引流通情報（図表3-13など）をもとにして流通速度や流通ネットワーク分析を行った。本論(3-5)はそこで扱わなかったベキ分布やベキ指数の分析、他の地域通貨のネットワークの事例との比較研究などを新たに加え、苫前町地域通貨の流通ネットワークをより多角的に分析する論考である。その内容は、西部（2013）に収録の吉地望・西部忠「流通ネットワーク分析から見た地域通貨—北海道苫前郡苫前町の事例—」に若干修正を加えたものである。コミュニティ・ドックが着想された苫前町地域通貨の調査概要を理解するための参考となると考え、ここに転載する。

最初に、地域通貨の経済活性化効果を測る最も簡便で重要な指標である総取引額と平均取引額を見ると、総取引額では第1次実験よりも第2次実験が 1,073,000P 増加し、平均取引額でも 2,425P 増加した。しかし実験期間が異なるので、その影響を取り除くと、平均取引額は第1次実験が年平均 20,432P、第2次実験が 15,862P となり後者が 4,570P ほど減少している。

　次に、地域通貨が円滑に流通しているかを測る概念である貨幣流通速度を見ていく。貨幣流通速度の定義は「総取引額÷貨幣発行額」である。紙券1枚が経済取引を何回も媒介している場合には、流通速度は高く、お金の流れが潤滑であるのに対し、紙券1枚が平均して経済取引を1回も媒介していないとすれば、お金の流れが停滞していると見ることができる。

　流通実験では、第1次実験の 5.1 回から、第2次実験の 3.5 回へと低下している。ちなみに現在の日本の法定通貨の貨幣流通速度（GDP/(M2+CD)）は1回を切っていることを考えると、単純な比較はできないにせよ、これらはその3～5倍に相当し、決して小さな数字ではない。

　商業取引と非商業取引の比率は、苫前町地域通貨流通実験を成功に導く方法として考案されたダブル・トライアングル方式の浸透度を見ていく上で重要な指標である。第1次実験は商業取引比率が 93.4%、第2次実験は 85.3% となり、後者で有償ボランティアなどの非商業取引が 8.1% 増加した。

　平均取引額や貨幣流通速度を見ると、第1次実験の方が第2次実験よりも経済取引は活発であったと言える[19]。一方で、非商業取引の割合は第2次実験の方が高く、ダブル・トライアングル方式の理想的な形に近づいてきたと言えよう。

　第2次実験の貨幣流通速度が第1次実験に比べて小さくなった理由として考えられるのは以下の通りである。

---

[19] 以下の①で述べるように、地域商品券型地域通貨は換金されるので、流通期間が短いほど、換金期限前の個人の駆け込み利用の効果が大きくなるが、一応そう言えるだろう。

①第2次実験は流通期間が約2倍になったので、その分できるだけ早く使おうというインセンティブが薄れた。言い換えると、地域通貨のデマレージ（滞船料）効果が小さくなったのではないか
② 2005年4月個人情報保護法の施行により、各取引に関して日時や氏名、項目等、紙券裏への記入を忌避する傾向が強くなったため、未記入が増えたのではないか。
③第2次実験では、100P（2P × 50枚のシート一枚）を直接商店等で使えるようにしたが、このため、100Pの流通が増加したと思われる（ただし、100Pの流通はデータを取らなかったので、把捉できていない）。その分、500P券の流通が低下したのではないか。
④第2次実験では、JAやセイコーマート等、地域通貨券を受取るだけで、2P券を発行しない商店も参加できるようにしたが、これらの商店は受取後直ちに換金しているので、流通速度の向上には全く寄与していないのではないか。

これらのうち、②の要因はこのネットワーク調査の結果を大きく左右するので重大である。実験中も、調査結果を精度の高いものにするために各参加者にできるだけ紙券裏に記入するよう呼びかけたが、それでも記入したくない人に対してはどうすることもできない。今後、電子マネーの導入などにより、データ補足をより正確なものにできるかどうかがこの種のネットワーク分析のカギとなる。

3-5-2　苫前町地域通貨の流通ネットワーク分析
3-5-2-1　主体間の取引関係ネットワーク

　主体間の取引関係ネットワークとは、主体間の取引関係の有無を表現したネットワークである。一般に、主体（個人、特定事業者、団体）は、商品やサービスをその他の主体と売買することによって、さまざまな商業取引や非商業取引を行っている。そこで、主体間の取引関係ネットワークでは、各主体をノードで表し、主体間の取引関係の有無（商品やサービスの売買の有無）をリンクの有無で表現する。

図表 3-14　主体間ネットワーク模式図

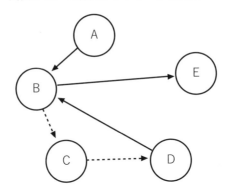

　主体間の取引関係ネットワークの例は図表 3-14 で示されている。図表 3-14 のように、A さんや B 商店をノード A やノード B として表現し、A さんや B 商店間の取引関係を、ノード A とノード B 間のリンクで表現する。このように、主体間の取引関係をネットワークとして表現することで、主体間の取引関係の構造を分析することが可能となる。なお、この苫前町地域通貨流通実験のデータベースに含まれる情報では、商品やサービスの売買の流れ（キャッシュフローの向き）が区別できるため、主体間の取引関係ネットワークは無向グラフ、有向グラフの双方を用い、状況に応じて使い分けることにする。
　主体間の取引関係ネットワークを分析し、主体間の取引関係構造が持つ特性を明らかにする。以下では、主体間の取引関係ネットワークの構造を分析するために、ネットワーク分析手法のうち、次数分布、平均経路長、クラスタリング係数に着目した解析を行う。最後に、重み付けグラフについての分布を調べる。以後、苫前町地域通貨ネットワーク（Tomamae-cho Community Currency Network）を TCCN と略記する。

3-5-2-2　次数分布（degree distribution）
　主体間の取引関係ネットワークの次数分布を見ていく。ある主体に着目したときに、その主体がどれだけの主体と取引関係を持っているかを調

べる。無向グラフで考える場合、お金の流れの向きは考慮しない。図表3-19の3列目には平均次数の項目がある。第1次実験は3人、第2次実験は4.5人となり、これは主体が平均して何人と取引関係を持っているかを示している。この数値を次数（degree）と呼び、この数値の分布を次数分布と呼ぶ。

有向グラフで考えると、次数は入次数（in-degree）と出次数（out-degree）に分けることができる。入次は取引によって何人から地域通貨を受け取ったかを、出次は何人に地域通貨を支払ったかを表す。無向グラフの次数、有向グラフの入次数と出次数のそれぞれの次数分布をとり、縦軸に累積密度確率、横軸にリンク数（取引関係数）をとったものが図表3-15〜3-18である。両軸ともに対数表示になっている（ここからはやや技術的な話をするので難しければスキップして結論だけ踏まえて、次の節に進んでもらいたい）。

TCCNの次数分布はノード数が大きくないため、縦軸に確率分布をとらずに、累積確率分布をとっている。これはサンプル数が十分大きくない分布を調べる場合に用いる手法である。本稿もそれに従った。これらの図は、ランダムに主体が取引を行った場合にネットワークの次数が生み出す正規分布とは大きく異なっている。

ここで $p(k)$ をノード数が k である確率とすると、TCCNは次の分布にほぼ従う。

$$p(k) \sim k^{-r} \qquad (1)$$

ここで r は定数であり、「ベキ指数」と呼ばれる。(1)を累積確率密度関数に変換し、$P(>k)$ として表す。

$$P(>k) \sim k^{-r+1} \qquad (2)$$

$P(>k)$ はノード数が k より大きいノードの確率である。図表3-16より次数分布のベキ数は $-r=0.848$ となっているので、$r=1.848$ となり、ほぼベキ分布に従っていると言える。第2次実験を例にとれば、ベキ分布は平均次数が4.5人であるにもかかわらず、取引関係が78のハブが2つ存在し、

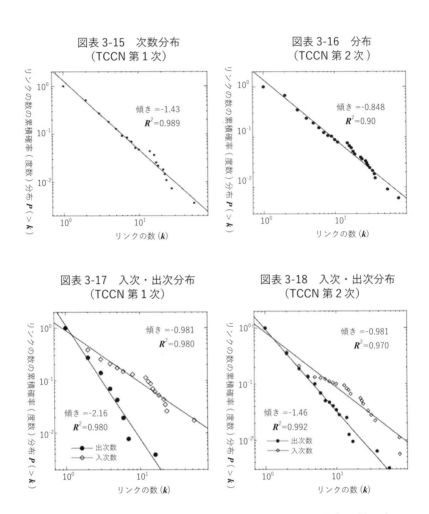

非常に大きな偏りを持つことが分かる。このようにベキ分布に従うネットワークを「スケールフリー・ネットワーク[20]」と呼ぶ。

同様にして図表 3-18 を参照し、入次と出次の分布を見ると、出次はベ

---

[20] 近年の大規模ネットワークの研究は WWW、タンパク質の代謝ネットワーク、生物の神経ネットワーク、などがベキ分布に従うことを明らかにしている（Albert and Barabasi 2002）。他にも企業の規模、所得分布、個人所得、倒産規模などもベキ分布に従うことが知られている（Zipf 1949、Axtell 2001、Fujiwara 2004）。

キ分布に従っているが、入次数分布は当てはまりがあまりよくない。しかし、図表 3-17 の第 1 次実験はベキ分布の当てはまりが悪くはなく、入次数分布もベキ分布に近い分布になることが分かった。入次、出次ともにベキ分布に従うとしたときに、その傾きは出次の分布が急で、入次はそれに比べ緩やかである。この傾向は第 1 次実験から第 2 次実験を通じ一貫しており、さらに月別分割データで分布を調べても同様である。入次数分布の緩やかな傾きは、入次数の上位は特定事業者が占めており、上位者と下位者の格差が大きいことに起因する。一方、地域通貨の支払いリンク数である出次数は特定事業者以外の個人がベースとなるために格差が小さく、傾きが急となっている。特定事業者間格差が縮小すれば入次数の勾配は急になり、特定事業者以外の個人間格差が広がれば出次数の勾配は緩やかになる。第 1 次実験と第 2 次実験を比較すると、入次数に関しての格差はほぼ同一であるが、出次数に関する個人間格差は第 2 次実験の方が拡大し、地域通貨への取組が熱心な個人とそれ以外の個人とに二極化が始まっている。

　ここでの結論として、TCCN の主体間取引ネットワークは次数分布、入次数・出次数分布それぞれにスケールフリー構造を持ち、第 1 次実験と第 2 次実験を比較すると特定事業者以外の個人の支払リンク数の格差は第 2 次実験の方が拡大した。

3-5-2-3　平均経路長（average path length）

　あるノードからリンクしている別のノードへの最短距離を見つけ、何リンクで別のノードに到達できるか調べたものが経路長である。この経路長を接続する全てのノードに対して計算し、合算したものを総ノード数で割ったものが平均経路長である。

　ノード数を N とすると次式で定義される。

$$l = \frac{1}{N} \sum_{l \geq j} l_{ij}$$

ここで l_{ij} はノード i からノード j への最短経路の長さである。

　ノード数 N、平均次数を $\bar{k}$ とすればランダムネットワークの平均距離

l_{rand} は、

$$l_{rand} \sim \frac{\ln N}{\ln \bar{k}}$$

となる。図表 3-19 の 5 列目より第 1 次実験が 4.4、第 2 次実験が 3.2 となり、平均経路長は短くなっている。括弧内のランダムネットワークの数値と比較すると第 1 次実験が 5.1、第 2 次実験が 3.9 となり、TCCN がランダムネットワークと同程度の平均経路長を持つことが分かる。第 1 次実験と比較し、第 2 次実験の平均経路長が短くなっている理由としては、ノード数の増加率に比べ平均次数の増加率が高かったことがあげられる。第 2 次実験は実施期間が長かったため、地域通貨取引が浸透したことがその一因であろう。

3-5-2-4 クラスタリング係数 (clustering coefficient)

クラスタリング係数（無向グラフ）は主体間取引がどの程度クラスタ構造（かたまり）を持っているかを示す指標である。

C_i はノード i の個別のクラスタリング係数であり、次式で与えられる。

$$C_i = \frac{2e_i}{k_i(k_i-1)}$$

k_i はノード i の次数である。e_i はノード i に隣接するノード間の実際のリンク数である。

ネットワーク全体のクラスタリング係数 C は次式で与えられる。

$$C = \frac{1}{N}\sum_{i=1}^{N} C_i$$

ノード数 N、平均次数 $\bar{k}$ とすれば、ランダムネットワークのクラスタリング係数 C_{rand} は

$$C_{rand} = \frac{\bar{k}}{N}$$

となる。

図表 3-19 の 4 列目より第 1 次実験は 0.2、第 2 次実験は 0.35 となり、全体のクラスタリング係数は大きくなっている。ランダムネットワークと

第 3 章　苫前町地域通貨流通実験

図表 3-19　苫前町地域通貨ネットワーク (TCCN) の特性

	ノード数	平均次数	クラスタ係数	平均経路長
TCCN(第 1 次)	272	3	0.204(0.011)	4.41　(5.1)
TCCN(第 2 次)	327	4.46	0.349(0.014)	3.21　(3.87)
LETS-Q	287	12.25	0.494(0.043)	2.898(2.26)
E.Coli	282	7.35	0.32　(0.026)	2.9　(3.049)
C.Elegans	282	14	0.28　(0.05)	2.65　(2.25)

(　) 内は実ネットワークと同じノード数と平均次数によって計算されたランダムグラフの数値

比較した場合、一桁大きな数値となっており、明らかにクラスタ構造を有している。クラスリング係数の増大は、平均経路長の場合と同じく、実施期間が長くなったことに起因すると思われる。

　TCCN は平均経路長とクラスタリング係数よりスモールワールドネットワーク（Watts and Strogatz 1998）の特徴を持つことが示された。スモールワールドネットワークはランダムネットワークと同じような短い平均経路長とランダムネットワークと比較して高いクラスタ係数という特徴を持ち、自然界には多数存在することが分かっている。参考までに、図表 3-19 に 2 例を載せた。一つは *C. Elegans* という線虫で、その神経ネットワークの例である。もう一つは *E. Coli* である。これは大腸菌の一種で、その代謝ネットワークの例である。TCCN 同様にランダムネットワークと近い平均経路長とかけ離れて大きなクラスタ係数を持つ。また 3 行目に載せた Virtual Community 通貨である LETS-Q[21] のネットワークは、これらの自然界のネットワークと高い類似性を持つ。第 1 次実験についての研究論文（吉地・西部 2006、Kichiji and Nishibe 2008）では、TCCN を他のネットワークと比較した結果、平均次数が小さいことからネットワークの成長段階にあり、取引が継続されれば、LETS-Q のようなネットワークに成長すると予想した。第 2 次実験では予想通り平均次数は上昇し、クラスタリング係数も上昇し LETS-Q に近づいた。しかし平均次数などは

---

[21]　LETS-Q は 2001 年 11 月に創始された、LETS から進化した Virtual Community 通貨であり、地理的な地域ではなくネット空間上の意味的・関心的な「地域」で流通するネットワーク型電子マネーである。西部は元代表である。

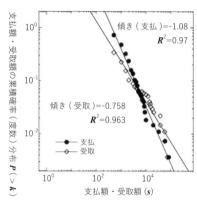

図表 3-20　支払・受取額分布
（TCCN 第 1 次）

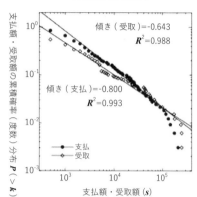

図表 3-21　支払・受取額分布
（TCCN 第 2 次）

まだかなり大きな開きがある。LETS-Q はインターネット上で取引可能なため、取引が容易なのに対して、TCCN は広大な地理的特性が少なからず取引に負の影響を与えていると考えられる。この点の詳しい分析は拙稿（吉地・栗田・丹田・西部 2007）を参照してほしい。

3-5-2-5　重み付けグラフ

　TCCN のネットワークは有向グラフであるのみならず、リンクごとに取引金額を持つ重み付けグラフでもある。そこで入次数を受取金額に、出次数を支払金額に置き換えて分布を調べた。次数分布と比べると、ベキ分布の当てはまりが良い。ベキ指数は第 1 次実験と第 2 次実験を通じて 1.65 〜 2.1 の範囲にある。支払の傾きが受取の傾きよりも急なのは出次・入次の時と同様である。

　本節での結論は TCCN の主体間取引における支払額・受取額の分布はスケールフリー構造を持ち、第 1 次実験と第 2 次実験を比較すると、第 2 次実験の方が支払側も受取側も格差が広がっていることである。出次数・入次数分布で見た場合、入次数では格差に違いがなかったにもかかわらず、金額で見ると受取額格差が広がっているのは、関係先が変わらずに一部の取引先との取引金額が増大した結果であり、実施期間が長くなるにつ

図表 3-22　ベキ指数比と地域通貨流通速度

	ベキ指数比 （支払／受取）	ベキ指数比 （出次／入次）	取引金額	流通速度 （回／月）
第 1 次実験				
04/12 月末	0.935	1.416	692,000P	1.179
05/1 月末	1.583	2.143	148,500P	0.514
05/2 月末	1.421	2.100	531,500P	0.821
第 2 次実験				
05/8 月末	1.156	1.172	222,500P	1.357
05/9 月末	1.383	1.148	232,000P	0.869
05/10 月末	1.367	1.140	339,500P	0.845
05/11 月末	1.936	1.576	184,000P	0.380
05/12 月末	1.051	1.102	1,095,000P	1.109
06/1 月末	2.131	1.683	385,500P	0.445

れて一部の取引先との取引額が相対的に拡大したことに起因すると考えられる。

3-5-2-6　ベキ指数比と貨幣流通速度

図表 3-22 に示された入次数（受取額）と出次数（支払額）のベキ指数の比は、地域通貨の流れの一つの指標になりうるかもしれない。この値が 1 に近づく場合に流れが潤滑になる（流量が最大になる）。なぜならば自然界のネットワークでは入次数と出次数のベキ指数がほぼ一致しているからである[22]。

TCCN では入次数（受取額）と出次数（支払額）のベキ指数に時に 2 倍ほどの大きさの違いが見られる。これは、まだ受取と支払の非対称性が大きすぎて地域通貨が流れにくい状態であるからではないかと考えた。そこで、月別の地域通貨流通速度を計算し、ベキ指数比との相関を調べた。表のように、ベキ指数比が 1 に近いほど月ベースの貨幣流通速度が大きい

---

[22] WWW の入次数のベキ指数は出次数のベキ指数よりも大きな値を持っている。これに対し有機体組織ネットワークである線虫（*C. Elegans*）のネットワークでは入次数と出次数のベキ指数は一致している（Albert and Barabasi 2002）。

図表 3-23　ネットワーク集中度と取引金額

第1次実験			
	入次集中度	出次集中度	取引金額
04/12 月末	8.29%	3.71%	692,000P
05/1 月末	4.72%	1.75%	148,500P
05/2 月末	11.07%	2.21%	531,500P
第2次実験			
05/8 月末	2.70%	2.70%	222,500P
05/9 月末	3.90%	2.66%	232,000P
05/10 月末	6.06%	2.98%	339,500P
05/11 月末	4.53%	2.07%	184,000P
05/12 月末	13.49%	16.28%	1,095,000P
06/1 月末	5.10%	2.02%	385,500P

傾向があることがわかった。

3-5-2-7　ネットワーク中心化傾向の変化と地域通貨流の変化

　TCCN の中心化傾向（集中度）を見ると、中心化傾向が上昇した場合に地域通貨流通量（取引金額）が上昇し、中心化傾向が下落した場合に地域通貨流通量が減少する傾向がある。これは流入・流出の双方に当てはまる。図表 3-23 は地域通貨取引が増えるときは流入・流出ともに急速に偏りが生じ、その後偏りを解消するようにゆっくりと通貨が流れることを示している。これは支払、受取双方においてハブ的な役割を果たす主体の存在により、経済取引が大きくなることを示唆している。入次と出次に関する次数中心性に基づく中心化傾向の計算は（金光 2003）を参照のこと。計算は Ucinet 6.0 によって行われた。

3-5-2-8　地区間の取引関係ネットワーク

　地区間の取引関係ネットワークとは、地区間の取引（商品やサービスの売買）の方向と量を表現したものである。苫前町の場合 18 の字別地籍に分割され、有人地区は 17 ある。地区間の取引関係ネットワークでは、各地区をノードで表し、地区間の取引関係の量をリンクの有無で表現する。

図中のリンクの太さは取引量の多寡を示す。

図表 3-24、3-25 が苫前町地域通貨流通実験の第 1 次実験と第 2 次実験における地区間の取引ネットワークである。またこれらは地区間距離を反映する形でノードを配置したネットワーク図になっている。

地区間距離が 10km 以上離れている地区も珍しくはない。商店で買い物ができる地区は苫前地区、古丹別地区、三渓地区に限られていることから、これ以外の地区同士の取引は非商業取引となるが、ボランティアを行う上で移動距離は大きな障害となるため、現実には地区内取引が多くなり地区間取引だけでは詳細を把握することができない。この場合は主体間取引と合わせて分析することが必要となる。

図表 3-24 と図表 3-25 を比較してみると、お金の流れの変化が直感的に見て取れる。第 1 次実験から第 2 次実験への最も大きな変化は、二大商業地区である苫前地区と古丹別地区の間に旭地区が入り、取引量が増大していることである。旭地区には苫前町役場があり、その中に社会福祉協議会が入っている。第 2 次実験では旭地区にある共同募金会（社会福祉協議会と関わりがある）が苫前地区や古丹別地区でボランティア活動を行ったために第 1 次実験には見られない三極構造が表れたと見られる。

3-6　コミュニティへのフィードバックとコミュニティ・ドックの考え方

図表 3-4 のように、苫前町地域通貨流通実験は第 1 次実験（2004 年 11 月〜 2005 年 2 月）と第 2 次実験（2005 年 8 月〜 2006 年 2 月）が行われた。私たち研究調査チームは、第 1 次実験時にアンケート調査を事前・最中・事後の 3 回、フォーカス・グループ・ディスカッション（FGD）を 2 回、インタビュー調査を 4 回、地域通貨流通ネットワーク分析を 1 回行った。また、第 2 次実験時にアンケート調査を事前・最中・事後の 3 回、インタビュー調査を 2 回、地域通貨ワークショップを 1 回、地域通貨流通ネットワーク分析を 1 回行った。また、第 1 次流通実験開始直後に地域通貨講習会を開催して、地域通貨を使った子供向けのレクリエーションを行っ

図表 3-24　TCCN 第 1 次実験地区別グラフ

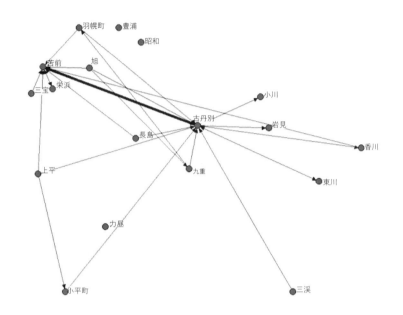

ている。

　これらの調査結果はすべて第 1 次、第 2 次の地域通貨流通実験後に調査報告書としてとりまとめて公表し、関係主要団体に配布した。第 1 次流通実験後、地域通貨の利用者であり、コミュニティ・ドックの主体である苫前町住民にもっと積極的にフィードバックする必要を感じ、主催者である商工会側に商工会発行広報誌に掲載するよう依頼した結果、広報用チラシが配布された。

　インタビューは、面接者(インタビュアー)が面接相手(インタビュイー)に地域の問題や地域通貨の利用状況、利用のためのアイディアなどを聞いてその答えを聴取した。われわれ調査研究者はインタビューにより相手の認識している事実、価値や意識、考え方などについての必要な情報を得た。質問を通じて地域の現状や未来に注意を向けさせたり、地域の問題を分析させたり、地域通貨の活用法を考えさせたりする。したがって、イン

図表 3-25　TCCN 第 2 次実験地区別グラフ

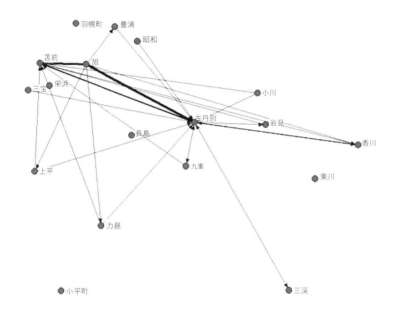

タビュー自体がある面では相手への働きかけ、方向付けを含むアクションリサーチにもなっていた。すでに述べたように、地域の各団体の有力メンバーなどへのインタビューを通じて、地域の問題の中にも、人口減少、少子高齢化、過疎化、若者の流出、所得・雇用の減少といった問題は広く共通に認識されているものと、商業的衰退、コミュニティや相互扶助のような経済的・社会的問題のようにそうでないものがあることがわかった。そして、後者の問題は、面接相手が置かれている職業や団体における役割や地位の違いが色濃く反映していることがわかった。婦人会であれば、女性・母親の立場から問題を眺めており、社会福祉協議会ならば、地域通貨より円による有償ボランティアを支持するなどである。インタビューを通じて感じさせられたのは、そうした視点の違いを統合して何らかの公共性や共同性をあえて築こうとすれば、そうした違いは関心や利害の対立や抗争として現れる可能性を秘めているのではないかということであった。そ

して、地域通貨がメディア（媒体）としてそうした関心や利害を対立させずに、調和ないし調停する力を発揮できるとすれば、それは、理性的討議に基づく判断ではなく、活動参加を通じた価値意識の変容によると考えるようになった。このことが、コミュニティ・ドックにおける参加者の価値意識の変容を通じた制度特性の変化という、重要な契機に注目するきっかけとなっている。

　このことに関連して、フォーカス・グループ・ディスカッション（FGD）を2回とも第1次実験最中に実施したのは、アクションリサーチとしてのねらいがあったからである。第1次実験では地域通貨がまだ町民から十分に認知も理解もされていないであろうから、主要団体の代表に集まってもらって、地域通貨の問題点を話し合い、それについての解決法を自由に討議してもらうならば、そのことが、地域通貨運営への参加や地域通貨の利用を促し、地域通貨の流通活発化や参加者の価値意識の変容につながるであろうという意図があった。

　第1回目のFGDでは、地域通貨の流通実験が始まってまもなくということもあり、主としてシステムや取組について疑問点の提示や問題点の指摘がなされただけだった。だが、第2回目のFGDでは、地域通貨の使用に慣れたからだと思われるが、町民や諸団体メンバーが地域通貨の運営委員会に参加するのが望ましい、ボランティアや相互扶助を充実させる必要があるなど、運営や活動を活発化させるための前向きな意見が多く出された。第1次実験の第1回アンケート調査結果は、第1回FGDの時にパワーポイントを使って参加者たちに報告された。少なくとも、これにより、参加者が地域通貨に質問や疑問を持つきっかけは与えられたであろう。このように、参加者が次第に積極的な参加意識を持ってくれたことで、FGDの当初の意図はある程度達成された。第2次実験時には、高齢者による「ヤルンジャー」と称するボランティア集団が活発に活動するなどの地域通貨の導入によるポジティブな影響も見られ、ボランティアが徐々に広がっていく印象を持った。第2次実験前に、西部が放送大学講義で苫前町地域通貨を取り上げるために運営者や参加者にインタビューを行ったことも一定の刺激を与えたと考えられる。このように、われわれ調査研究者からの地

域へのフィードバックは十分とは言えないにせよ、一定の成果を上げた。

　苫前町商工会会長は当時、2回の地域通貨流通実験から一定の手応えを感じたので、地域通貨の第3回以降の流通実験を継続ないし本実施に移行する意向だと語っていた。また、当時の商工会指導員も、運営委員会をさらにNPOとして商工会からもう少し独立した形での再出発を目指すとしていた。ところが、その後、実験継続や本実施は果たされなかった。その理由としては、商工会からは会長の病状悪化や市町村合併交渉が出てきたことなどの説明がなされた。実験継続のための助成金の獲得ができず、独自財源の確保が困難であること、商工会職員にかかる運営の実質的負担が重かったことも理由としてあげられるかもしれない。どのような理由にせよ、苫前町地域通貨の本稼働と長期的継続は果たされなかったため、コミュニティ・ドックで想定されていた、参加者の自己評価、自己変容やコミュニティを主体とする自発的な地域づくりは萌芽的可能性に止まった。

　第1次、第2次の実験とも終了後に回収した紙券裏のデータをもとに流通速度の計算やネットワーク分析を行った。分析結果から、苫前と古丹別という2大商店街の特定の店で集中的に使われていること、ボランティアを通じた複数回流通はそれほど多くないことは、商工会を初めとする運営委員会のメンバーにたいして口頭で伝えた。というのも、その内容を理解するには相当の専門知識が必要であり、住民に対してもっとわかりやすく伝える必要があると感じたからであった。報告書の地域通貨流通ネットワーク分析は、他にもいくつかの有用な分析結果を示したものの、そこで使われている概念や用語は専門的なので、分析結果の含意を一般住民が理解するのは容易ではなかったと思われる。住民や参加者へのフィードバックとしては、専門的な用語を使わず、分析結果の説明をわかりやすく伝えるための努力がもっと必要であったかもしれない。たとえば、本章にある「入次（受取）と出次（支払）のベキ指数比が1に近いほど月ベースの貨幣流通速度が大きい」のような説明は学術的であり、一般市民には理解しがたいはずである。これを「受取と支払における取引相手数ないし取引金額がバランスしているほど貨幣流通が円滑になり、取引が活発になる」というようにかみくだいた説明にして解説する方がいいだろう。

このように、各流通実験時に相当数のアンケートとインタビューによる調査を行い、随時、運営側に調査結果を伝え、必要と思われるアドバイスを行った。苫前町の調査研究ではまだコミュニティ・ドックの系統的な実施には至っておらず、住民意識アンケートに見られる主観的な地域状況の問題把握と自治体等が把握している地域の基礎データによる客観的事態との比較や、住民自身による取組評価まで行うことはできなかった。当時はまだコミュニティ・ドックの概念や調査分析手法が明確に意識されておらず、調査分析のフォーマットや分析手続きも定型化されていなかったからである。この点が後の韮崎市・北杜市のアクアでの調査研究との違いである。

　とはいえ、事前、最中、事後のインタビュー、アンケート、ディスカッションの主観的分析と事後の紙券流通に関する客観的分析が二本の柱となる調査分析手法の枠組みはすでに固まっていた。実験中には前者を中心に調査研究は進められるが、実験後には後者も得られ、両者を相互補完的に使うことで地域コミュニティの実態把握や評価へ利用できた。電子マネーを地域通貨に導入すれば、こうした流通データもリアルタイムで得られ、客観的流通分析が実験の最中から行えるはずだが、現実にはすでに説明した種々の条件があり、簡単には実現しない。

　この実験を通して、われわれが学んだのは、参加者の地域通貨に対する認知、理解、参加意識がこうした実験がうまくいくかどうかの鍵であるということである。そして、そうした部分の変容を引き起こすべく、われわれ調査研究者と運営者が共同で参加者である町民に働きかけていくことが、参加者へのフィードバックや制度変更にもつながることも理解された。こうして、苫前町地域通貨流通実験よりコミュニティ・ドックの発想が生まれたのである。

●第4章

韮崎市・北杜市地域通貨「アクア」[23]

4-1 地域通貨を活用するコミュニティ・ドック実施に至る経緯

　本章の目的は、進化主義的制度設計アプローチによるメディア・デザインとコミュニティ・ドックという実践的政策手法に基づいて、韮崎市・北杜市の地域通貨「アクア」に関する実証研究を行い、アクアの効果や意義を明らかにすることにある。

　コミュニティ・ドックは、研究者と当事主体の協働関係の構築が非常に重要なので、まずここでは、実施に至る経緯について説明しておこう。2009年9月に韮崎市・北杜市を活動拠点とする韮崎青年会議所（以下、韮崎JC）のメンバーより西部のもとへ、「韮崎市で地域通貨を発行したいので、アドバイザーを依頼したい」というメールがあった。その後、西部と韮崎JCメンバーが北大で会合を持ち、西部が韮崎JCに対して地域通貨について講演を行った。その時、「アクア」発行に伴うメディア・デザインとコミュニティ・ドックを実施するための同意がなされた。さらに、西部、草郷、栗田、宮﨑が韮崎JCを訪問し、コミュニティ・ドックについて説明し、その中身について話し合うなど準備がなされた。その過程で、われわれは「アクア」の発行者である韮崎JCに対して、地域通貨の導入

---

[23] 本論考は、西部・栗田・宮﨑・吉地・草郷 (2012) の題名と章節構成を変え、本文も若干修正して転載するものであり、2010年度全労済協会公募委託調査研究の成果である。

による経済やコミュニティの活性効果を測定することの意義を説明し、理解と同意が得られたので、紙券裏面に氏名、日時、用途先等の取引データを記載する欄を作成するよう依頼するとともに、利用者に取引データの記載を呼びかけるようお願いした。こうして得られた流通経路データを使用して、流通速度の測定や流通ネットワーク分析を行うことが可能になった。それと同時に、「アクア」発行の事前と事後にアンケート調査（住民意識の変化、地域通貨に対する認知度の変化、通貨の利用状況等）を実施することにも同意してもらい、ご協力をいただくことになった。こうした経緯でコミュニティ・ドックが開始されることとなった。これらの調査分析の結果について、以下で説明する。

4-2　韮崎市・北杜市と地域通貨「アクア」について

　はじめに、「アクア」流通実験の対象地域である山梨県韮崎市と北杜市の現状を簡単に紹介し、次に韮崎青年会議所が発行する地域通貨「アクア」の意義や特徴とその仕組みについて説明する。

4-2-1　韮崎市の現状

　韮崎市は、かつて甲州街道の宿場町として栄えた歴史があり、現在では桜の名所としても有名である。1889 年（明治 22 年）に市町村制が施行され、周辺地域の合併を繰り返した後、1954 年（昭和 29 年）に韮崎市が誕生した。2011 年（平成 23 年）12 月現在、総人口は 31,717 人、うち男性 15,757 人、女性 15,960 人、男女比率は男性 49.7％、女性 50.3％である。また、山梨県の「高齢者福祉基礎調査」によれば、2011 年 4 月 1 日現在、韮崎市の高齢化比率は 22.5％と全国平均レベルである。

　図表 4-1 の人口推移を見てみると、当初は減少傾向であったが、現在では韮崎市の誕生当時とほぼ同じ水準まで回復している。さらに、産業別の就業人口を見ると、第 1 次産業 2,059 人、第 2 次産業 6,125 人、第 3 次産業 8,508 人であり、第 3 次産業が中心であるものの、第 2 次産業が他の地域に比べて高い割合を示している（2005 年度「国勢調査」）。ここ 20 年の

第 4 章　韮崎市・北杜市地域通貨「アクア」

図表 4-1　韮崎市における人口の推移

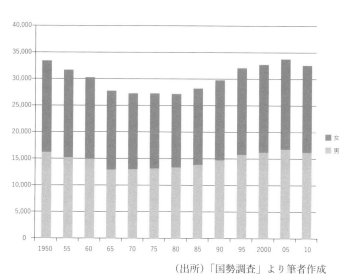

(出所)「国勢調査」より筆者作成

図表 4-2　韮崎市における産業別就業者数の推移

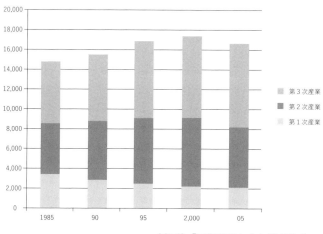

(出所)「国勢調査」より筆者作成

161

推移を見ても明らかなように、産業構造の転換が進み、第1次産業が減少傾向にあり、一方で第2次産業と第3次産業が増加傾向にある（図表4-2)。

4-2-2　北杜市の現状

　北杜市は、韮崎市と同様に山梨県の北西に位置し、八ヶ岳や南アルプスなど日本を代表する山岳地帯に囲まれた地域で、豊富な水資源があり、リゾート地としても有名な地域である。平成の大合併により、2004年11月に、峡北地域の明野村、須玉町、高根町、長坂町、大泉村、白州町、武川村の7町村が合併し、北杜市が誕生した。その後、2006年3月には小淵沢町とも合併し、現在に至っている。北杜市の総人口は、48,952人、うち男性23,996人、女性24,956人、男女比率は、男性49%、女性51%である。また、高齢化比率は29.9%であり、県内でも高い割合を示している（2011年4月1日現在「高齢者福祉基礎調査」)。図表4-3の人口推移を見てみると、1980年代にかけてわずかに減少傾向が続いていたが、その後は増加傾向に転じている。さらに、産業別就業人口を見ると、第1次産業5,221人、第2次産業7,029人、第3次産業13,798人となっており、韮崎市同様に第3次産業が中心である。ここ15年の推移を見ると、やや第1次産業と第2次産業が減少傾向にあり、第3次産業が増加傾向にある（図表4-4)。

4-2-3　地域通貨「アクア」の導入背景

　本流通実験は、社団法人韮崎青年会議所の40周年記念事業として実施された。地域通貨の名称は「アクア」で、525アクア＝525円相当である。「アクア」という名称は生命の源である水資源の大切さを意識して名付けられ、地球環境の大切さと主催者側の環境ボランティアへの取り組み姿勢を表すメッセージ性が込められた。地域通貨の発行と運営は、韮崎青年会議所内の地域通貨「アクア」実行委員会が主体となっている。図表4-5の広報用チラシによれば、「アクア」発行の目的は、「地域通貨発行により、地域の商店街や住民との交流を促進し、環境ボランティアを通じて仲間づくりや

第 4 章　韮崎市・北杜市地域通貨「アクア」

図表 4-3　北杜市における人口推移

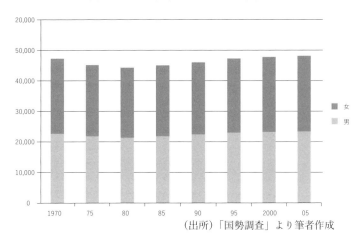

(出所)「国勢調査」より筆者作成

図表 4-4　北杜市における産業別就業者数の推移

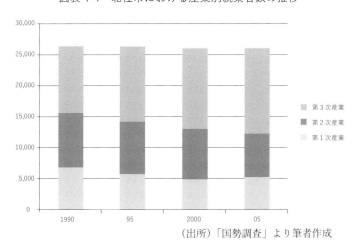

(出所)「国勢調査」より筆者作成

地域コミュニティーの活性化を目的としています。また、環境保護や商店街の活性化という共同の目的により共同意識が芽生え、社会貢献活動の促進としても期待されています。」と説明されており、環境保全と商店街の

図表 4-5　広報用チラシ

活性化を同時達成することをねらいとしている。
　アースデイマネーやアトム通貨など自然環境保護活動に貢献した人々に地域通貨を配布し、それが地域商店街で利用されるケースは数多く見られ

た。今回の流通実験では、韮崎市と北杜市で環境保全活動を積極的に推進する市民団体が中心となり、ボランティア活動の参加者に「アクア」を配布し、受け取った人々が地元商店街などで地域通貨を利用することができた。例えば、「バイオディーゼル燃料を考える会」がひまわりの種まきや草刈りなどのボランティア活動を実施した際に参加者に「アクア」を配布している。その他、NPO法人「森造」が主催する植樹とマイ箸づくりのイベント参加者に「アクア」が配布された。また、環境ボランティア以外にも、2010年10月30日の「八ヶ岳アートフェスティバル」会場内にて、「アクア」が利用された。

4-2-4 地域通貨「アクア」の仕組み

「アクア」は複数回流通型地域商品券（あるいは、地域商品券型地域通貨）として発行された。地域通貨券は525アクアの1種類のみであり、韮崎市青年会議所が発行と管理運営を行っている。図表4-5に示すように「アクア」はボランティア活動の対価として渡され、特定事業者や個人の間を流通し最後に換金される。「アクア」の流通における最大の特徴は、流通範囲が2つの行政区域をまたがっている点にある。韮崎青年会議所は韮崎市と北杜市の事業者が会員となっており、結果として、2つの自治体間で「アクア」が流通することになった。これまで、1つの市町村や商店街などにおいて流通する地域通貨は見られたが、行政区域を結びつけ発行されるタイプは非常に珍しい。また、「アクア」にはプレミアムが付いている点にも特徴がある。商店や環境ボランティア団体などが「アクア」を購入する場合、5％のプレミアムが付与されている。商店や環境ボランティア団体は500円を支払い、525アクア券（525円相当）を入手することができる。しかし、一般市民は、500円でアクア券を購入することはできない。彼らは、環境ボランティア団体や韮崎青年会議所の実施するイベント活動などに参加することで、「アクア」を受け取り、韮崎市や北杜市の「アクア」加盟店で財・サービスの購入時に利用することができる。

地域通貨のデザインは、図表4-6の通りである。表側には、額面価値とアクアのイメージキャラクター（水滴の形）、韮崎市のキャラクター（カ

エル"ニーラ")、そして、北杜市のシンボル(北を形作る二人の人)の三者が手をつなぎ合わせる姿が描写されている。地域通貨券の裏側には、受領者が受け取った日付、氏名、利用方法を記載する(5人まで記載可)。そして、期限を過ぎた後、償還期間内であれば、現金と交換することができた。今回の流通実験では、換金手数料は5%なので、525アクア券1枚を換金する場合には、500円の現金を受け取ることができる。

4-3 地域通貨「アクア」の流通ネットワーク分析

　ここでは、「アクア」の紙券の裏面に記載されたデータに基づいて、流通ネットワークの特性を客観的かつ定量的に分析する。地域通貨アクアに関するネットワーク分析を行うに当たり、その限界について言及しておく。今回の流通実験にあたっては、通貨券の裏書きの精度が低いことや、換金された特定事業者が特定できないケースが大部分であるなどのデータ制約があり、十分な分析を行うことが難しかった。特に、通貨券を入手した人を特定しにくい裏書き面の説明となっており、裏書きが最低2主体分なければ構築できないネットワークデータの構築に当たっては大きな障害となった。そこで、裏書きが1主体分しかない通貨券のデータは無視し、ネットワーク分析を行った。しかし、それでは全体像を見誤る可能性があるので、裏書きが1主体分しかないケースも、ネットワーク以外の分析には含めることとした。

4-3-1 流通速度の計算

　最初に通貨券の取引金額と流通速度について考察する。「アクア」の流通実験の概要は図表4-7の通りである。額面525アクア(525円相当)の地域通貨アクアの総発行枚数は1,627枚、総換金枚数は1,431枚であることが確認されている。従って総発行額は854,175アクア(= 1627 × 525アクア)になる。裏に取引データが無記載の通貨券も含めると、総取引

第 4 章 韮崎市・北杜市地域通貨「アクア」

図表 4-6 アクアの紙券

図表 4-7 「アクア」流通実験の概要

1．実施期間	2010 年 9 月 1 日から 2011 年 2 月 28 日まで
2．償還期間	2011 年 3 月 1 日から 2011 年 12 月 31 日まで
3．取引参加主体	67 主体（商店：56 主体，諸団体：11 主体）
4．総発行額	854,175 アクア（単位 1 アクア＝ 1 円）
5．総発行枚数	1,627 枚
6．総紙券流通枚数	2,360 枚
7．総取引額	1,210,650 アクア
8．総換金枚数	1,431 枚
9．換金率	87.95%
10．主催	社団法人韮崎青年会議所

額は 1,210,650 アクア (= 2306 × 525 アクア) である[24]。また、換金額は 751,275 アクア (= 1431 × 525 アクア) となっており、全体の 87.95% である。

各紙券の裏に取引データ（受取日、受取った人、利用方法）が記載されている。その取引データの数は各紙券が延べ何回使われたかという回転数を表している。回転数ごとに紙券枚数を調べたものが図表 4-8 である。

右表から、全紙券が延べ何回転したかを計算すれば、1 × 912 + 2 × 293 + 3 × 129 + 4 × 65 + 5 × 31 + 6 × 1 = 2306 回転となる。これを、総取引額に直すと 1,210,650 アクア (= 2306 × 525 アクア) となる。

地域通貨の経済効果を計る物差しとして流通速度を計算することができる。流通速度は実施期間中の総取引額を総発行額で除したものであり、一定期間に一枚の紙券が何回転したかを表す。それは、今回の実施期間である 181 日間では、1.41733 (= 1,210,650/854,175) である。これを 1 年 365 日間の流通速度に換算するために、(365/181) を掛けると、1 年あたりの流通速度が得られる。それは、2.85816 (= 1.4173 × (365/181)) である（図表 4-9）。

これは、法定通貨の流通速度よりはかなり高い。しかし、3-1-4 で見たように、北海道苫前町地域通貨流通実験における流通速度 5.078 回／年（第 1 次）、3.493 回／年（第 2 次）のいずれよりも低い。ただし、ここで利用した総取引額は最も低い見積額であり、記載されていない取引データが多ければ多いほど総取引額は増えるので、実際には流通速度はより大きいと考えられる。

4-3-2　流通ネットワークの構造特性

次にネットワーク分析を行う。参加主体の総数は 75 主体で、商店が中心となり個人も少数であるが含まれている。一紙券あたり 2 つ以上の取引データがなければ、ネットワークを構成できないので、そうした紙券を削除した結果、ネットワークのノード（結節点）となる主体は 32 となっ

---

[24] すべての取引データが記載されているわけではないので、この総取引額は最も低く見積もった額である。

第 4 章　韮崎市・北杜市地域通貨「アクア」

図表 4-8　アクアの回転数

回転数	1	2	3	4	5	6
紙券枚数	912[25]	293	129	65	31	1

図表 4-9　アクアの流通速度

期　間	181 日間	1 年（365 日間）
地域通貨の流通速度	1.41733	2.85816

た[26]。32 主体がどのようなネットワークを構成しているかを、地理的情報を反映させた形でグラフ化したものが図表 4-10 である。

この図で、リンクの太さは取引量の大きさを表している。K-core[27] の手法を用いて K=3 の主要なリンクを分かりやすく表示したものが図表 4-11 である。

図表 4-11 のネットワークは、アクアの発行・運営主体である韮崎 JC を含み、スーパーエブリ、金精軒と小野潔商店が特に重要なハブの役割を果たしていることが視覚的に確認できる。また、韮崎市と北杜市は地理的に広域の流通エリアであるにもかかわらず、広域でリンクの太いネットワークが構成されている点に特徴を持つことがわかる。

次に、ネットワーク統計量でアクアの流通ネットワークの特性を見ていく。アクアを含む各種の地域通貨について、ノード数（主体数）、平均次数、クラスタ係数、平均経路長を記入したのが図表 4-12 である。なお、クラスタ係数と平均経路長の後ろの括弧内の数値は、同じノード数と平均次数を持つ場合のランダムネットワークの数値である。

図表 4-12 より、アクアは他の地域通貨と比べるとノード数が極端に小

---

[25]　裏に取引データが無記載の紙券が含まれている。
[26]　ネットワーク分析では 1 回転の通貨券 912 枚を無視している。これは全体の 39.5%にあたる。
[27]　Seidman (1983) と Bollobas (1984) により視覚的に複雑なグラフの単純化のために開発された手法。それぞれのノードが少なくとも K 個の他の点と隣接するような最大サブ・グラフを指す。

図表 4-10 アクアの流通ネットワークグラフ

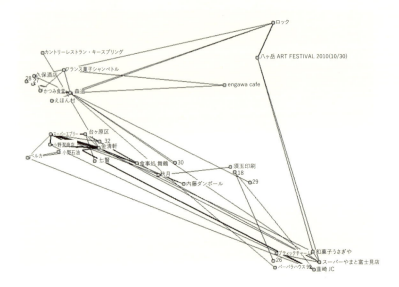

図表 4-11 アクアの流通ネットワーク
（3 次の K-core によって作成されたグラフ）

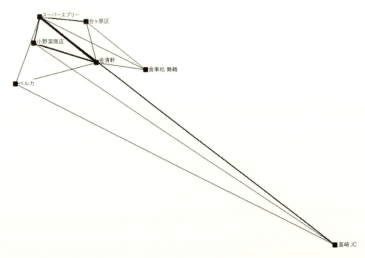

第4章　韮崎市・北杜市地域通貨「アクア」

図表 4-12　アクア及び他地域通貨のネットワーク統計量

地域通貨	統計量			
	ノード数	平均次数	クラスタ係数	平均経路長
アクア	32	3	0.540(0.094)	3.07 (3.15)
TCCN[28](第1次)	272	3	0.204(0.011)	4.41 (5.1)
TCCN(第2次)	327	4.46	0.349(0.014)	3.21 (3.87)
LETS-Q	287	12.25	0.494(0.043)	2.898(2.26)

さいことがわかる。平均次数は3前後と TCCN の第1次実験と近い数値となっている。クラスタ係数がランダムなネットワークと比較し極端に数値が高いことから、取引関係が非常に偏っていることを読み取ることができる。平均経路長はほぼランダムグラフと同じであり、短いことがわかる。以上より、アクアはワッツの提唱したスモール・ワールド性（高いクラスタ係数と短い平均経路長）を持つネットワーク特性を示していることがわかる（Watts 1999）。これは自然界の様々なネットワークに共通するものであり、通貨流通が自然法則に従っていることを示唆するものである。ただし主体数が少ないため、今後も更なる実験や実践が必要であろう。

　次にそれぞれの主体が他の商店や個人とどのような関係を持っているかを、次数の観点から見ていく。次数は重みを考慮していない点に問題があるが、つながりを理解するには重要な指標である。次数のトップは、森造（環境ボランティア NPO）が 11 リンク、次に金精軒（和菓子販売）9 リンク、スーパーエブリ（食品スーパー）8 リンク、スーパーやまと富士見店（食品スーパー）6 リンクが続いている。この結果は、K-core の手法から得たグラフと類似しているが、トップの森造が3次の K-core グラフから抜け落ちている点には注意が必要である。これは、森造がハブ的役割をしているスーパーエブリ、金精軒、小野潔商店（LPガス販売）とリンクを持っておらず、比較的リンクの少ない商店や個人とリンクしていることに起因する。その一方、スーパーエブリ、金精軒、小野潔商店が3次の完全グラフ（含

---

[28] 苫前町地域通貨ネットワーク（2004 年後半から 2006 年前半の間の約半年間流通実験が実施された。取引総額は 340 万 P〔= 円と等価〕であった。）

まれている全てのノードがお互いにリンクを持っている）を構成している。さらに、取引量を考慮してリンクの重みを見ると、三者は非常に太いリンクを持っていることから、通貨券の流通量が多く、アクア流通の中心を担っていることがわかる。

　様々な地域で発行されたプレミアム付地域商品券では、プレミアム率が10%、換金手数料率が2%といった設定になっているものも少なくなく、地域商品券を一部の商店主が大量に購買してすぐに換金することにより8%分のさやを抜くことができた。このプレミアム分は自治体が地域経済活性化という名目の助成金として供出したものだが、それが何の経済効果も生まないまま盗み取られる結果になったのである。これに対して、アクアではプレミアム率を5%、換金手数料率も5%と設定することによりさや取りをなくし、こうした問題を回避することができた。また、この設定では、アクアを受け取った商店はそれを換金するより、他の商店で使う方が5%の換金手数料を払わなくてすむため、紙券の複数回流通を促進する効果が発揮されると期待された。従来の地域通貨実験では、商店が受け取った紙券をすぐに換金してしまうことが複数回流通を妨げ、地域通貨の流通速度の上昇を抑えてきた。そうした問題も換金手数料率が低すぎるため、それが換金を抑制する歯止めになっていないことが原因の一端であった[29]。少なくとも、3次の完全グラフを形成していたスーパーエブリ、金精軒、小野潔商店の間では、アクアが複数回流通していた。お互いの商店が換金せずに地域通貨を仕入れ等で使用することで、通貨の複数回流通を実現させたという点において、従来の地域通貨の問題点を解決する方向性を示していると言える。以上より次数尺度だけでは、ネットワークにおける重要性は判断できないということがわかる。

　ネットワークは次数の観点から見る以外に、リンクの重みと向き付けが重要であることが知られている。特に経済活動を分析する際には向き付け

---

[29] 苫前町地域通貨では、プレミアム率は2%、換金手数料率は1%であり、前者が後者よりも大きかった。商店は1%の換金手数料を支払う程度であれば、さらに他の商店で使うよりも、直ちに換金する方を選ぶことが多い。1%の差額とはいえ、さや抜きが可能なパラメータ設定になっていたことも問題であった。

図表 4-13　アクアのネットワーク集中度（中心化傾向）

	入次	出次
ネットワーク集中度（中心化傾向）	18.0%	31.32%

を無視することができない。そこでここでは、向き付けを考慮したネットワーク分析を行う。通貨券が入ってくるリンク数は入次数、通貨券が出て行くリンク数は出次数と呼ばれている。そこでネットワーク集中度という指標を用いて計算するとアクアの流通ネットワークの非対称性が明らかとなる。

　図表 4-13 より、通貨券を使っている主体は偏っており（限られており）、受け取っている主体は比較的分散していることを意味する。苫前の調査研究では、ネットワーク集中度が高いときの方が、取引額が大きくなる傾向が見られたが、アクアでは時間のデータが不完全なため、そのような傾向は確認できなかった。また、苫前では入次の方が出次の集中度よりも概ね高い傾向を示していたが、アクアでは逆になっている点が今後の分析課題として残った。個別の入次数と出次数を見ると、次数が 1 番であった森造は使うだけで、全く受け入れていないことがわかる。具体的には、リンク数は出次が 11 リンクで、入次は 0 リンクである。一方、菓子販売の金精軒は、出次は 7 リンク、入次は 3 リンクとバランスがとれている。スーパーエブリも同様に出次 3 リンクと入次 7 リンクとバランスがとれている。その一方、発行主体でもある韮崎青年商工会は出次が 4 リンクのみで入次は 0 リンクとバランスが悪い。このような非対称性の解消は、今後のアクア通貨券流通の政策的重要課題と考えられる。

4-4　韮崎市・北杜市の住民意識に見る現状と課題──アンケート調査から

　本流通実験でコミュニティ・ドックを実施するため、アクア導入前のコミュニティの総合的な診断を行うとともに、アクア導入による効果や意義

図表 4-14　アンケート調査の実施概要

1．調査手法	質問紙法
2．主な調査対象者	韮崎市と北杜市の居住者
3．サンプリング方法	スノーボール・サンプリング方式
4．質問紙の配布実施期間	（事前アンケート）：2010 年 6 月 13 日から 2010 年 8 月 26 日まで （事後アンケート）：2011 年 6 月 3 日から 2011 年 8 月 30 日まで
5．質問紙の配布数	（事前アンケート）：420 部 （事後アンケート）：150 部
6．有効回答回収数	（事前アンケート）：98 通 （事後アンケート）：47 通
7．有効回答回収率	（事前アンケート）：23.3% （事後アンケート）：31.3%
8．配布方法	直接方式（手渡しと郵送）と委託方式の混合
9．回収方法	郵送方式
10．回収機関	北海道大学大学院経済学研究科西部研究室

を明らかにする必要があった。

　アンケート調査は、韮崎市・北杜市の住民生活基礎データを収集し、コミュニティの現状とその変化を把握することを目的として実施された。アクア導入前の調査によりベースラインを確定し、導入後に再度アンケート調査を実施することによって、住民の生活全般や価値意識の変化や変容を見ることが目的であった。

　実施方式は、ランダム・サンプリングではなく、スノーボール・サンプリングを採用したが、韮崎市・北杜市の住民全体を対象としたものであり、必ずしもアクア利用者を対象としたものではない。また、質問項目もアクアの流通に限らず、韮崎市・北杜市での生活概況を知るためのものもある。アンケート調査の概要を図表 4-14 に整理した。

　まず、ベースラインデータを取得し、次にそこからアクア利用者の意識や行動が変容したか否かを確認するため、事前と事後に同様のアンケートを実施した。しかしながら、今回は、変化を見るには実験期間が短すぎる

第4章　韮崎市・北杜市地域通貨「アクア」

図表4-15　アクアの入手状況

	度　数	%
入手した経験がある	12	26.7
入手した経験がない	33	73.3
合　計	45	100.0

図表4-16　アクアの利用状況

	度　数	%
利用した経験がある	11	23.9
利用した経験がない	35	76.1
合　計	46	100.0

こと、アクア利用者によるアンケート回答が極めて少なかったこと等の事情があるため、実験前と実験後の比較分析は行わなかった。とはいえ、今回設定したベースラインデータは今後の継続的な調査に大いに役立つであろう。アクアの流通が本格的に開始されれば、それにより韮崎市・北杜市の地域住民の意識や行動が変容するか否かを確認するためにベースラインデータを利用することができる。

4-4-1　地域通貨「アクア」の利用実態

　では、アンケートの分析に移ろう。まず、地域通貨「アクア」の入手・利用実態について整理した。ここでは、事前と事後ともに回答した地域住民と事後のみを回答した地域住民を分析対象にした。アンケート回答者の中でアクアを入手した人は26.7%（12人）であった（図表4-15）。入手した中で利用した人は23.9%（11人）であった（図表4-16）。図表4-17のアクアの利用経路を見ると、69.2%（9人）が商店で利用している。お礼や贈与されたケースはほとんど見られなかったため、アクアの多くは商店街で利用されたと言える。利用回数の分布を見ると3回と4回が最も多かった（図表4-18）。平均利用金額は37,900円であった。一回当たりの平均利用金額を計算すると約11,918円であった（図表4-19）。

図表 4-17　アクアの利用経路

アクアの利用経路	度　数	%
商店街での買い物・飲食に使った	9	69.2
八ヶ岳アートフェスティバルで使った	0	.0
寄付した	0	.0
お手伝いのお礼として家族に渡した	0	.0
お手伝いのお礼として親戚に渡した	0	.0
お手伝いのお礼として友人・知人に渡した	0	.0
お手伝いのお礼としてその他の人に渡した	1	7.7
家族にあげた	0	.0
親戚にあげた	0	.0
友人・知人にあげた	0	.0
その他の人にあげた	1	7.7
温泉で使った	1	7.7
その他	1	7.7
合　計	13	100.0

図表 4-18　アクアの利用回数

アクア利用回数	度　数	%
1 回	2	18.2
2 回	1	9.1
3 回	3	27.3
4 回	3	27.3
5 回	2	18.2
合　計	11	100.0

図表 4-19　アクアの平均利用額

平均利用額	標準偏差
37,900	92566.4

図表 4-20　アクア利用者の職業

アクア利用者の職業	度　数	%
会社員・団体職員	2	18.2
会社役員・団体役員	2	18.2
公務員	0	.0
商工自営業	5	45.5
専業主婦・主夫	0	.0
アルバイト・パート	0	.0
年金生活者	0	.0
無職	1	9.1
その他	1	9.1
合　計	11	100.0

　次にアクア利用者の職業を整理する。今回の実験では、商工関係者がアクアの普及に貢献したため回答者の属性に偏りが見られるかもしれない。図表 4-20 はアクア利用者を職業別に整理したものであり、利用者の多くが商工自営業者であることがわかる。

　以上、アクアの利用実態について整理してきたが、アンケート回答者の多くはアクアを入手した経験も利用した経験もあまり持っていなかった。もちろん、今回のアンケート対象者には偏りも見られるため、アクアを入手した経験を持つ地域住民はもっと存在するかもしれない。ただし、利用経路が商店街に偏っている傾向が見られるため、アクアはボランティア・サービスの対価としてほとんど利用されなかった可能性が高いと言えるだろう。

4-4-2　世代間による報酬観の違い

　上述のようにアクアはボランティア・サービスや相互扶助の対価としてあまり利用されなかった可能性が高い。今後、アクアを商店だけでなく、相互扶助サービスにも利用可能にするための制度設計を考えていく必要がある。その際、重要な論点として世代ごとの報酬観の相違が挙げられる。若年層と壮高年層とではボランティア・サービスや相互扶助やその報酬に

対して異なる見方を持っているかもしれない。仮に、異なる報酬観が見られるとすると、違いに応じた仕組みを作っていくこともできるであろう。

　従来の地域通貨研究は地域通貨を含む報酬に対する世代ごとの意識の違いについては詳細に調査しなかったが、意識や報酬観を調査することにより、地域通貨の流通を促進できるスキームを設計できるのではないだろうか。これまで見てきたように韮崎市・北杜市では地域通貨の利用者に偏りが見られ、地域住民に浸透してきたとは言い難い。今後、アクアの流通を後押ししていくためには、各世代の持つ意識や報酬観に基づいた仕組みを作っていくことが必要になる。そこで、本節では、世代ごとに相互扶助や報酬観にどのような違いが見られるかを検証した。年代は39歳以下をグループとする若年層と40歳以上をグループとする壮高年層に分けた。

4-4-3　相互扶助の状況──若年層と壮高年層の違い

　図表4-21は若年層と壮高年層の相互扶助の状況に関して平均値と標準偏差を示したものである。地域コミュニティに頼れる人がいるかどうかという質問（「まったくいない」、「ほとんどいない」、「どちらともいえない」、「少しいる」、「たくさんいる」の5段階評定）と相互扶助に対する意欲（「まったく思わない」、「あまり思わない」、「どちらともいえない」、「やや思う」、「強く思う」の5段階評定）や実践に対する質問（「まったくない」、「ほとんどない」、「どちらともいえない」、「時々ある」、「いつもある」の5段階評定）では、若年層に比べ、壮高年層の平均値が高く統計的にも有意であった。このことは、若年層が壮高年層に比べ相互扶助に対してあまり興味がなく、実際にも行っていないことを示している。

　この理由はいくつか考えられる。第1に、若年層は壮高年層に比べ体力的に充実し、助け合うという行為の重要性に対して比重を置いていないのではないか。壮高年層は加齢とともに援助を必要とする機会を多く持つことにより、助け合うという行為が重要であると考えるようになる。第2に、若年層は壮高年層に比べて、地域コミュニティに活動の拠点をあまり置いていないことが影響しているのではないか。地域コミュニティに活動拠点があれば、相互扶助の機会にも多く遭遇する可能性が高いだろう。では、

第4章　韮崎市・北杜市地域通貨「アクア」

図表 4-21　相互扶助意識と実践の違い

	若年層(39歳以下)		壮高年層(40歳以上)		
	平均値	標準偏差	平均値	標準偏差	t値
Qいざという時、お住まいの地域に頼れる人はいますか	3.58	1.001	3.94	0.851	-1.966*
Q地元地域の人と必要なときは、お互いに助け合いたいと思いますか（留守中の郵便物の受け取りなど）	4.06	0.827	4.43	0.59	-2.349**
Q地元地域の人と必要なときに、実際に助け合うことはありますか	3.64	1.025	4.20	0.744	-2.844***

＊：＜.1；＊＊：＜.05；＊＊＊：＜.01；（両側検定）

　若年層と壮高年層の地域コミュニティにおける人的つながりには違いが見られるだろうか。アンケートでは、無尽参加の状況を聞いている。無尽とは山梨県で古くから伝承される社会制度であり、地域コミュニティでの相互扶助を促進するものである。無尽参加の状況を調べることにより、回答者が生活の基盤を地域コミュニティに置いているのか置いていないのかを調べることができるかもしれない。

　図表 4-22 は若年層と壮高年層の無尽参加の状況を示す。図表 4-22 を見ると、壮高年層は若年層に比べ無尽参加率が圧倒的に高いことがわかる。このことから、壮高年層は無尽のネットワークに参加する傾向が強く、結果として相互扶助の機会を多く持てるが、若年層はそのようなネットワークに参加する傾向が弱いため、結果として相互扶助に接する機会を多く持つことができないという解釈ができそうだ。

　地域コミュニティにおける活動状況についてさらに詳しく調べてみよう。図表 4-23 は、若年層と壮高年層の地域行事の参加状況を示している。使用した質問項目は地元地域主催のお祭り（盆踊りなど）、防災訓練、公

図表4-22 無尽参加の状況

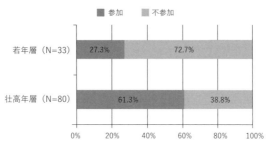

$\chi^2_y(df=1, N=113)=9.48 \quad \phi=-.309 \quad p<.005$

民館や文化ホールでのイベント、タウンミーティングへの参加状況である。図を見ると、どのイベントにおいても若年層は壮高年層に比べ地域コミュニティの行事への参加頻度が少ない。このことから若年層は活動の場をあまり地域コミュニティに置いていないということがわかる。そのため、地元地域において相互扶助の機会をあまり多く持たない可能性が高い。逆に壮高年層は活動の場を地元地域に置いていることが多いため、地元地域の人との相互扶助の機会に恵まれる。

　以上のように、若年層と壮高年層とでは相互扶助に対する興味関心や実践に関して大きな違いが見られることが明らかとなった。この結果を踏まえると、若年層と壮高年層とでは相互扶助の対価として受け取ることのできる報酬に対しても異なる考え方を持っている可能性が高いことが示唆される。相互扶助の経験を多く持つ人は、それを慣習と捉える可能性が高いため金銭による対価を求めず、経験をあまり持たない人は相互扶助をサービスの交換と捉える可能性が高いため金銭による対価を求めるかもしれない。次節では、若年層と壮高年層とで報酬観に違いが見られるかどうか検証してみる。

4-4-4　世代間のボランティア・サービスに対する報酬観の相違

　若年層と壮高年層とで報酬観に違いが見られるかどうか検証するため、

第4章　韮崎市・北杜市地域通貨「アクア」

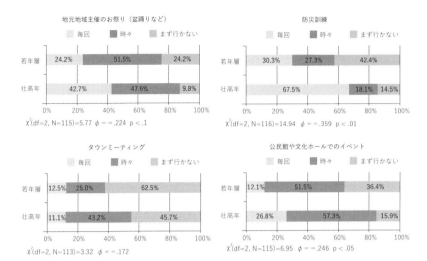

図表4-23　行事参加の状況

各種ボランティア・サービスの対価として現金を受け取る場合、渡す場合と地域通貨を受け取る場合、渡す場合とで意識に違いが見られるか調べた。図表4-24を見ると、各種ボランティア・サービスの対価として現金を受け取ることに対する意識に関して世代間で大きな違いが見られる。若年層は各種ボランティア・サービスの対価として現金を受け取ることに対して抵抗感がないが、壮高年層は抵抗感を示している。特に、子育てサポート、高齢者介護、高齢者サービスなどのケアに関する報酬観に大きな相違が見られる。地域通貨に関してはどうであろうか。図表4-25を見ると、有意傾向を示したのは隣人の手伝いに対する報酬観のみであったが、若年層に比べ壮高年層が地域通貨を受け取ることが妥当であると評価している。

次に、対価を渡す場合について見てみよう。図表4-26を見ると、隣人の手伝いを除いて、若年層は壮高年層に比べ、各種ボランティア・サービスの対価として現金を支払うことに対してあまり抵抗感がなさそうだ。特に、子育てサポートと高齢者介護に関しては、若年層の過半数が対価として現金を渡すことが妥当と考えている。

181

図表 4-24 ボランティアの対価―現金を受け取る場合―

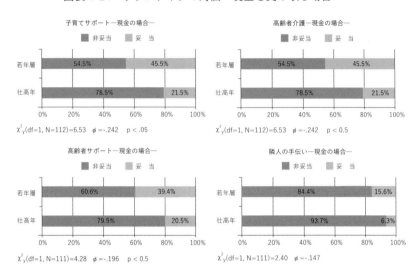

図表 4-25 ボランティアの対価―地域通貨を受け取る場合―

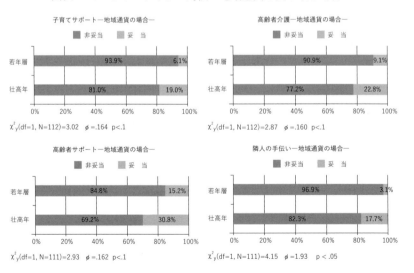

第 4 章　韮崎市・北杜市地域通貨「アクア」

図表 4-26　ボランティアの対価―現金を渡す場合―

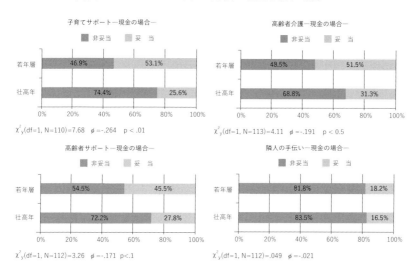

図表 4-27　ボランティアの対価―地域通貨を渡す場合―

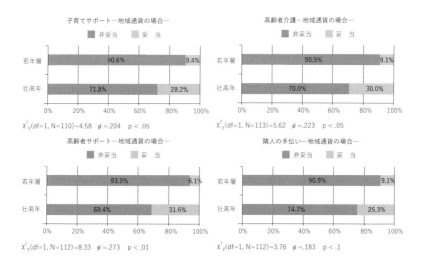

183

地域通貨の場合はどうだろうか。図表 4-27 を見ると、若年層は壮高年層に比べ地域通貨が妥当であると評価していないようだ。逆に壮高年層は地域通貨を対価として渡すことが妥当であると考える傾向が強い。

以上の点を整理すると、若年層は壮高年層に比べ現金志向が強く、ボランティア・サービスの対価として受け取ることに対してあまり強い抵抗感を示さない。逆に、壮高年層は、ボランティア・サービスの対価には現金が馴染まないと考える傾向が見られる。地域通貨に関しては、若年層よりも壮高年層が妥当な報酬として評価する傾向が見られる。若年層はどこでも利用可能な現金に対する志向性が強いため、地域内でのみ利用可能な地域通貨を過小評価しているようだ。このことを裏付ける別のデータも存在する。図表 4-28 は、若年層と壮高年層の生活志向の違いを示している。若年層は壮高年層に比べ物質的な面に重きを置く傾向が強く見られる。つまり、若年層は壮高年層に比べて、金を稼ぎモノを購入・消費する生活スタイルを重視している。また、図表 4-29 はお金儲けに対する評価の違いを示すが、若年層は壮高年層に比べてお金儲けが良いと考える傾向が強く見られる。

4-4-5　小括

以上の分析結果を踏まえると、現状においては、若年層は壮高年層に比べボランティア・サービスを相互扶助ではなく、報酬が生じる労働に近い感覚で評価していると言えよう。これらの意識を反映してではないかと思われるが、若年層は壮高年層に比べ地域通貨が現金よりも使い道の少ない、劣る通貨であるなどネガティブなイメージを抱いているのかもしれない。他方、壮高年層は、若年層に比べボランティア・サービスの対価として現金を渡すことに抵抗感を覚えている。また、壮高年層は地域通貨であればボランティア・サービスの対価として妥当と考えるなど、地域通貨をポジティブに捉える傾向が見られる。こうした若年層と壮高年層の世代間で各種ボランティア・サービスに対する報酬観の違いが生じるのは、グローバリゼーションによる市場化という流れの中で、ボランティアや相互扶助といった非商業的サービスの商品化がいまも進行しており、若い世代の方が

第4章　韮崎市・北杜市地域通貨「アクア」

図表 4-28　若年層と壮高年層の生活志向の違い

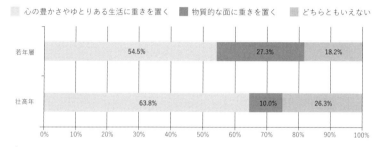

χ_y^2(df=2, N=113)=5.59　ϕ =.222　p < .1

図表 4-29「お金は儲ければ儲けるほどよい」に
対する回答結果の比較

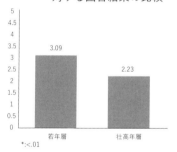

*:<.01

自らの価値意識をそれに適応させているからだと考えることができる。

　以上の分析結果より、今後のアクア流通の普及に役立つかもしれない有効な知見が得られた。今後、アクアをボランティア・サービスの対価としてより広く利用してもらうためには、ボランティアの対価としてアクアに良いイメージを持っている壮高年層にその意義を強く訴え、働きかけていく必要がありそうだ。それと同時に、若年層に対しては、地域通貨のボランティアの対価としての非商業的側面よりも、商店街で利用可能であるなど商業的側面をより強く訴えていくことにより、その意義を働きかけるこ

とができるであろう。彼らは、壮高年層よりも物の豊かさに重きをおいているからである。例えば、地域通貨の販売プレミアム率を高める、地域通貨を地元地域の商店街のみならず、彼らが良く利用しそうな店舗での地域通貨の利用も視野に入れて制度設計を行うことが望ましいであろう。このように各層のニーズを意識しながら地域通貨の制度設計（メディア・デザイン）を行うことによって、地域通貨の流通を促すことができれば、ひいては地域通貨を媒介にしてコミュニティ内に商業・非商業のつながりや世代間の交流をもたらし、そうした交流の創発が各世代の価値意識の変容を促す効果を持つ可能性がある。

4-5　メディア・デザインの成果とコミュニティ・ドックの課題

　今回の韮崎市・北杜市の地域通貨「アクア」の調査分析の成果と課題を、以下、メディア・デザインとコミュニティ・ドックの各々について振り返ってみたい。

　まず、地域通貨「アクア」のメディア・デザインについて述べよう。「アクア」の発行者である韮崎JCの主要メンバーに紙券流通データを捕捉することの意義を理解してもらい、紙券裏に取引データの記載欄を設けたため、流通速度や流通ネットワークの分析ができた。これにより、地域通貨を発行・運用した場合の経済効果を事後的に検証することができるようになったことの意味は大きい。アクアでは、プレミアム率と換金手数料率をともに5％とすることで、両者の差額の鞘抜きを防ぐことができ、また、換金手数料率を5％とすることで、アクアを受け取った商店が他の商店で使うインセンティブを高め、複数回流通を促進することができた。実際、流通ネットワーク分析の結果から、一部の商店間取引において複数回流通が実現していたことがわかった。このことも、不完全ながら取引データをトレースできるからこそ検証することができた。

　もちろん、紙券デザインや流通スキームには問題があり、また、紙券裏

の取引データ記入欄のデザインは完全ではなかった[30]。例えば、額面金額は 525 アクアとしたが、5％のプレミアム分（25 アクア）が含まれているので、おつりが出ない本紙券の利用は難しいという問題も生じた。また、地域通貨「アクア」は各種ボランティアに参加した市民に配布されたが、利用者への記載協力は十分に徹底されなかったので、ボランティア参加者を経由する流通ネットワークを可視化することに成功していない。今回のアクアの事例では、全般的に、利用者による取引データの記載率があまり高くなかったのではないかという疑問も残る。記載率がもっと高ければ、流通ネットワークのリンクはより太く、緊密になっていたであろうし、流通速度はもっと高くなっていたであろう。しかし、不完全ながらも地域通貨「アクア」の流通実態を知ることができ、地域通貨のパラメータの設定の効果を見ることができたのは、今回のメディア・デザインの成果である。

　次に、地域通貨「アクア」のコミュニティ・ドックについて、現時点での総括をしておく。今後の課題は少なくないものの、われわれ研究者と実施主体である韮崎 JC との間で事前協議を行い、両者の協働関係を築くことができたことなど、コミュニティ・ドックの手法を初めから実践することができたことは、今後につながる一つの達成である。

　これまでわれわれは北海道苫前町（西部編著 2005, 2006）や東京都武蔵野市（栗田 2010）で同様の調査分析を行ってきたので、そうした経験に基づいてコミュニティ・ドックの方法、意義、手順については事前によく自覚していた。しかしながら、研究者の多くがいる北海道と山梨県は距離的に多く、頻繁に現地を訪問したり、韮崎 JC と会合を開いたりすることは資源・時間上の制約のために困難であった。アンケート調査の結果が必ずしも芳しくない理由はそこにあるのかもしれない。事前のアンケート調査によりベースラインを設定できたのはよかったが、事前と事後の両方のアンケート調査に協力してくれた回答者は少なかったこと、しかも、回答者にアクア利用者がきわめて少なかったことは、アンケートの配布回収

---

[30] 韮崎 JC が紙券裏面に「アクア」取扱店（加盟店）の一覧を載せたため、取引データの記載領域がその分小さくなり、利用者の住所（地区）欄、特定事業者の押印欄がなかったことが一因であろう。

法、回答者へのインセンティブ設定を再検討すべきであることが課題として残った。

とはいえ、コミュニティ・ドックにおいて期待される、アクア利用による利用者の内なる制度（貨幣意識や報酬意識などの価値や規範）の変容には時間がかかるので、それをこうした短期間の内に検証することはそもそも困難であることも確かである。他方、山梨県は「無尽」が盛んな土地柄であるということもあり、若年層と壮高年層の間に相互扶助やボランティアに関する報酬観の違いがあることを見ることができたのは、それがアクアの今後の普及の仕方に示唆を与えるものであることを考慮するならば、一定の成果であると考えることができる。

地域通貨「アクア」の取り組みにおいて、地域の住民や諸団体、行政の認知や参加が十分ではなく、また、あくまで記念行事的な色彩が強かったことから、継続的に行われていく取り組みとなるかどうかが危ぶまれた。しかし、実施前後の著者らによる講演、調査、討議を通じて、実行委員の中心メンバーの価値や意識に変容が生じ、実施終了後も「アクア」を継続的に取り組んで行こうとする意志の醸成にも役立った。また、地域商品券に傾注していた韮崎市商工会議所が次回の「アクア」の取り組みへの協力を申し出るなど、周りに対しても影響を与えつつある。

●第5章
更別村公益通貨「サラリ」

5-1　苫前町地域通貨から更別村公益通貨へのつながり

　3-1でみたように、西部は北海道商工会連合会から地域通貨を道内の商工会で地域経済活性化を推進するために地域通貨マニュアルの作成を依頼され、西部編著（2004）『地域通貨のすすめ』（北海道商工会連合会）が2004年3月に発行された。その後、「ダブル・トライアングル方式」の地域通貨流通実験の公募に苫前町が応じ、苫前町地域通貨流通実験（第1次）が2004年11月から2005年2月に行われ、西部編著（2005）『苫前町地域通貨流通実験に関する報告書』（北海道商工会連合会）が2005年3月に発行された。これらの出版物は北海道商工会連合会から道内全商工会に配布されていた。これらを見た更別村商工会の事務局指導課長から西部に連絡があり、更別村で発足する地域通貨検討委員会のアドバイザーに就任するよう依頼してきた。2005年10月28日に開催された地域通貨検討委員会で西部はアドバイザーに任命され、同11月には北大内で事業構想について更別村商工会副会長と事務局指導課長と西部、吉田、栗田が打合せを行った（更別村商工会『地域通貨導入調査研究事業報告書』2007年3月参照）。

　ちょうどこの頃は苫前町で第2次地域通貨流通実験（2005年8月から2006年2月）を行っている最中であり、第1次実験報告書での提言に加え、第2次実験で感じていることなどを率直に話した。とりわけそこで西部が強調したのは、次のようなことであった。「苫前町では商工会が運営の前

面に出すぎてしまったのか、町民は商店街や商工会が自分たちの商売や事業のためにやっており、自分たちの生活には直接関わりないと感じているようだ。結果的に、地域全体で取り組もうという参加意識や主体性に欠ける嫌いがある。更別では、商工会はむしろ一歩引いて表に出ず、一般市民も参加できるNPO法人による運営を行うのがよいのではないか。そして、まずコミュニティの活性化のための相互扶助やボランティアを中心に活動するよう心がけ、他方ですべての商店でも使えるようにして、うまく「ダブル・トライアングル」が回るようにするべきだ。大阪地域通貨特区の寝屋川市の地域通貨「げんき」や吹田市の地域通貨「いっぽ」はいい手本なので、一度見に行かれるといい」と。

　このように、商工会連合会を通じて地域通貨運営マニュアルや苫前町地域通貨の報告書といった地域通貨関連情報が各商工会に伝達され、それに刺激を受けて更別村商工会が地域通貨の構想を持ったこと、また、苫前町地域通貨の第2次流通実験が実施されている最中に更別村の地域通貨検討委員会が結成され、その活動を開始し始めたので、調査研究チームが現場で気づいた苫前町地域通貨の問題点や課題をタイムリーに伝えたことは注目すべきことである。われわれが苫前町での調査研究の経験から得た知識やノウハウが更別村での地域通貨の検討、準備、起ち上げのプロセスや運営団体づくりにうまく生かされた結果、更別村の公益通貨「サラリ」が「ダブル・トライアングル方式」の地域通貨として成功することにつながったからである。いわば、地域通貨に関する学習されたルールとしての変異複製子が苫前町から更別村に伝播し、苫前町の地域通貨は淘汰された後も、更別村の地域通貨は長期的に存続するという地域通貨の進化が見られる。2006年1月には、更別村で「地域通貨普及し隊」、「地域ボランティア掘り起こし隊」が発足して会合を開き、検討委員会のメンバーの5名は同年3月には「地域通貨事業視察調査」で寝屋川市「げんき」や吹田市「いっぽ」を視察しに行っている。更別村商工会は2006年11月と2007年1月に地域通貨「げんき」の代表を招いて講演会を開き、意見交換会も開いている。そして、2007年3月までに村全戸にチラシを配布して地域通貨の名称・ロゴデザインを募集した上で、それらを協議し決定するなど7回の

検討委員会で事前の検討は終了した。その後は 2007 年度より旭川大に赴任した吉地が現地で講演を行ったり、アドバイスしたりするなど継続的支援を行ってきた。こうして地域通貨の準備が NPO 設立、役員・理事決定、地域通貨の財務局への登録などじっくりと時間をかけて進められ、2008 年 11 月の発行後も着実な運営が行われている。

5-2　更別村公益通貨「サラリ」成立の経緯、仕組・運営、現況

5-2-1　成立の経緯

　更別村は人口約 3500 人、総面積の 70％が耕地で、大規模機械化農業を推進し、1 戸当たりの経営面積は 43 ヘクタールの豊かな農業地帯である。地域通貨の導入を検討することになった経緯は、近隣市町村に大型店舗が参入した結果、地域に昔からあった商店が消えていくなどの地域経済の衰退が生じたこと、また高齢化により地域コミュニティの衰退が強く感じられるようになったからである。

　このような状況下で、2005 年 10 月に更別村商工会が音頭をとり行政・住民も参加した地域通貨事業検討委員会が発足した。2006 年 3 月には、大阪府にある地域通貨 3 団体を視察し、実施計画策定のための検討に入った。この際に視察した寝屋川の地域通貨「げんき」の仕組・運営に影響を受けた結果、地域経済活性化中心の比重が高かった検討当初の想定よりも地域コミュニティ活性化に重点を置く方向で地域通貨導入を図ることなどが強く意識されるようになっていった。

　2007 年 3 月末に検討委員会を終了し、同年 4 月には公益通貨「サラリ」準備室を設置し、NPO 法人設立のための構成員と世話人の依頼、設立代表者の選出までに約一年をかけた。公益通貨（地域通貨）導入の目的としてコミュニティの活性、ボランティア活動の促進、地域経済の活性を図り住民の福祉と心の豊かさ向上を掲げ、2008 年 4 月 3 日に「特定非営利活動法人どんぐり村サラリ」設立総会を開き、同月 15 日には NPO 法人設立認証書類を北海道に提出し、約三ヶ月後の 7 月 10 日に登記が完了した。

公益通貨「サラリ」（以下「サラリ」）は前払い式証票に関する第三者型発行型に属し、無期限の流通期間を持つ公益通貨（地域通貨）を発行するため、帯広財務局へ登録申請を行い、2008年10月24日に登録が完了した。同年11月17日より「サラリ」の発行が開始され、同時に流通の核となるボランティア作業の受付が開始された。同日、流通促進の切り札として村税および公共料金の収納協定が村と締結され、「サラリ」を用いて村税および公共料金の支払いが可能となった。2010年4月よりNPO法人において収益事業を開始し、福祉センター、勤労者会館、憩いの家の管理および清掃業務の委託を受けると同時にNPO法人の運営事務所を委託管理下の福祉センターに移転させた。2012年4月から、かねてより希望の多かったサラリを用いた過疎地有償運送事業が開始された。

5-2-2 仕組・運営
- 地域通貨の目的　コミュニティの活性、ボランティア活動の促進、地域経済の活性を図り住民の福祉と心の豊かさ向上
- 発行者　特定非営利活動法人　どんぐり村サラリ
- 発行形態　紙券型（100、500サラリ、1サラリ＝1円相当）、有効期限は無期限。
- 利用者　会員（正会員（利用会員、活動会員、ふれ愛会員、循環支援会員）、協賛会員）
- 利用会員は、作業を依頼することのできる会員。活動会員は作業を受けることのできる会員。ふれ愛会員は、作業の依頼と引受の両方ができる会員。循環支援会員はサラリと現金を換金することのできる特定事業者。協賛会員は個人や法人等で活動を支援してくれる会員。
- 入手方法　NPO事務局で現金で購入、ボランティア・サービスや商品・サービス提供の対価として受け取る。
- 利用方法　ボランティア・サービスへの支払。商店や企業から商品・サービスを購入したときの支払。「サラリ」は円と交換することができるが、交換はサラリ取扱業者（商店や企業）に限られている。
- 運営費用　NPOの入会金・年会費、換金手数料、寄付金、公共施設の管理・

第 5 章　更別村公益通貨「サラリ」

清掃業務、村役場依頼の交通量調査、村の補助金。
- 運営全般　2012 年現在、運営事務局（福祉センター内）には専従 NPO 職員がおり、会員から電話等で依頼のあったボランティア・サービスを引き受けてくれる会員を見つけるボランティアマッチングサービスを行っている。これ以外にも事務全般を行っている。NPO 法人の運営は、元役場職員、農業、酪農、社会福祉関連、商店など様々な領域で働く村民から構成され、協働という意識が強く、地域通貨に関する議論は常に白熱している。

5-2-3　現　況

　NPO 法人どんぐり村サラリは敢えて地域通貨と呼ばずに公益通貨と呼んでいる。協働のまちづくりのツールとしての意識を強くするために住民全員の「公益」のためであるというメッセージが込められている。住民主導でありつつも、行政と足並みを揃えていくという姿勢が「公益」には含まれている。北海道内でも特に裕福な農業地帯において、出生率も高く、3 世代居住も珍しくない恵まれた環境にある更別村においてすら、早晩高齢化の問題は顕在化してくると村民は考え始めている。問題が生じてから準備しても間に合わないという危機意識のもと、公益通貨を用いた協働のまちづくりが模索されている。

　更別村は以下の点において地域通貨先進地域と呼びうる。多くの地域通貨発行団体が、有効期限が 6 ヶ月以内の地域通貨発行を実験的に行っているため、紙券の再発行費用が大きく、実験から休止・廃止に追い込まれるケースが多いのに対して、導入当初より無期限で発行することにより運営費用を圧縮できたこと。エコマネーと呼ばれるボランティア・サービスを中心とする地域通貨の流通において、特定の個人に地域通貨が滞留する結果（地域通貨長者問題）として全体の循環が停滞する問題を解決するために、「ダブル・トライアングル方式」と呼ばれる商業的流通と非商業的流通が同時に行われる仕組みを導入していること。この点は、寝屋川市の地域通貨「げんき」から影響を受け、特にボランティア（非商業的）流通から商業流通へとつなげていく意識を強く持って、商店街は協力を惜しまないが黒子に徹している点が特徴といえる。さらに村税、公共料金等の収納

をサラリで行うことができること。行政との連携が緊密であるからこそできることで、これは大きな意味を持っている。

　課題として挙げられることは、以下の三つが中心となる。まず社会福祉協議会と協力・連携しつつ、隙間となるようなボランティア・サービスをどのように活発化させるかということである。2012年4月より導入された過疎地有償運送事業は、ボランティア・サービス活性化の起爆剤としての効果が大いに期待される。また活発化のためには、サラリの認知度が高まる必要がある。この点に関してはNPO役員による努力が少しずつ実を結びつつある。サラリに関するフォーラムなどで今後も認知度を挙げる方策は重要になるであろう。次は、サラリを受け取った多くの人が直ぐに商店で利用し、商店もすぐに換金してしまうことにより地域通貨の特性である域内循環促進効果が半減してしまっていることである。ボランティア・サービス間でサラリを循環させ、商店も他の商店やボランティア・サービスでサラリを利用することによる地域通貨循環を高めることが目標となる。最後はNPO法人が持続可能な運営費用の捻出問題である。比較的人口規模が小さな地域の問題というわけではなく、大都市においても地域通貨運営の費用の捻出は容易ではない。導入当初より、収益事業を行うことにより運営を支えるという構想があり、現在は実際にそれが実行されている。しかしながら、村からの補助金がなければ持続が難しい現況を鑑みると、これに加えて新しい収入が必要となる。地域通貨はその効果（経済活性化、コミュニティ活性化）が現れるまでに時間がかかることが予想されることから、持続可能な枠組み作りは他の地域通貨導入地域同様に大きな課題と言える。

5-3　更別村公益通貨「サラリ」の紙券の発行額、換金額、換金率

　発行期限が無期限である更別村公益通貨「サラリ」は6ヶ月未満期限の他の多くの地域通貨に比べて換金されにくいと考えられるが、実際の換金率や未交換額はどの程度大きいのだろうか。

図表 5-1　公益通貨「サラリ」の発行額と回収額

発行年月	発　行				回　収			
	100 サラリ		500 サラリ		100 サラリ		500 サラリ	
	枚数	金額	枚数	金額	枚数	金額	枚数	金額
H20/11	252	25,200	106	53,000	0	0	0	0
/12	45	4,500	19	9,500	0	0	0	0
H21/01	145	14,500	41	20,500	0	0	0	0
/02	40	4,000	32	16,000	0	0	0	0
/03	90	9,000	113	56,500	0	0	0	0
/04	64	6,400	4	2,000	21	2,100	22	11,000
/05	10	1,000	10	5,000	0	0	0	0
/06	0	0	41	20,500	0	0	0	0
/07	30	3,000	10	5,000	5	500	32	16,000
/08	0	0	4	2,000	60	6,000	35	17,500
/09	41	4,100	114	5,700	0	0	0	0
/10	0	0	10	5,000	4	400	12	6,000
/11	54	5,400	29	14,500	71	7,100	36	18,000
/12	0	0	29	14,500	2	200	2	1,000
H22/01	74	7,400	96	48,000	30	3,000	43	21,500
/02	4	400	39	19,500	0	0	0	0
/03	0	0	59	29,500	34	3,400	75	37,500
/04	0	0	729	364,500	74	7,400	125	62,500
/05	5	500	40	20,000	40	4,000	333	166,500
/06	45	4,500	195	97,500	35	3,500	270	13,500
/07	0	0	302	151,000	1	100	38	19,000
/08	45	4,500	78	39,000	26	2,600	224	112,000
/09	20	2,000	100	50,000	5	500	50	25,000
計	964	96,400	2,200	1,100,000	408	40,800	1,297	648,500
未交換	556	55,600	903	451,500	未交換額合計			507,100

　寝屋川市の地域通貨「げんき」と比較してみよう。げんきは 2005 年（平成 17 年）5 月まで 6 ヶ月未満期限であった。その時点までの発行額は 145 万円、換金額は 135 万円であり、換金率は 93.1％であった。その後、げんきは地域通貨特区認定を受けて、無期限となった。2005 年 5 月以降

2007（平成19年）年9月までの発行額は504万円、換金額は366万円、換金率は72.6％となっている。発行期限が6ヶ月未満から無期限へと移行した結果、換金率は20.5％低下した（山崎2008、山崎・矢作2009）。印刷や管理など各種経費がかかるにしても、資金的にかなり余裕をもって運営できるようになり、紙券印刷費用も少なくてすむ。

　では、公益通貨「サラリ」の場合はどうか。サラリの発行を開始した2008年（平成20年）11月から2010年（平成22年）9月までのサラリの発行額は119.64万円、換金額は68.93万円、換金率は57.6％である。未交換額50.71万円は貸借対照表上の流動負債（地域通貨券）として計上されている。これは、いわゆる通貨発行益（シニョリッジ）に相当するものである。換金率は「げんき」の72.6％より15％も低い。通常の商品券の換金率が95％程度であることから、極めて低いことがわかる。

　苫前町地域通貨や韮崎市・北杜市「アクア」は、取引日時、使用者、品目等の取引データを紙券裏に記載できるようデザインされており、それにより紙券回転数（流通速度）を計算できるようになっていた。しかし、「サラリ」はそのような仕組みを採用しなかったので、取引量のデータは入手できず、したがって流通回数を知ることはできない。このため、このように換金率が低いのは、流通速度が高いからなのか、単に利用されず保蔵されているからかを判断することはできない。

5-4　コミュニティ・ドックの一環としてのアンケート調査とフォーラム

　3-1で説明したように、更別村商工会が中心になって2005年に地域通貨検討委員会が発足して2006年度に検討委員会が終了するまでの間に、西部を初めとする苫前町地域通貨の調査研究チームは更別村商工会が地域通貨を構想するための相談に乗り、必要なアドバイスを与えてきた。また、地域通貨検討のための情報を得るため、また、将来の時点で地域導入の事前と事後の比較ができるよう、2006年10月13日に、村内から500戸を抽出して地域通貨住民アンケート調査を地域通貨検討委員会（事務局は更

別村商工会）と西部・草郷の共同研究チームの共同で実施した。アンケート票の配布・回収は商工会が担当し、質問項目の作成、回答データの分析を共同研究チームが担当した。

共同研究チームはすでに何度か苫前町でアンケート調査を実施していたので、アンケートの質問項目の作成と回答データの分析に慣れており、また、苫前町と更別村のアンケート調査結果を比較分析して何らかのインプリケーションを導くこともできると考えられた。他方で、更別村商工会にとってアンケート調査には２つの目的があった。１つは、地域通貨を導入する前に、住民意識や地域通貨に対する認知度や理解等を予め調査し、そうした情報を地域通貨の検討や導入のために役立てるという目的であり、もう一つは、地域通貨の導入後にもう一度アンケート調査を行うことで、地域通貨導入の事前と事後の比較を行い、地域通貨の影響や効果を評価するために利用するという目的であった。

今回はこの後者の趣旨からアンケートを実施し、コミュニティ・ドックの一環として、サラリ導入の事前・事後の比較調査をしてみてはどうかと西部を中心とする調査研究チームが特定非営利活動法人どんぐり村サラリ（以後「NPO サラリ」と略）に働きかけた。その際、われわれがコミュニティ・ドックという手法で地域通貨を導入している地域の調査分析、評価診断を提示し、運営者やコミュニティを形成する諸団体や市民にもその結果を知らせて考えてもらい、調査研究者も運営者やコミュニティと協働して、地域通貨の目的である地域経済の活性化やコミュニティの醸成、地域通貨の運営や制度設計に関わっていこうとしていることを説明し、NPO サラリにもその趣旨を理解してもらった。その上で、2011 年 12 月にアンケートを北海道大学大学院経済学研究科西部忠、関西大学大学院社会学研究科草郷孝好、「NPO サラリ」が共同で実施する合意がなされた。

前回のアンケートはサラリ導入前のものであり、村民生活全般や地域通貨一般に関する認知度、既存の商品券や買い物スタンプ（どんぐり村商品券やどんぐり村スタンプ）の利用度、地域通貨の考えられる用途等を聞く質問が主であったが、サラリ導入後 4 年目の今回のアンケートは、導入の前後の比較だけでなく、他の地域との比較という観点も加味して、更別村

の幸福感、地域活動、生活満足度、サラリについての認知・利用度、導入後の変化、報酬観、貨幣意識等について聞くこととした。

また、このアンケート調査結果の利用をどうするかについて、次の合意がなされた。①調査結果とサラリ導入前後の比較分析を、まず調査研究者と運営者の間で共有し、話し合って必要な評価や反省を行うことで、今後のサラリの運営に生かしていく、②アンケート調査結果をフィードバックするためのワークショップのようなパブリックな場を設け、サラリ参加者や一般村民に調査結果を確認してもらうことを通じて、更別村の現状と将来について考える機会を持ってもらい、サラリにより高い関心を持ってもらうと同時に、運営者側からサラリに参加するよう再度呼びかけるための機会とする。

このような趣旨のもと、更別村公益通貨「サラリ」が導入されてから実施したアンケート調査の概略は以下の通りである。

更別村公益通貨「サラリ」に関するアンケート調査

アンケート実施期間
　2011年12月22日から2012年1月13日
実施主体
　北海道大学大学院経済学研究科西部忠、関西大学大学院社会学研究科草郷孝好、特定非営利活動法人どんぐり村サラリ（以後「NPOサラリ」と略）が共同で実施
調査対象
　更別村居住者
抽出・配布・回収方法
　多段抽出法（行政区ごとに抽出）
　配票（留置）調査法、NPOサラリ会員による巡回戸別配布・回収
回収率
　93.00％（500部配布、465部（有効回答）回収）
調査表作成

> 配布用アンケート調査票は西部、草郷を中心とするグループで作成、NPO サラリの同意を得て内容を決定。
> 質問内容
> 　更別村の幸福感、地域活動、生活満足度、サラリについての認知、利用、導入による変化、報酬観、貨幣意識
> アンケート回答者への謝礼
> 　一人 200 サラリ（200 円相当）

　NPO サラリの役員らがアンケート調査票の配布回収に携わり、93％ときわめて高い回収率を達成した。彼らが、アンケート調査票の配布回収は、サラリのことを村民に話し、サラリや NPO サラリについて知ってもらうための機会でもあると語っていた。このことから、役員らは、このアンケート調査が調査結果により有用な情報が得られるだけでなく、その調査自体がサラリや自分たちにとって有益であり、望ましいことだと役員たちは考え、非常に高い参加意識と意欲を持ってアンケート調査に取り組んだことがうかがえる。

　ここでは、地域通貨の認知や理解度について事前と事後の比較を簡単に見ていく。

　2006 年の前回アンケートでは、地域通貨に関する 2 つの質問では、
Q7-1「あなたは地域通貨について知っていますか」という質問に対して、
　①「よく知っている」(45 名、24.2％)、②「よく知らないが、聞いたことはある」(105 名、56.5％)、③「まったく知らない」(29 名、15.6％)、④「未回答」(7 名、3.8％)
Q7-2「あなたは、地域通貨にどのようなイメージを持っていますか」という質問に対して、
　①「ボランティア」(34 名、18.6％)、②「地域活性化」(80 名、43.7％)、③「エコロジー」(4 名、2.2％)、④「よくわからない」(38 名、20.8％)、⑤「未回答」(27 名、14.8％)
という回答を得ている。今回の同様の質問では、
Q8-1「あなたは地域通貨を知っていますか」という質問に対して、

①「よく知っている」(174名、37.4%)、②「よく知らないが、聞いたことはある」(271名、58.3%)、③「まったく知らない」(15名、3.2%)、④「未回答」(5名、1.1%)

Q8-2「あなたは、地域通貨についてどのようなイメージを持っていますか」という質問に対して、

　①「ボランティア」(121名、26.0%)、②「地域活性化」(183名、39.4%)、③「エコロジー」(10名、2.2%)、④「よくわからない」(129名、27.7%)、⑤「未回答」(22名、4.7%)

という回答を得た。

　地域通貨に対する認知度で「よく知らないが、聞いたことはある」は前回(56.5%)と今回(58.3%)はほぼ同じだが、「よく知っている」が今回(37.4%)は前回(24.2%)よりかなり高くなっており、「まったく知らない」が前回(15.6%)より今回(3.2%)は顕著に減っている。無関心層は相変わらず6割ほどいるが、残りの4割のうちほとんどがよく知っていると答えていることは、この3年あまりのサラリの活動の成果であろう。

　また、地域通貨に対するイメージは、「地域経済活性化」、「ボランティア」、「エコロジー」という順番に変わりはないが、「地域経済活性化」が前回(43.7%)より今回(39.4%)は4.3%減り、「ボランティア」が前回(18.6%)より今回(26.0%)は7.4%増えている。これは、サラリがボランティアや相互扶助を重視して活動してきたことの反映と言えるであろう。

Q-9「あなたは、「サラリ」をどのようにして入手しましたか。(複数回答可)」に対して、

　①「地域のボランティア活動に参加した御礼」(9.5%)、②「NPO法人どんぐり村サラリにて購入」(8.0%)、③「商品販売の代金」(5.4%)、④「お手伝いの御礼」(12.0%)、⑤「贈答・お祝い・お見舞いなど」(14.0%)

と回答しており、「贈答・お祝い・お見舞いなど」「お手伝いの御礼」「地域のボランティア活動に参加した御礼」などお祝い、相互扶助、ボランティアを通じてサラリを入手した人が多いことがわかる。

　他方、Q-8に「よく知らないが、聞いたことがある」と答えた人は58.3%、Q-9に「入手したことがない」人は60.2%いることから、村内

でサラリをより広く周知し、より多くの人に使ってもらうために運営活動を進めて余地は残されているといえる。

Q-10「あなたは、「サラリ」をどのようなときに使いましたか。(複数回答可)」に対して、

　①「商店街での買い物」(29.9%)、②「お手伝いの御礼」(8.4%)、③「贈答・お祝い・お見舞いなど」(3.7%)、⑦「その他」(60.4%)

と回答しており、3割近い人が「商店街での買い物」に使っている反面、「その他」の中に「まだ使っていない」人がかなりいるようである。

　われわれ調査研究グループは、こうした地域通関連の質問事項の他、幸福度、報酬観、貨幣意識等、今回のアンケート調査結果について報告し、まず運営者とそれについて話し合い、反省を行った。こうした事前報告会を開いた時点で、アンケート調査結果の概要を村民へ広く周知するとともに、村民にサラリへの認知と理解を高めてもらうことをねらいに、ワークショップを開催することが決定された。ワークショップは、NPOサラリとわれわれ調査研究グループが共同で主催することとし、以下のような内容で実施された。

タイトル：フォーラム「サラリを知ろう！」〜アンケート結果報告・懇談会〜

日時：2012年4月23日（月）19:30〜20:30

場所：更別村社会福祉センター小会議室

内容：1．公益通貨「サラリ」の沿革・現状・今後（NPOサラリ）
　　　2．アンケート調査結果のご報告（調査研究チーム）
　　　　　2−1　調査の意義・目的説明と調査へのお礼（西部）
　　　　　2−2　公益通貨「サラリ」について（吉地）
　　　　　2−3　幸福度について（草郷）
　　　　　2−4　報酬観について（栗田・宮﨑）
　　　　　2−5　貨幣意識について（小林）　※以上、（　）内は担当
　　　3．質疑、討論

フォーラムの前半は、公益通貨「サラリ」の沿革、現状、今後をNPOサラリの代表理事や役員、事務局担当者が順番に説明して、聴衆にサラリについてもっと知ってもらうことをねらいとする。フォーラムの後半は、アンケート調査結果の報告をわれわれ研究調査チームが分担で行った。村民の幸福度、報酬観、貨幣意識といった価値観や意識のあり方を説明して、経済活性化だけでなくコミュニティ活性化を目指すサラリの活動目的への理解を導くとともに、サラリに対する認知、使用、関心の現状について知ってもらい、参加意識を高めようと働きかけた。内容的には「ワークショップ」というべきなのだが、NPOサラリ側の意見を入れ、会の名前は村民によりなじみやすいと思われる「フォーラム」とした。また、このフォーラムについては4月10日に村内全域に行政回覧に合わせてチラシ広告を全戸配布することになった。

　以下では、このフォーラムで報告した調査結果概要のうち、報酬観については省略し、幸福度と貨幣意識について見ていくこととする。全国平均や他の地域通貨導入地域との比較なども行っている。

5-5　アンケート調査による「幸福度」の分析

5-5-1　はじめに

　内閣府は、2010年の幸福度調査（平成21年度国民生活選好度調査として実施）以後、国民の生活の現況を把握するために主観的幸福感に着目するようになり、2011年12月には、日本政府として幸福度指標の案を提案するに至っている。この背景には、カナダやオーストラリアによるウェルビーイング指標策定の取り組み、「経済パフォーマンスと社会の進歩の測定に関する委員会」報告書（Stiglitz, Sen and Fitoussi 2009）が社会の進歩を測定するためには、GDPなどの経済指標だけでは不十分であり、主観的幸福感や環境の持続性への影響について測ることの重要性を提起したことやOECDによる報告書（2011）の発表などがある。また、2011年に国王が来日したブータンの国民総幸福を指標とする国家開発の取り組みの影響も少なからずある。

これらの動きを背景として、国レベルの社会進歩の動向にとどまらず、住民の生活基盤である居住地域レベルにおいても、主観的な幸福感に着目することによって、何らかの地域単位の動きがどのような側面でどの程度まで地域社会の発展や進歩を促していくのかを確かめられる可能性がある。

これは、地域通貨の1つであるサラリの導入後、更別村住民による地域通貨の認知や利用、地域活動参加の変化度合と更別村住民の幸福度や生活への満足度との変化の間で、何らかの関係性がみられるのかどうかを探ることにより、地域通貨導入による地域変容効果を包括的に把握していくための仕組みの構築につなげうると考えているからである。

そこで、今回の更別村公益通貨「サラリ」の導入効果を測定するためのアンケート調査票には、利用者である更別村住民の幸福感や生活への満足感に関するいくつかの質問を盛り込んでみた。ここでは、今回の調査回答データをもとにして、更別村民の幸福度の度合いや特徴、個人の属性（年齢、生活地域、家族構成）によって幸福度や生活満足度に差異があるのかどうか、また、幸福度や生活満足度とサラリの認知・利用の有無や様々な地域活動への参画とも関係しているのかどうかに着目して分析した結果を報告する。

5-5-2　回答者の幸福度

まず、今回のアンケート回答者全員の幸福度を点数ごとに整理し、図にしてみた（図表5-2）。質問文は、内閣府が平成21年度に実施した「幸福度調査」（国民生活選好度調査）の質問文をそのまま採用した。そこで、参考として、この図の中には、内閣府による幸福度の調査結果も盛り込んでいる。

更別村住民の幸福度の平均得点は、7.04点であり、これは、内閣府による調査結果、幸福度の平均得点6.47点よりも約1割程度高い。また、図を見ると、半数近く（47.4%）が8点以上の幸福度であること、4点以下の低い幸福度の割合はわずかに3.9%であることがわかる。これに対して、内閣府調査によれば、8点以上の割合は、34.4%に過ぎず、4点以下

図表 5-2　更別村と内閣府調査の幸福度への回答分布（％）

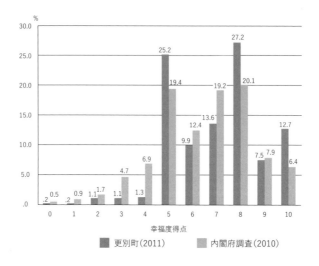

図表 5-3　性別の幸福度（平均得点）

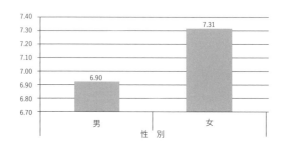

の割合は 14.7％であった。

次に、更別村民の幸福度を個人属性で整理してみた。

①性別：女性の幸福度平均得点は、男性よりも 0.4 ポイント、5％程度高い。これは、内閣府の結果と同様の傾向を示している（図表 5-3）。

②年齢別：20 代から 30 代の年齢層の幸福度の平均得点は高く、60 代に向かって低下。しかし、70 代以降で再び上昇。内閣府の結果では、高齢者の幸福

図表 5-4 年齢別の幸福度（平均得点）

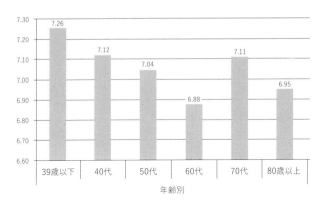

図表 5-5 居住地域別の幸福度（平均得点）

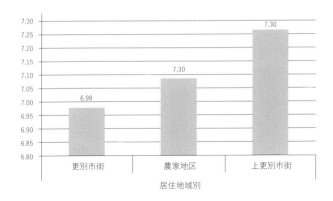

度の低下傾向を示しているのとは、異なる。（図表 5-4）
③居住地域別：幸福度の平均得点は、上から、上更別市街、農家地区、更別市街の順であった。ただし、上更別市街の回答者数は 15 に過ぎないので、注意が必要である。更別市街住民よりも農家地区住民の幸福度は若干高いようである（図表 5-5）。
④居住歴別：10 年未満の居住歴の住民グループの幸福度の平均得点は、10 年

図表 5-6　居住歴別の幸福度(平均得点)

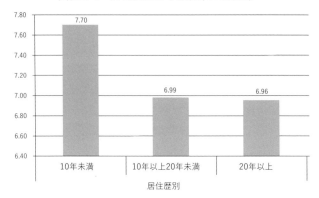

図表 5-7　職業別の幸福度(平均得点)

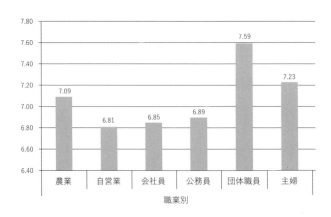

　以上居住歴を持つ住民グループよりも高い（図表 5-6）。
⑤職業別：幸福度の平均得点は、上から、団体職員、主婦、農家、公務員、会社員、自営業の順であった（図表 5-7）。
⑥家族形態別：一人暮らしや核家族世帯に比べて、祖父母と孫、3 世代世帯といった拡大家族の方が幸福度は高い（図表 5-8）。
⑦学歴別：中学卒業のグループと高校卒業以上のグループの間では、高校以上の幸福度の方が中学卒業よりも高かった（図表 5-9）。

第 5 章 更別村公益通貨「サラリ」

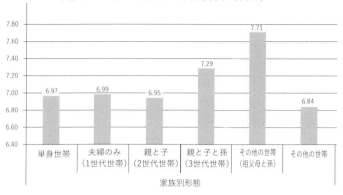

図表 5-8　家族形態別の幸福度（平均得点）

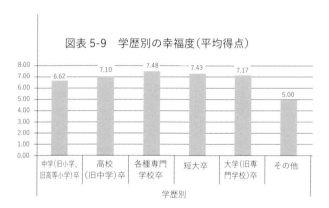

図表 5-9　学歴別の幸福度（平均得点）

⑦生活レベル別：収入レベルが高いと感じている人ほど、幸福度の平均得点は高い。中の下の幸福度点数が下のそれよりも低いのが気になる（図表5-10）。

5-5-3　アンケート回答者の幸福度の要素

アンケートでは、内閣府の調査を参考にして、上記の幸福度の質問に回答した際に、どのようなことを考えて、幸福度の得点をつけましたか、という質問をしてみた。図表 5-11 は、その回答結果を示している。参考として、図の中に、内閣府の調査結果を示してある。

207

図表 5-10　生活レベル別の幸福度（平均得点）

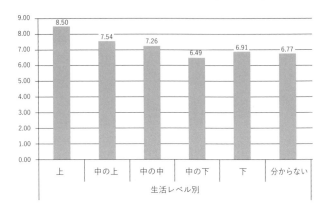

図表 5-11　更別村と内閣府調査の幸福度の要素への回答分布（％）

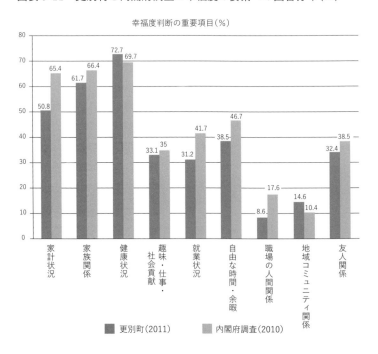

図表 5-12　満足度（5 段階）と幸福度の平均得点（項目別）

満足度	収入・所得	雇用機会	学校・塾	食料品調達	日用品調達	商店街活動	金融サービス	レジャー・イベント	自己啓発・能力向上
1. 大変満足	8.24	7.38	8.27	8.43	8.57	9.00	8.58	8.00	8.00
2. やや満足	7.51	7.56	7.33	7.08	7.09	7.71	7.59	7.80	7.83
3. どちらでもない	6.67	6.99	6.94	6.89	6.94	6.87	6.88	6.82	6.92
4. やや不満	6.30	6.66	6.65	7.05	7.07	6.61	6.64	6.44	7.04
5. 大変不満	5.00	7.41	6.25	7.03	6.58	7.78	6.00	6.90	6.63
合計	7.04	7.05	7.06	7.04	7.04	7.04	7.05	7.04	7.05

満足度	趣味・スポーツ	芸術・文化	医療・保健	福祉・ボランティア	行政サービス	公共交通機関	町内会・行政区活動	防犯・防災
1. 大変満足	8.53	8.86	7.27	8.13	8.13	8.30	8.56	8.22
2. やや満足	7.40	7.55	7.13	7.12	7.37	7.33	7.27	7.27
3. どちらでもない	6.70	6.82	6.77	6.84	6.87	6.86	6.80	6.81
4. やや不満	6.77	6.94	7.06	6.61	6.35	6.60	6.83	6.69
5. 大変不満	7.25	7.76	6.25	5.25	5.88	6.83	5.00	5.00
合計	7.03	7.04	7.04	7.03	7.05	7.04	7.04	7.04

今回のアンケート調査からは、更別村民の幸福度判断の重要項目として、健康状況、家族関係、家計状況がトップ 3 であった。内閣府の調査結果と比較してみると、大きな違いは、地域コミュニティの関係をどの程度重要と感じている人かどうかであり、内閣府の調査結果に比べて、更別村民の方が幸福度を判断する際の地域コミュニティ関係の優先度が少し高いことがわかった。

5-5-4　幸福度と満足度の関わり

更別村住民が生活、文化、福祉、医療、公共という生活のさまざまな側面に関して、どの程度満足しているかの度合いも尋ねてみた。これらの満足度と幸福度には何らかの関係があるのかどうかを見てみる。

図表 5-12 は、17 の生活関連項目に関する満足度（5 段階）と幸福度の平均得点を示している。この表から、いくつかのことがわかる。

①収入・所得、学校・塾、金融サービス、福祉・ボランティア、行政サービス、防犯・防災の6つの項目で、満足度が高くなれば高くなるだけ、幸福度の得点が上昇している。
②医療・保健項目については、満足度の高低と幸福度の平均得点はあまり関係がない。
③雇用機会と医療・保健項目を除くと、すべての項目において「大変満足である」と回答したグループの幸福度の平均得点は、8点以上と高いことがわかる。

5-5-5　地域活動と幸福度の関係

　地域活動にかかわる人は、幸福度は高いのかそうでもないのかを確かめてみたのが、図表5-13である。この表からは、青年会活動に参加している人々を除くと、すべての地域活動において、活動参加している人の平均的な幸福度は高いということがわかる。

　とりわけ、ボランティア活動に参加した人（7.73点）、PTAに参加している人（7.55点）、婦人会に参加している人（7.49点）の幸福度は、それぞれの活動に参加していない人の幸福度に比べて高いことがわかる。具体的に、活動不参加である人の幸福度（平均得点）との間で、幸福度にどれくらいの差があるのかを見てみると、ボランティア活動への参加・不参加によって分けられるグループ間の幸福度差が一番大きい（参加グループ7.73点、不参加グループ6.93点）。他方、二つのグループ間の差が最もすくなかったのは、老人会の活動に参加しているかどうかであり、活動への参加・不参加別の幸福度は7.07点、7.03点であった。

5-5-6　地域通貨を知っている人の幸福度

　最後に、地域通貨を知っている人とそうでない人との間の幸福度の平均得点を比較してみた（図表5-14）。

　地域通貨を知っていると回答した人の幸福度の平均得点は、7.24点であるのに対して、よく知らないが聞いたことはあると回答した人の6.96点、全く知らないと回答した人の6.07点よりも高い。地域通貨を知らな

第 5 章　更別村公益通貨「サラリ」

図表 5-13　地域活動参加と幸福度(平均得点)

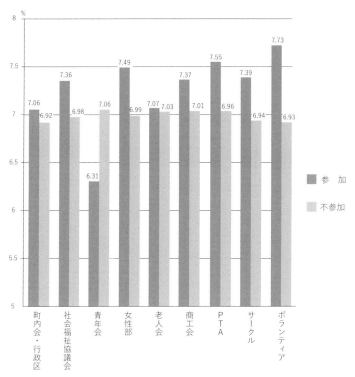

図表 5-14　地域通貨認識と幸福度(平均得点)

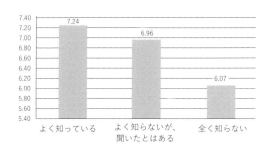

211

い人の幸福度の低さは際立っており、これがどのようなことを意味するのか、継続して、確かめていくことが重要であると示唆される。

5-5-7　おわりに

　更別村民の幸福度を軸にして、幸福度の要素、幸福度と地域生活における満足度との間の関係、地域活動の参加や地域通貨の認知との関係を整理してみた。

　今回の調査結果から、更別村の幸福度は、全国調査の平均点よりも高いこと、幸福度の高低は、性別、年齢別、居住地域別、居住歴、学歴、職業別、生活レベルによって、異なることがわかった。また、幸福度と地域活動の参加、幸福度と地域通貨の認知の関係においては、地域活動に参加する人や地域通貨を知っている人の方が、幸福度（平均）が高いということも確かめることができた。

　今後、幸福度や生活への満足度に関する質問を継続して取り入れ、これらの主観的幸福に関するデータがどのように推移していくのかを検証していくことが地域通貨の地域生活変容の効果を把握する一助になり、その結果を住民と共有することで、調査データを更別村の発展に役立てることが期待される。

5-6　アンケート調査（2011年12月）による「貨幣意識」の分析

5-6-1　はじめに

　本報告で取り上げる貨幣意識は、貨幣制度（貨幣の機構・運営・使用のルール）に対する個人の価値判断によって構成されるものである。貨幣意識は、貨幣に関する27の設問から構成されるアンケートによって調査しており、現在までに日本のみならずイタリア、ブラジル、アルゼンチン等でのべ500人以上が回答している。このアンケートは、お金の使い方、お金を持っていると何ができるかだけではなく、可能な貨幣制度の間で制度選択を行うとする場合に参照される判断基準――貨幣の目的、発行、運

営形態、分配状況など貨幣制度に関わる諸要因——といった、より広範で潜在的な価値規範を問うものである（小林・栗田・西部・橋本 2010）。

　小林・西部・栗田・橋本（2010）での分析によって、現在までの貨幣意識アンケート調査から「多様性」、「公共性・公平性」、「利益志向」の3因子が抽出されている。多様性因子は、「国民通貨と異なる他のお金を利用できるのがよい」、「人々が自由にお金を創造・発行できる方がよい」、「お金の発行権を中央銀行や商業銀行だけでなく人々やコミュニティも持つべきだ」といった貨幣の多様性を求める項目である。公共性・公平性因子は、「政府が所定の年齢を超える全成人に最低限の生活のための基礎所得を一律給付すべきだ」、「お金を人々の間で融通しあうことはよいことだ」、「お金の貸し手は商業銀行などの金融機関でなく、政府であるべきだ」など、主にお金の公平的な部分に関わる項目である。利益志向因子は、「お金で何でも買える方がよい」、「お金は営利目的で発行した方がよい」といったお金における利益志向（拝金主義）に関わる項目である。

　本報告の目的は、上述した3因子の観点から更別村の貨幣意識を分析し、更別村の人たちに特徴的な貨幣意識を明らかにすることである。そこからこれまでの公益通貨サラリの活動および今後の普及活動に関して、住民の地域通貨の理解度や地域通貨による社会変化に対する感応度といった認知的な側面から有益な示唆を与えることを目指す。

5-6-2　分析結果
5-6-2-1　基礎的分析

　更別村の貨幣意識について3因子の下位尺度得点の平均値と標準偏差を表5-15に示した。更別村以外の3群は小林・西部・栗田・橋本（2010）が実施した同じ貨幣意識アンケート調査の結果であり、地域通貨関係者（$n=26$）、金融関係者（$n=27$）、その他の職業に就く者や大学生を含めた群（$n=101$）となっている。更別村の3因子の下位尺度得点の順序傾向は（公共性・公平性＞利益志向＞多様性）となっており、従来の調査結果（小林・西部・栗田・橋本 2010；小林・栗田・西部・橋本 2010）による順序傾向（公共性・公平性＞多様性＞利益志向）とは異なっている。

図表5-15　3因子の下位尺度得点

	更　別 ($n=442$)	地域通貨関係者 ($n=26$)	金融関係者 ($n=27$)	その他 ($n=101$)
多様性	2.38 .68	3.41 1.15	2.14 .50	2.76 .57
公共性・公平性	3.14 .59	4.28 .45	3.06 .58	3.37 .60
利益志向	2.57 .86	2.72 1.14	2.80 .82	2.98 .84

上段：平均値　　下段：標準偏差

図表5-16　性別による3因子の下位尺度得点

男性（$n=317$）、女性（$n=123$）

	平　均		標準偏差		
	男性	女性	男性	女性	有意確率
多様性	2.35	2.44	.70	.64	.16
公共性・公平性	3.14	3.14	.61	.57	.99
利益志向	2.58	2.54	.84	.91	.21

　更別村民の貨幣意識の特徴は、多様性が中立である3点を約0.6点も下回っており、貨幣の多様性を是認しない住民が多いところである。多様性の平均得点が2.38と、地域通貨関係者（3.41点）やその他（2.76点）と比較しても低いことがわかる。公共性・公平性の平均得点に関しても地域通貨関係者（4.28点）やその他（3.37点）よりも下回っているが、こちらは中立である3点を0.14点上回る結果となった。利益志向については、因子の信頼性を示すα係数が低いことと、標準偏差が他の因子より高いことから、他群との比較の妥当性が低いと考えられるが、結果からは平均得点が2.57点と4群の中では最も低い点数であった。

　図表5-16は性別による貨幣意識の違いを示したものである。多様性は女性の点数が高く、利益志向では男性の点数が高いが、いずれも男女間の下位尺度得点でt検定を行った結果、有意な差異は認められなかった。ま

図表 5-17　年代別の 3 因子の下位尺度得点
（エラーバーは標準誤差）

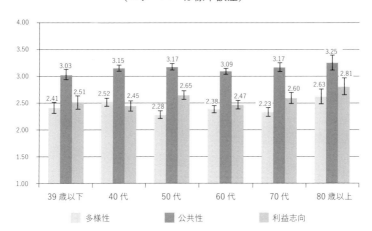

たすべての質問項目で性別による得点差がないか t 検定を行ったが、いずれの質問項目でも有意な差は認められなかった。

　図表 5-17 は年代別の 3 因子の下位尺度得点である。20 代と 30 代、および 80 代と 90 代は他の年代よりも回答者数が少なかったため、それぞれ 39 歳以下、80 歳以上としている。図を見ると各年代で平均得点に大きな違いを見ることができない。各群間で下位尺度得点の分散分析を行ったが有意差はなかった。39 歳以下の回答者数が少ないので 20 代と 30 代を結果に含めることはできないが、40 代から 70 代にかけては年代間に貨幣意識の差異はないといえる。

5-6-2-2　質問別得点

　次に 3 因子それぞれに属する質問別の平均得点を見ていくことにする。更別村の平均得点の位置づけを理解するために、3 つの地域で実施した貨幣意識調査の結果を参考に示す。一つ目は、東京都の武蔵野中央地区に居

住する人たち（$n=85$）[31]である。この地域では、地域通貨「むチュー」が発行されており、主に有償ボランティアの報酬としてむチューが使用されていた。また日本国内でも富裕層が多い地域であり、住民の平均所得は497万円となっている。二つ目は、ブラジルのフォルタレザ市郊外にあるパルメイラ地区にあるパルマス銀行の運営者と利用者（$n=32$）である。パルマス銀行ではマイクロクレジットを地域通貨で実施しており、パルメイラ地区では生活必需品の購入に地域通貨がとてもよく使われている。三つ目はイタリアのトリノとミラノそれぞれに居住する人たち（$n=28$）である。イタリアは国家通貨のないユーロ圏であり、回答者も地域通貨をまったく知らない人たちであった。ブラジルとイタリアのデータもスノーボール・サンプリングであり、こちらはサンプル数が十分でなく、参考データとして見ていただきたい。

　図表 5-18 は多様性に属する一部の質問項目の平均得点である。「お金は一種類であるのがよいと思いますか」という質問項目は多様性にとって逆転項目であるので、得点が高い方が多様性を認めないということになる。それ以外の質問は中立である 3 点よりも低い結果となっている。このことから、更別村では円以外の通貨の発行や利用をあまり望まない住民が多い。

　図表 5-19 は公共性・公平性に属する質問項目の平均得点を表したものである。図表 5-15 からわかっている通り、この因子に関する得点は中立である 3 点よりも高いものが多い。公共性・公平性の下位尺度得点が他の因子のものよりも高いことは、更別村以外でも同じ傾向であり、更別村だけに特徴的なものではない。パルマスやトリノ・ミラノと比べるとむしろ低い傾向にある。更別村と武蔵野の平均得点がほぼ同じ傾向にあることから、富裕層が多い 2 地域に特徴的な平均得点なのかもしれない。

　図表 5-20 は利益志向に属する質問項目と健康や心情に関する質問項目の平均得点である。表中の上から 2 つの質問項目が利益志向に属するものである。前節で述べたように更別村は 3 因子の得点順序の傾向が他の場合

---

[31] 武蔵野中央地区での調査は、ランダム・サンプリングではなく、スノーボール・サンプリングであるため、武蔵野中央地区に居住する母数を代表するデータになっていないことに留意されたい。

図表 5-18　多様性に属する質問項目の平均得点

	更　別	武蔵野	パルマス	トリノ・ミラノ
お金は1種類であるのがよいと思いますか	3.26	3.26	2.78	4.11
お金の発行権を中央銀行や商業銀行だけでなく人々やコミュニティも持つべきだと思いますか	2.11	2.14	4.00	1.89
生きていくために、国民通貨と異なるほかのお金を利用できるのがよいと思いますか	2.41	2.76	3.38	2.29
いろいろな種類のお金から好ましいものを選択することができればよいと思いますか	2.36	2.30	3.28	2.61

図表 5-19　公共性・公平性に属する質問項目の平均得点

	更　別	武蔵野	パルマス	トリノ・ミラノ
政府が貧困層に生活保護を提供すべきと思いますか	3.1	3.39	4.09	4.46
お金はごく一部の人々に集中せず、人々の間に分散すべきだと思いますか	3.45	3.42	4.41	4.61
お金の価値は安定していた方がよいと思いますか	4.23	4.21	4.19	4.39
友人がお金に困っている時、貸してあげるのがよいと思いますか	2.59	2.54	3.59	4.22

と異なり、利益志向が2番目となっている。表からも「お金は儲ければ儲けるほどよいと思いますか」や「お金で何でも買えるほうがよいと思いますか」といった利益志向に関する質問項目の平均得点で、更別村が武蔵野の人たちよりも上回っていることがわかる。だが、この得点の高さは中立の3点を下回っており、パルマスのそれと比べると有意に低いことがわ

図表 5-20　利益志向および健康や心情に関する質問項目の平均得点

	更　別	武蔵野	パルマス	トリノ・ミラノ
お金は儲ければ儲けるほどよいと思いますか	2.67	2.43	3.34	3.04
お金で何でも買えるほうがよいと思いますか	2.96	2.73	3.66	2.25
お金は健康ほど重要ではないと思いますか	3.07	3.06	3.69	4.39
お金で友情や愛情は買えないと思いますか	3.99	4.12	3.38	4.04
ある程度の生活ができていれば、余分なお金は必要ないと思いますか	2.85	3.23	3.61	4.11

かっている。その他、「お金で友情や愛情は買えないと思いますか」という質問項目ではおよそ4点となっており、逆にパルマスよりも有意に高い結果となっている。「ある程度の生活ができていれば、余分なお金は必要ないと思いますか」という質問項目は、他の地域では中立の3点を上回っている中で、更別村は2.85点となっている。

5-6-2-3　地域通貨の認知と貨幣意識

次に更別村の住民の地域通貨の認知と貨幣意識の関係について分析を行った。まず、「あなたは、地域通貨を知っていますか」という質問に対し、「地域通貨をよく知っている」と回答した群（$n=174$）と「よく知らないが聞いたことがある」と回答した群（$n=270$）を分ける。全く知らないと回答した群は15名と全体の3.2%であったため今回の分析からは除外した。

図表5-21は地域通貨の認知と多様性に属する質問項目の平均得点を表したものである。表の結果から地域通貨をよく知っている群と、よく知らないが聞いたことがある群では、よく知っている群のほうが、国民通貨と異なるお金を利用できたり、いろいろな種類のお金から好ましいものを選択できたりすることを是認する傾向にあることがわかった。しかし、いず

図表 5-21　地域通貨の認知と多様性に属する質問項目の平均得点

	よく知っている ($n=174$)	よく知らないが、 聞いたことはある ($n=270$)	有意確率
生きていくために、国民通貨と異なる他のお金を利用できるのが良いと思いますか。	2.55	2.33	.00
お金の発行権を中央銀行や商業銀行だけでなく人々やコミュニティも持つべきだと思いますか	2.1	1.94	.00
いろいろな種類のお金から好ましいものを選択することができればよいと思いますか	2.42	2.31	.07

図表 5-22　地域通貨の認知と利益志向に属する質問項目の平均得点

	よく知っている ($n=174$)	よく知らないが、 聞いたことはある ($n=270$)	有意確率
お金で何でも買えるほうがよい	2.83	3.02	.02
お金は儲ければ儲けるほどよい	2.43	2.78	.01

れの質問項目の平均得点も 3 点より下であり、地域通貨をよく知っているからといって、貨幣の多様性を強く求めるものではないことも併せて述べておく。

　公共性・公平性に属する質問項目の平均得点では、地域通貨の認知度とは特に有意な差が認められなかった。最後に利益志向に属する質問項目において地域通貨の認知度で有意な差があったものを図表 5-22 に示した。利益志向では多様性の結果（図表 5-21）とは逆に、よく知らないが聞いたことがある群のほうがよく知っている群に比べて平均得点が高くなっている。この場合、地域通貨の理解がどの範囲までを指すのか明示的な質問となっていなかったため、地域通貨の理解が利益志向と具体的にどのよう

に関係しているのかまではわかっていない。しかし、この2つの質問項目は地域通貨の機能とは相反するものであるので、地域通貨の特徴やサラリの理念が、よく知っている群には広まっていることの証左といえるかもしれない。

5-6-2-4　地域通貨の社会変化と貨幣意識

　最後に「サラリの導入によって、地域社会において何か変化を感じましたか」という質問項目と貨幣意識の関係について見ることにする。この質問項目の回答は5段階尺度となっており、1. 大きな変化を感じた（$n=7$）、2. 少し変化を感じた（$n=60$）、3. どちらともいえない（$n=157$）、4. ほとんど変化を感じない（$n=141$）、5. まったく変化を感じない（$n=84$）、の5つである。このうち、1か2と回答した人々を「変化を感じた群」、3と回答した人々は「中立群」、4か5と回答した人々を「変化を感じなかった群」として分けて分散分析を行った。

　図表5-23に地域通貨の社会変化の感応度別の多様性に属する質問項目の平均得点を示した。有意確率は3群での分散分析における得点の差を検定したものである。表中から地域社会の変化を感じた人々のほうが色々なお金があることを是認する傾向があり、地域社会の変化を感じなかった人々は、お金は一種類だけでよいとする意識が強いことがわかる。実際に変化を感じた群と変化を感じなかった群での多重比較（Bonferroni検定）によっても表中のすべての質問項目において有意差（5%有意）があることがわかっている。

　図表5-24は、地域通貨による社会変化の感応度によって得点に有意な差があった質問項目である。地域社会の変化を感じなかった群は、「お金で友情や愛情は買えないと思いますか」、「ボランティアへの対価を支払う特別なお金があるのがよいと思いますか」という質問項目で、変化を感じた群と比べて得点が高くなっている。とりわけボランティアに対する考え方で両群に大きな差異があり、社会変化を感じなかった群は、無償ボランティアを是とする意識が強いことが見受けられる。ここから社会変化を感じなかった群には、ボランティアのお礼に「サラリ」は必要ないと考えて

図表5-23 地域通貨による社会変化の感応度と
多様性に属する質問項目の平均得点

	変化を感じた群	どちらともいえない	変化を感じなかった群	有意確率
生きていくために、国民通貨と異なるほかのお金を利用できるのがよいと思いますか	2.9	2.45	2.22	.00
人々が自由にお金を創造・発行できる方がよい	2.61	1.99	1.84	.00
お金の発行権を中央銀行や商業銀行だけでなく人々やコミュニティも持つべきだと思いますか	2.54	2.21	1.92	.00
お金は1種類であるのがよい	2.86	3.12	3.47	.01
いろいろな種類のお金から好ましいものを選択できれば良いと思いますか	2.72	2.35	2.25	.04

図表5-24 地域通貨による社会変化の感応度と
その他の質問項目の平均得点

	変化を感じた群	どちらともいえない	変化を感じなかった群	有意確率
お金は健康ほど重要ではないと思いますか	3.37	2.96	3.04	.90
お金で友情や愛情は買えないと思いますか	3.74	3.99	4.09	.05
ボランティアや寄付は無償でするのがよいと思いますか	3.3	3.18	3.65	.01
ボランティアへの対価を支払う特別なお金があるのがよいと思いますか	3.22	3.01	2.61	.00

いる人たちが多く含まれていると推測される。反対に社会変化を感じた群には、ボランティアのお礼に特別なお金があればよいと考える人たちが多く含まれており、サラリの効果によって地域通貨のような円とは異なる通

貨の存在を是認する意識が高まった可能性がある。

5-6-3 おわりに

　更別村の貨幣意識について、これまで調査してきた地域の住民の中でも3因子の下位尺度得点がいずれも低いという結果であった。とりわけ多様性に関しては2.35点と中立の3点を大きく割り込むものであった。地域通貨をよく知っている人たちでは貨幣の多様性に属する質問項目の平均得点が、よく知らないが聞いたことはあると答えた人たちよりも有意に高いことがわかったが、いずれの平均得点も3点を下回るものであり、多様性を肯定している人の割合は総じて低い。地域通貨によって社会変化を感じた人たちもそれ以外の人たちに比べて多様性に属する質問項目の平均得点が高いが、こちらもすべての得点で3点を下回っていた。ただし、社会変化を感じた人たちは有償ボランティアを肯定する意識が強く、とりわけボランティアの報酬が特別なお金であってもよいと考える傾向にある。

　これらの結果から、更別村全体では地域通貨のような円とは異なる通貨の存在を認める貨幣の多様性意識が中立よりも低いと結論付ける。更別村全体で公益通貨サラリを普及させていくためには、貨幣の多様性意識を高めるような勉強会やワークショップを定期的に実施するなどしていくことが有効であろう。しかしながら、サラリによる社会変化を感じている人たちは社会変化を感じなかった人たちよりも多様性意識が高く、またサラリによる有償ボランティアへの理解も高いと考えられるため、サラリによる社会変化は少ないながらも一部の住民の意識を変えつつあるのかもしれない。

5-7　地域通貨の運営状況に応じたコミュニティ・ドックの政策的展開

　更別村商工会は、苫前町でのわれわれ調査研究チームの経験や知見も初めから受け継ぎ、また、当時最も地域通貨がうまくいっていると思われた大阪地域通貨特区の「げんき」「いっぽ」を1つのお手本として、しかも

じっくりと時間をかけつつ、地域通貨の検討から準備、発足まで進めて行った。特に、地域通貨検討委員会の中心メンバーであった商工会事務局員が、以下の諸点を実行できたことが地域通貨の成功につながっていると考えられる。①地域通貨運営組織を村民が広く参加しうるNPOとしたこと、②ネーミングやデザインを村民から公募して、広く参加意欲を高めようとしたこと、③地域通貨を「公益通貨」と呼び、村が助成し、町民が参加しやすいようにしたこと、④地域通貨「げんき」のように、まずはボランティアや相互扶助を中心に進め、地域経済活性化は後から付いてくると考えたこと。こうして、商工会事務局員はうまく他の村民の自発性を引き出しつつ、地域通貨の発足から運営へとリードしていった。複数回流通型地域商品券は寝屋川市や苫前町でも実施された非常に明確な地域通貨のスキームであり、経済効果も期待できるが、長期的な戦略立案と運営能力が要求される。商店街や商工会ではこれを着実に実行していくのはなかなか容易ではないと見て、運営メンバーの中心を村役場OBに委ねた判断も正しかった。地域通貨運営組織にとって補助金がなくなると、特に専従職員の給与などの経営面でたちまち運営が立ち行かなくなるケースが多く見受けられるが、村役場OBが理事や役員であるNPOサラリは更別村からの受託事業などの収益事業を請負い、無期限の商品券型地域通貨を発行することで低い換金率に抑え、経営的にも自立化しつつある。その意味で、更別村の地域通貨事業は着実で地に足が付いたものであり、今回のアンケートを受けて、村民の中でより広く受け入れられるよう、また、より多くの村民の参加意識を高めてコミュニティによるコミュニティの自治へ近づくよう努力していくであろう。

　こうした更別村公益通貨「サラリ」のような着実な成功事例の場合、すでに自立した運営活動が安定的な軌道に乗っているので、われわれ調査研究グループがそれほど頻繁に働きかけていく必要はなく、側面からの支援や動機づけを提供していくことが中心になる。今回のようなアンケート調査活動を共同で進めることで、運営組織の中心メンバーが自己評価や反省のための情報や機会を提供したり、フォーラムを共同開催することで、自分たちだけでなかなか作れない、サラリの活動を村全体へ周知しアピール

する機会を持つよう促したり[32]、運営継続への動機づけや刺激を与えたりすることで、彼らの地域づくりの活動を補助していくことで十分であろう。

　このように、コミュニティ・ドックの調査診断の技法そのものは変わらないにせよ、コミュニティへの関与や働きかけなどの政策的展開は、当該の地域コミュニティの状態だけでなく、地域づくり活動の方向性や進展、運営組織の状況など多様な要因を見ながら、変えていく必要がある。また、そうした複雑な要因や関係が絡んだ関与や働きかけにおけるカンやコツは、実践者や調査研究者の個人的な知識、経験や技能として蓄積されるものであり、簡単に他者へ伝達できるマニュアル的知識へと体系化できるものではないのは当然である。しかし、それを言語化することが不可能な熟練や暗黙知としてしまうだけでは知の進化はありえない。調査研究チームの各メンバーがそうした現場における実地経験を重ねることで獲得した個人的知識を相互にコミュニケーションを交わす中で共有し、それをさらに言語化して他の新しいメンバーや第3者へ伝達する努力をしなければならない。コミュニティ・ドックはそうした個人的なスキル、ノウハウ、暗黙知をできるだけ明示化して多くの人と共有したり、他の研究者や実践者へ伝達したりできるような方法論やスキームたりうることを目指している。諸個人・諸団体間の関係性は、地域通貨の流通ネットワークとして可視化されるので、こうした分析調査結果を利用することや、以下で見る諸団体間の因果連鎖的な関係モデルを構築して利用したりすることは有効な手法になりうる。

　次章では、ブラジル・フォルタレザ近郊のパルマス銀行の事例を取り上げる。これは地域通貨とマイクロファイナンスが統合されている成功事例であると言える。ここでは、われわれはどちらかというと外国から視察に訪れた客観的な第三者の立場におり、いま見た更別村のように当初から積極的に関与するあり方とは異なっている。われわれはパルマス銀行の関係

---

[32] アンケート調査の事前報告会について、2012年2月23日十勝毎日新聞朝刊に「地域通貨『知っている』けれど…66％が利用経験なし、更別のNPO『改めて周知を』」という記事と北海道新聞朝刊に「更別村高い幸福度　北大教授らアンケート『地域とのつながり』」という記事が掲載された。

者らにインタビュー調査を行い、パルマス銀行の歴史や主要なリーダーたちの経験の中に存在するものの、外部からは認知・観察できないノウハウや成功要因を彼ら自身の語りの中から抽出し、それらをできるだけ明示的に説明することができるモデルを形成しようと試みている。この事例では、調査研究者が当該コミュニティにたいして助言や支援といった積極的関与をしたわけではない。しかし、インタビューのような主観的調査をベースにしてコミュニティ全体の諸組織・制度間関係をモデル化し、そこから政策的な含意を引き出すという分析・評価方法はそれ以前のコミュニティ・ドックの事例には見られない新たな手法であり、コミュニティ・ドックに今後利用しうるものだと考えられる。

● 第 6 章

ブラジル・フォルタレザの「パルマス」：
制度生態系としてのコミュニティバンクと住民組織 [33]

6-1 地域通貨の現状とパルマス銀行の特徴

　地域通貨は世界各地で実践されており、日本でも現在まで 650 以上の地域で導入されている（地域通貨全リスト 2011）。国内でこれまでに導入された地域通貨の目的は、第一にボランティアや相互扶助的なサービスを媒介とする地域コミュニティの活性化（63.8％、296 件）にあり、第二に、地域経済の活性化にある（20.7％、89 件）（木村 2008）。海外の事例とは対照的に、従来の日本における地域通貨の傾向は、人と人のつながりや地域コミュニティの再生を目指すことが主であり、持続可能な地域経済の構築が従となっている。

　コミュニティ活性化がその目的である場合、地域通貨によるボランティアや相互扶助の取引を通じてある程度固定的なネットワークとしてのコミュニティが形成されてしまうと、地域通貨の当初の目的は達成されたと理解されて、地域通貨自体が「発展的に」解消されてしまうというケースもしばしば見られる [34]。しかし、地域通貨のほとんどはコミュニティと経

---

[33] 本論考は、小林・橋本・西部 (2012) に若干の修正を加えて転載するものである。現地でのインタビュー調査に基づく報告書をもとにして、制度生態系についての分析と考察を加えており、コミュニティ・ドックの一例を示すのである。
[34] ボランティアや相互扶助を中心とする地域通貨は日本で「エコマネー」と呼ばれたが、その中で開始時期が早く、規模も大きかったことで最も有名な北海道栗山町の「ク

第6章　ブラジル・フォルタレザの「パルマス」

済の双方の活性化をその目的として掲げているので、こうしたケースは成功例とは見なしえない。やはり、経済的な領域を巻き込み、ある程度の規模を維持しつつ存続していくことが地域通貨の要件である。このように、規模や持続可能性という視点から見た地域通貨の成功事例はそれほど多くはない。

その主な理由として以下の3点が挙げられる。1）地域通貨を運営する事務局がボランティア・ベースであるか、その運営資金が補助金頼みであるため、ボランティアが疲弊したり補助金が途絶えたりすると事務局が十分に機能しなくなること（坂田 2003、西部 2006d）。2）ボランティアや相互扶助を中心とする地域通貨（エコマネー）の場合や地域通貨に参加する住民や店舗が少ない場合、地域通貨が特定の参加者や団体に滞留するなど、地域通貨が想定した流通スキーム通りに機能しないこと（嵯峨 2003、西部 2006a、与謝野・熊野・高瀬・林・吉岡 2006）。3）過半数の地域通貨の発行額が 500 万円未満であり、地域経済活性化を目的とするにしては発行額が小さいこと（木村 2008）。

日本に比べると、海外の地域通貨は経済活性化を目的とするものがより多い。けれども、アルゼンチンのグローバル交換リングを除けば、その規模はそれほど大きくなく、持続可能と言えるレベルに達するものはごく少数である。そうした中、規模と持続可能性という点で成功の条件を備えたと言える地域通貨が現れた。ブラジルのフォルタレザ市のパルメイラ地区にあるパルマス銀行の試みである。それは、地域通貨の導入によって地域消費を促進し、地域内の雇用を 10 年間で大幅に増進させるという顕著な経済効果をもたらした。

パルマス銀行は、消費者および生産者向けマイクロクレジット（少額融資）を地域通貨で行うという先進的な取り組みを 1998 年から実施してきた。この地区では地域通貨導入によって当初 1997 年に地区内での生活必需品の購入割合が 2 割であったが、2008 年にはそれを 9 割以上に増やす

リン」が 2011 年 12 月に「発展的に」解散するに至った（「クリン」関係者からの西部によるヒアリングによる）。しかし実際には、「クリン」だけでなく多くのエコマネーが以下で述べる理由により休止するに至ったと考える方が妥当であろう。

ことに成功している（図表 6-1）。

　パルマス銀行による地域通貨の流通スキームの特徴は、パルマス銀行が顧客である住民に地域通貨で融資を行い、住民が地域通貨で消費だけではなく投資事業を行うことにより地域通貨が域内で流通し、地域経済を活性化させる点にある。だが、果たしてそれだけで地域通貨が効果的に流通してきたのであろうか。地域通貨の流通スキームをうまく描くことができても、実際に地域通貨が持続的に流通するわけではない事例は日本の地域通貨においても多く見られる。われわれは、パルマス銀行や州政府関係者、融資を受けた地域住民へのインタビュー調査を通じて、地域通貨の流通にはパルマス銀行本体だけではなく、住民組織である ASMOCONP（アスモコンピ）やパルマス銀行の後援組織である Instituto Palmas（パルマス・インスティチュート）が大きな役割を果たしていることを理解した。本研究の目的は、パルマス銀行の周辺に存在する諸組織が地域通貨の流通を促進させる上でどのような役割を担っているのかを検討し、制度生態系（橋本・西部 2012、Hashimoto and Nishibe 2005、西部 2006c）として各々の組織や地域通貨導入（メゾ）が地域住民（ミクロ）や地域経済（マクロ）とどのように関係しているかを明らかにすることにある。

6-2　調査方法

　われわれは、上記の目的を達成するべく、2011 年 2 月 21 日〜 25 日に現地調査を実施し、パルマス銀行の運営者 7 名、パルマス銀行から融資を受けている経営者 5 名、州政府関係者 3 名の計 15 名に対し、日本人通訳者を介した非構造化インタビューを行った[35]。すべてのインタビューは本人了承のもと音声録音・ビデオ録画されており、インタビュー記録の抽出はこれらをもとにして行った。

---

[35] 本稿のパルマス銀行に関する解説は、パルマス銀行を訪問して同銀行関係者や預金・融資実績がある商工業者、顧客等に実施したインタビュー内容の詳細をまとめた西部・橋本・小林・栗田・宮﨑・廣田 (2012) に依拠している。

図表6-1 パルメイラ地区内外における
生活必需品の購入場所の割合

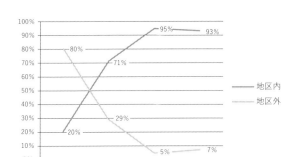

パルマス銀行創設者 Melo Neto 氏の資料をもとに著者が作成

6-3 パルマス銀行

　パルマス銀行[36]は、ブラジル北東部に位置するセアラ州のフォルタレザ市パルメイラ地区にあるコミュニティバンクである。パルマス銀行は1998年に設立され、2000年より同地区内でのみ流通する地域通貨パルマを発行している。パルマはブラジルの法定通貨であるレアルと、1パルマ＝1レアル（調査当時約50円）という固定レートで交換できる。パルマス銀行では地域住民に対して法定通貨レアルだけではなく、地域通貨パルマによってもマイクロクレジット（少額融資）を行っている。パルメイラ地区は1970年代に市内の沿岸部のリゾート開発によって強制的に同地区へ移住させられた人々によって開拓された土地であり、その当時から現在までその住民の大部分が低所得層である。ブラジル経済は2010年で実質GDP成長率が7.5％と好況を維持しており、公定歩合も11.25％（調査当時）と高い水準に設定されている。そのため、低所得者が商業銀行から融資を受ける際には非常に高い利率にならざるをえなく、彼らが融資を受けて新規に事業を興すのは難しい状況にある。
　パルマス銀行ではそういった同地区の低所得者向けに市中金利より低

---

[36] http://www.institutobancopalmas.org/ パルマス銀行創設の経緯やパルマス銀行の役割については、Melo Neto (2010) が詳しい。

い利率で融資を行うことで、同地区の起業を促すことに成功してきた。現在までに32,000人、5,000世帯が住むパルメイラ地区で延べ1,200名以上の雇用が生み出されている（Currency Solutions for a Wister World 2010）。こうした生産者向けの融資は最高15,000レアルまで認められており、利率は0.5％から3.5％の範囲となっている。融資は消費者向けにも行われており、最高600レアルまで貸し付けられる。地区内の240の商店（地区内の商店の約9割）がパルマを受け入れており、パルマで商品を購入することで平均5％の値引きを受けることができる。この他にも住宅リフォーム向けの融資やマイクロ保険など、低所得者では享受しにくいサービスも実施している。さらにパルマス銀行が先導して事業化したプロジェクトも数多くあり、これまでに服飾（Palma Fashion）、洗剤製造（Palma Limpe）、宿泊施設（Palma Tur）などがある。

　パルマス銀行の取り組みは、着実に住民たちの生活水準の改善に繋がっている。セアラ州立大学と労働雇用省が2008年にパルメイラ地区に住む約4000人に対して実施したパルマス銀行に関する調査によると、回答者の98％が「パルマス銀行がパルメイラ地区の発展に寄与している」と答えた。また、そのうちの25.25％が「所得が増加した」、20.2％が「仕事が見つかった」と回答している（Silva Jr. 2008）。

6-4　地域通貨パルマの流通

　図表6-2は、調査によって明らかになったパルメイラ地区における地域通貨の流れである。地域通貨の大部分は、コミュニティバンクであるパルマス銀行から「生産者向けマイクロクレジット」と「消費者向けマイクロクレジット」が行われることによって当該地域に地域通貨パルマが流れていく。

　いずれの場合も、融資された地域通貨をパルメイラ地区で使用することにより、地域での消費が生み出され、さらに地域通貨を受け取った商店が別の商店でその地域通貨を使うことにより通貨流通速度が増大し、域内消費が拡大するというものである。生産者向けマイクロクレジットの場

図表 6-2　パルメイラ地区における地域通貨の流れ

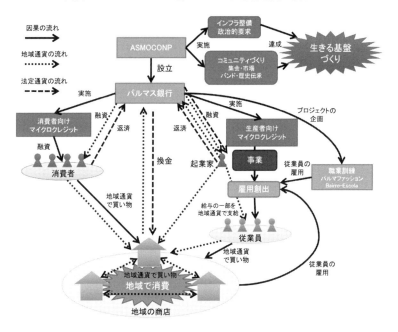

合、起業家による新規事業が成功し、事業が拡大されることになれば、より多くの従業員が雇用される。その際、従業員への給与の一部を地域通貨で支払うことにより、従業員も域内で消費を行うことになる。その従業員についても、地区外から技能や知識を持つ人材を雇い入れるのではなく、住民の職業訓練をすることで域内での雇用の枠を広げる試みが行われている。これがパルメイラ地区におけるパルマス銀行を中心とした地域通貨流通のスキームの概略である。しかしながら、地域通貨の流通のスキームを形成してきたのは銀行業務を担っているパルマス銀行だけではない。ASMOCONP という住民組織の戦略的な活動が地域通貨パルマの流通を下支えしている。ASMOCONP の戦略の柱は、「地域通貨」「職業訓練」「地

域の業種のマッピング[37]」の3つである（Jayo, Pozzebon and Diniz 2009）。われわれは、ASMOCONPがこの3つの他にも政治的要求を通じた「インフラ整備」と「コミュニティづくり」という2つの大きな役割を担っており、それら2つの活動が地域住民にとっての生きる基盤を形成していると考える。「生活者のための生きる基盤づくり」が地域連帯という価値意識を思考習慣として育み、地域通貨を地域で積極的に使用していこうという意識を生み出したのではなかろうか。これが、地域通貨の導入によってパルメイラ地区で生産・消費が促進された要因に対するわれわれの仮説である。次にその根拠付けについて検討することにしよう。

6-5　地域連帯という価値意識の思考習慣としての形成

　パルメイラ地区で地域連帯という価値意識が思考習慣として生まれた背景として、ASMOCONPが設立以来行ってきた独自の活動による影響が大きいと考えられる。ASMOCONPは1981年に設立され、地域のインフラ整備のための活動を始めた。すぐに成果は出なかったが、1988年の水道敷設を皮切りに、90年代後半までにアスファルト舗装や公衆衛生などさまざまなインフラ整備を実現していった。当時のASMOCONPの執行役員であるMaria Socorro Alvesは、住民による主体的な活動について、われわれが行ったインタビューの中で次のように語っている。

　みんなが生き残らなければならない、苦しいときに助け合うことから連帯が生まれる。電気や上下水道などがなく、それらを獲得しようという共通の目的を持っていた。連帯意識の形成で、いろいろな人々の助けを受けた。行政がやってくれるのを待っているだけではなく、住民が強く要請しないかぎり状況が変化しないことに気がついた。

---

[37] パルメイラ地区内にどのような業種が存在するか地図を作成している。地域通貨の流通と直接的な関係はないが、融資の際の検討材料として使用されている（詳細は6-5にて記述）。

パルメイラ地区の多くの住民には、自分たちの地域を自分たちの手で作り上げてきたという自負がある。住民運動によるインフラ整備の実現を通じてコミュニティにおける連帯意識やコミュニティに対する帰属意識が高まっていったと考えられる。

　しかしながら、当初はインフラが整備されたものの、多くの住民は職に就くことがなく、経済的環境は改善に至らなかった。また住民の75％が読み書きをできず、少なくとも1,200人の就学年齢に達した子どもたちが教育を受けられていない状況であった（Jayo, Pozzebon and Diniz 2009）。さらに不幸なことに、地域のインフラ整備が進んでしまったために、公共料金が値上がりしてそれを支払えずコミュニティから離脱する住民も続出した。そこでASMOCONPは地域住民の所得を増やすためのプロジェクトを開始することになる。

　そのひとつがパルマス銀行の設立である。パルマス銀行による地域通貨流通のスキームは先述した通りであるが、注目すべきは地域通貨導入の際の地域住民への説明である。地域通貨の使い方に関して、導入時に商店や事業所などを一軒一軒戸別訪問して説明を行うと同時に、パルマス銀行でも講演会を実施した。パルマス銀行から融資を受け、パルメイラ地区で服飾業を営む母娘であるDona InaciaとSamya Inaciaは、地域通貨導入前にパルマス銀行側から「パルマは地域の経済を成長させるための道具である」という説明を受けたと話している。Dona Inaciaは、その説明により地域通貨が「地域を助けたり、いろいろなことを推進したりするための道具であることがわかった」とも述べている。もちろんパルマス銀行には、銀行から融資を受けることのできない住民のために低金利で貸し出すといった側面もあるが（「金利が安いから良いお金である」という説明も行っていたようである）、地域住民に対しては地域通貨の役割と共に「地域経済を活性化させて所得を増やす」という目的を明示的に伝えていたのである。同じくパルメイラ地区でスーパーマーケットを営み、買い物の支払いにパルマを受け入れているSenna Pereira de Souzaは、パルマ導入について次のように語っている。「パルマスを受け入れることで、私たちが地域を支えているという意識がある。地域が成長すれば、私たちも成長する。

パルマスを受け入れることで、デメリットは全くない」。パルマでの融資が市中金利よりも安いということだけではなく、パルマの使用が地域経済のためになるという認識の上で地域通貨を受け入れていることがわかる。

　地域通貨による経済政策以外にも地域住民の所得を増やすための試みとして若者や女性向けの職業訓練に力を入れている。地域産業が育つことで雇用が生まれても、雇用しうる技能・熟練や知識を備えた人材がいなければ地域外から雇い入れるしかなくなる。地域外の人材を雇い入れてもパルメイラ地区での消費が増えるわけではないので、地域住民の職業技能を高めて地域内の人材を雇用する必要がある。服飾を扱う Palma Fashion では大学から講師が派遣され、3ヶ月の教育研修プログラムが実施されるアカデミープロジェクトが運営されており、修了生は Palma Fashion や地域内の企業へ就職している（図表6-2）。地元商店では地域の若者のインターンシップを受け入れており、パルマス銀行でも2、3ヶ月程度のボランティアスタッフを受け入れている。受け入れる側、志願する側、双方とも社会や地域に貢献したいという思いが強いようである。

　またパルマス銀行では地区内の商店の業種や場所を調べてマッピングを行っている（図表6-3）。そして、このマッピングを参考にして、同じ業種の商店が多くなりすぎて地区内での過当競争が生まれないよう融資先に新規事業の指導を行っている。これはパルマス銀行が、地区内の一部が経済的に豊かになればよいと考えてはおらず、地域住民全員が経済的にも人間的にも共に向上しようという連帯経済の考え方に基づいているためである。

　パルマス銀行による若者向けの施策の効果についてスーパーマーケット店主である Senna Pereira de Souza は次のように述べている。「仕事や勉強をしない若者がパルマス銀行と関わるようになり、研修を受けて就職することで、ギャングなどに入らないようになる。そのような意味では治安が良くなっている」。つまり、仕事や教育を受けていない若者が職業研修を受けて地域内に就職することは、雇用を生み出すだけではなく、ギャングへの加入といった犯罪や非行に向かわせないための予防策にもなっている。

図表 6-3　パルメイラ地区における業種のマッピング

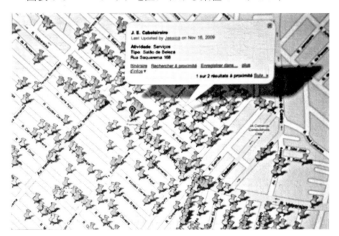

　他にも ASMOCONP が毎週水曜の夜にパルマス銀行内で開催している FECOL[38]（ローカル・ソーシャル・エコノミックフォーラム）は、地域に関わる話し合いが行われるだけではなく、若者を巻き込んだ集会となっている。例えば、ダンスや歌といったパフォーマンスを合間に入れることによって若者も気軽に住民集会へと参加しやすい雰囲気を作っている。フェコーには Bate Palmas Company と呼ばれる地区内の若者で組織された音楽集団のメンバーも多数参加している。Bate Palmas Company は公演やCD 作成も行っており、彼らの活動を支援しているのもパルマス銀行である。また、月に 1 度パルマス銀行前のメインストリートを歩行者天国にして市場を開くといった活動も行っている。20 歳前後の若者を積極的にコミュニティに取り入れることで、地域の一員であることのアイデンティティを若いうちから育み、地域活動の継続性や参加主体性を養っていると考えられる。こうしたコミュニティづくりに関する ASMOCONP の活動が地域連帯という価値意識を思考習慣として作り出し、人々の心の中でそうした「内なる制度」を繰り返し再生産しているといえる。

---

[38]　ポルトガル語で「フェコー」と読む。O Fórum Socioeconômico Local の略である。

6-6　知識の伝播と後方支援

　2003年3月にASMOCONPは、パルマス銀行の考え方や手法をブラジル国内へ広めるための非営利組織としてパルマス・インスティチュートを設立した。パルマス・インスティチュートの役割は主に次の3つである。1）ブラジル国内にあるコミュニティバンクの活動のコーディネート（他地域へのコミュニティバンクの導入支援、他銀行の人材育成等）、2）コミュニティバンクの情報収集と広報活動、3）パルマス銀行の後方支援（法的根拠の確立や運営資金の調達等）。

　セアラ州内のどこにコミュニティバンクを設立するかは、パルマス・インスティチュートが州政府に掛け合ったり、またその逆のアプローチもあったりするが、基本的にはASMOCONPのような住民組織から興ったものを支援している。つまりはパルマス銀行と同じように、ある程度地域連帯の思考習慣が醸成されている地域に対してコミュニティバンクを設立して、地域通貨を流通させている。実際にブラジル国内において、2009年までにパルマス銀行の方法論を採用しているコミュニティバンクは、48行中41行と全体の85％にものぼる（Melo Neto and Magalhães 2009）。コミュニティバンクの活動を国内外に広めるという役割も、この活動が他地域の貧困をなくすという実質的な目的だけではなく、パルマス銀行の複製子を伝播させることで自分たちの理念や活動を普及し強化するという効果もあるであろう。パルマス・インスティチュートは、パルマス銀行にはない法人格を有しており、実質的な州政府との交渉役の他、パルマス銀行の法的根拠の確立や運営資金の調達等も担っている。他のコミュニティバンクへの補助金や法的なアドバイスもパルマス・インスティチュートが行っている。図表6-4はパルマス銀行と周辺組織との関係を表したものである。パルマス銀行による地域経済活性化の目的を地域連帯の思考習慣＝内なる制度の醸成といった形でASMOCONPが大きく下支えしていると考えられる。ASMOCONPはインフラ整備の要求やコミュニティづくりなどの経済や法律とは関係のない部分に労力を集中しており、資金調達や

図表 6-4 パルマス銀行と周辺組織の関係

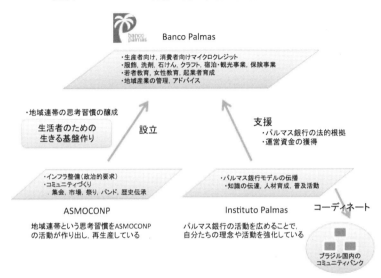

コミュニティバンクのネットワーク形成、法律の分野についてはパルマス・インスティチュートが担当している。いずれの組織もパルマス銀行の運営、ひいてはパルメイラ地区内で地域通貨パルマを流通させる上でなくてはならない組織として、制度生態系を構成しているといえる。

6-7 議論

6-7-1 制度生態系としてのパルマス銀行

前節まで見てきたように、パルメイラ地区で地域通貨が流通する下地は、地域通貨を発行する段階ではなく、それよりも遥か以前から現在までの住民組織の活動によって形成された部分が大きいと考えられる。地域住民間で共有された「地域連帯」という価値意識は、移住してきた住民が生来有していたとは考え難く[39]、住民組織の活動下にある住民の行動の相互

---

[39] 同地区へ移住が開始されたのは ASMOCONP が設立された 1981 年以前の 1973 年である。沿岸部の住民だけではなく、内陸部からも人が集まっており、犯罪が多発す

作用によって自生的に現れたものと考えるのが合理的である。それにより地域連帯の価値意識や地区内の住環境の変化に対応して、パルマス銀行の設立や地域通貨の導入、パルマス・インスティチュートの設立等、複数の制度や組織が共存する動的なシステムがパルメイラ地区に構築されたのである。このような複数の制度が共存・生滅する過程において、制度の多様性が継続的に持続されるようなシステムのことを「制度生態系」と呼ぶ（Hashimoto and Nishibe 2005、西部 2006c、橋本・西部 2012）。制度生態系は、ミクロとマクロの中間にある制度や共有された意識（メゾ）が両者を媒介しながら、各レベルが相互に規定し合うという構造である「ミクロ・メゾ・マクロ・ループ」が絶えず作動することで形成される（西部 2006c；小林・栗田・西部・橋本 2011）。

　図表 6-5 は、ASMOCONP 設立までの想定されるミクロ・マクロ・メゾ・ループの流れを示したものである。①先述の通り、住民たちは 1970 年代に沿岸部から未開のジャングルであったパルメイラ地区へ強制移住させられた。多くの住民が漁業を生業としていただけでなく、この土地が農地に適していなかったため、住民たちは貧困に喘ぐことになる。行政が地域住民のために動くことはなく、電気水道等のインフラも整っていなかったことから③代わりにキリスト教会等のボランティアが住民の救済を始める。④これを機に海外 NGO などの外部からの助力が一部の住民の価値観を変化させ、⑤次第に自らが立ち上がらなければ現状を変革することはできない意識が住民間で共有され始めた。⑥⑦その連鎖が住民による主体的活動意識をより高めることとなり、⑧住民たちは自らの手で自らの地域の住民組織である ASMOCONP を設立した。

　ASMOCONP の活動開始からパルマス銀行設立までの流れを表したのが図表 6-6 である。ASMOCONP による地域を改善する活動は、②ミクロ主体である地域住民の認識や行動の変化をもたらし、③住民のうち ASMOCONP の活動に参加する者たちによって地区内のインフラの整備がなされていった。④そのような住民たちの協働が長きにわたり繰り返し

　る典型的な貧困スラムを形成していた（Jayo, Pozzebon and Diniz 2009）。

第6章　ブラジル・フォルタレザの「パルマス」

図表6-5　ASMOCONP設立までの
ミクロ・メゾ・マクロ・ループの流れ

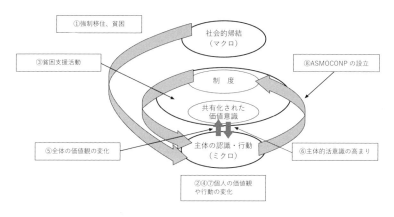

図表6-6　ASMOCONP活動開始後から
パルマス銀行設立までの流れ

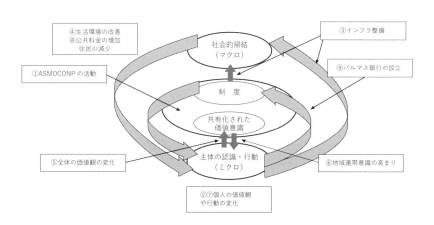

行われることによって生活環境の改善が実現したことを認識することにより、⑤地域連帯という集合的な価値意識が次第に形成され、⑥地域連帯という価値意識が個々人の認識や行動に関する内部ルールを規定するようになったと考えられる。⑦協働による生活環境の改善によってミクロ主体の

内部ルールが変化し、地域連帯がさらに強化されたのであろう。しかしながら、⑧生活環境の改善が皮肉にも地区内の公共料金を増加させ、住民たちが地区内に留まりにくいという現実が突きつけられる。住民たちはこれまで培われた地域連帯という意識のもと、インフラ整備だけではなく、⑨住民全体が所得を増やして等しく豊かになるような地域経済の成長を実現するためにパルマス銀行を設立することとなるのである。

つまり、パルマス銀行設立時点で既に地域連帯という価値意識が広く住民間で共有されていたと考えられる。この意識が住民間で共有されていたことにより、パルマス銀行の地域通貨のメリットに対する説明がスムーズに理解され、早々に地域通貨がパルメイラ地区内で受け入れられたのではなかろうか。では、パルメイラ地区を初めとし、ブラジル各地で地域連帯という価値意識の共有が可能であったのはなぜか。まず、ASMOCONP設立以前、一様に貧困で経済格差がなく、誰にとっても必要不可欠なインフラや教育、医療サービスという基本ニーズの不足を満たすという共通の欲求が存在していたこと、パルマス銀行設立後は、住民の貧困・低所得からの脱出と地域経済の全般的成長を共通の欲求として掲げられたことが挙げられる。地域連帯を進める人的ネットワークがうまく育ったこともうひとつの重要な要素であっただろう。

1970～80年代におけるブラジルの経済開発による急激な近代化は、所得格差を生み出し、農村コミュニティの崩壊や都市スラムの形成など地域連帯とは程遠い状況の地域を数多く生み出した。そのような中、貧困層の住民と共に生活改善に立ち上がり、住民組織の形成に影響を与えたのが、図表6-5の③に見られるキリスト教基礎共同体（CEBs）や海外のNGOといった外部組織である（田村 2002）。外部組織との対話や支援により地域住民は主体的意識を高めていったのである。このような外部組織からの支援もなく、また格差が大きな都市地域では、ASMOCONPのような自治的住民組織は育ちにくいであろう。仮にASMOCONPが存在しなかった場合、地域連帯という価値意識の共有が少ない状態から地域通貨が導入されることになる。コミュニティバンクは同じように地域経済の活性化が住民たちにもたらすメリットを説いて回るであろう。しかしながら、信用

と実績のないコミュニティバンクの説明を住民がどの程度受け入れるかは定かではなく、受け入れるにしても時間と労力がかかるであろう。また地域のために地域通貨を使うことが自己の利益にどう繋がるのかわからずに（地域経済の活性化が自己の利益とは思えずに）地域のために自らが行動を起こすためのインセンティブが生まれない可能性が高い。

6-7-2 日本国内の地域通貨流通へのインプリケーション

ここで、地域連帯という価値意識が思考習慣として形成されることが地域通貨の流通促進に寄与するという本論文の仮説が、現代の日本国内の地域通貨の問題にどのようなインプリケーションを与えるかを考えてみよう。

地域通貨は、法定通貨のような単なる経済的な交換手段ではなく、コミュニティ内での価値関心の共有やメンバーの共同や連帯といったメッセージ性を帯びたメディアである（西部 2006a）。したがって、地域通貨の導入のみにより地域連帯という価値意識を醸成するという経路も考えられる。

従来の日本の地域通貨は、ボランティアや相互扶助を媒介することでコミュニティを形成ないし活性化することを主たる目的としてきたので、この方向を目指すものであったと言える。しかし、この種の地域通貨は商業流通を含まず、地域経済で利用されないため、地域通貨が一部の参加者や団体に集中してしまい、その流通が滞ってしまうという問題を抱えていた。したがって、2005 年頃より、商業流通に使われる地域限定で利用できる地域商品券を複数回流通させることで、地域経済の活性化を図る方向が模索されてきた。その場合、参加者はプレミアムなど経済的利益を求める方向へ向かい、地域連帯という価値意識を共有することは困難か、時間がかかるという別の問題が生じた（西部 2006d）。

いずれの場合も、数年単位では、地域通貨導入がメゾである価値意識の変化を起こすまでに至るのは難しいであろう。実際に例えば、武蔵野市の地域通貨「むチュー」による流通実験では、6 ヶ月間の実験で地域通貨導

入前後に住民の価値意識の変化は見られなかった（小林・栗田・西部・橋本 2011）。

　急速な経済発展を遂げつつある新興国ブラジルのパルマス銀行の場合、地域通貨の導入目的がコミュニティの活性化ではなく、むしろ地域経済の活性化にあるので、地域通貨を介したボランティアなどの住民同士の交流を目指したものではない。にもかかわらず、先に述べたような条件のもとで地域連帯の価値意識が成立しているがゆえに地域通貨が広く受け入れられ、スムーズに利用されているのである。

　日本を含む先進国では、いまやインフラ整備、教育・医療、社会保障は行政が公的サービスとして提供すべきものとなっているし、高度成長時に貧困や低所得を克服してしまっている。したがって、いずれも先進国では地域連帯という共通の価値意識を生み出すような強い集約力を持ちえない。基本的な生活ニーズが満たされ、一定水準の所得がある先進国の住民の価値関心は多種多様なので、互いに無関心であり、個人主義的、自由主義的になる。つまり、地域連帯という価値意識を作り出すこと自体が非常に難しくなっている。

　このように、地域連帯という価値意識が地域通貨導入の事前に広く共有されているというパルマス銀行の事例はそのままでは日本や他の先進国の地域通貨の事例に適用することはできない。ところが、リーマンショックのような金融危機や東日本大震災とその後の原発事故のような自然災害など、大規模なマクロ的ショックが発生した状況下でだれもがそれに対処する必要がある場合には、そうしたショックが連帯を生み出す可能性が高いので[40]、地域連帯がある状態から地域通貨を普及させていくパルマス銀行のような方法が可能になるであろう。

　まず、地域通貨を導入する以前に地域住民が主体となっている地域志向の組織が当該地域に存在するかどうかが重要な要素となるであろう。その

---

[40] 災害時に人々はパニックに陥って利己的に振る舞うようになることはなく、むしろ自助と博愛を基礎にした利他主義的コミュニティが自然発生すると考えられる（Solnit 2009）。実際、東日本大震災を始め各種の自然災害時にそうしたことが観察されている。

ような住民組織が中心となって地域通貨の発行主体や事務局を担うのではなく、新規に地域通貨を運営する組織を立ち上げる際には、既存の住民組織と協力して地域通貨導入の準備（導入説明や利用可能範囲の設定）にあたることにより、地域通貨の信頼獲得と流通経路の確保を容易に進めることができるであろう。地域通貨が有する住民間の連帯をつなぐメディアとしての役割を加速化、強化する制度として住民組織が機能すると考えられる。つまり、地域連帯がある程度共有されている状態で地域通貨を導入することにより、地域通貨の流通と地域連帯の思考習慣の共有がポジティブ・フィードバックによって両方とも促進される可能性が高い。

地域通貨導入を検討していた地域として新潟県長岡市川口地区がある。この地域は2004年に発生した新潟県中越地震により甚大な被害を被った地区であり、震災復興を契機とする地域連帯が成立している状況であると言える。しかし、地区内でも集落によって住宅の倒壊の割合に差があり、全壊や大規模半壊が1/4程度であった集落もあった。震災による家屋の全壊が3/4以上となった田麦山集落では、震災復興を旗印に5つの住民組織が設立されたが[41]、反対に被害が小さかった西川口や牛ヶ島といった集落では震災後に住民組織が作られなかった[42]。この理由として、地域住民と外部ボランティアとの交流の有無が挙げられる。被害の大きかった地区では数多くの外部ボランティアが支援に入り、住民に対して復興への助言や知識の提供がなされた。地区外の人々や組織との交流により、主体的活動の意識が高まり、住民組織が形成されていったのである[43]。こうした住民組織の興りかたは、ASMOCONPの事例とよく似ていると言える。

2011年当時地域通貨導入を目指していた同地区では、既存の組織を巻き込んだNPO法人が新たに設立され、地域通貨の導入について検討された。もし震災後に住民組織が設立された集落と設立されなかった集落で、地域連帯の価値意識に差異があるならば、地域通貨導入時の地域通貨の使

---

[41] 川口地区では震災後に15の住民組織が新たに設立された。
[42] 長岡地域復興支援センター川口サテライトの内部資料による。
[43] 長岡地域復興支援センター川口サテライトの地域復興支援員H氏への聞き取り調査による。

われ方にも何らかの差異が生じる可能性がある。これまでに提言したわれわれの仮説を検証する方法として、同地区における集落毎の地域通貨の使われ方について調査する方法などが考えられる。

このような調査により住民組織の有無が地域通貨の使われ方に違いをもたらすことが明らかになれば、災害後の地域経済活性化のための地域通貨導入においても、住民組織を巻き込んだ流通スキームを構築することが地域通貨の効果的な流通の一助となるかもしれない。

6-8　パルマス銀行と地域通貨パルマの今後

ブラジル国内に地域通貨を用いたコミュニティバンクの輪を広げるパルマス・インスティチュートであるが、パルマス銀行の設立者である Melo Neto 氏はパルメイラ地区における地域通貨の経済的役割について役割を終えつつあるのではないかと感じており、地域通貨の使命について次のように語っている。

住民だれもが地域内で買い物をするような状況になり、地域通貨の役割にさらに意味があるのか、使命を果たしてしまったのか、という時期にきている。地域通貨が補完的な役割をずっと果たし続けるものなのか、それとも一時的なものであり、使命を果たしたら必要なくなってしまうのか、について私たちは議論している。

仮にパルマが地域内消費の増進という目的を達したとしても、消費者・生産者への融資におけるパルマス銀行の制度やその役割が大きく変化することはないであろう。マイクロクレジットが地域通貨から法定通貨に変わったとしても、地域住民は融資されたお金をパルメイラ地区で消費するからである。地域内の通貨制度が変更されたとしても、住民の行動規範や価値意識（地域連帯・地産地消）を再生産し続ける仕組みがパルメイラ地区には存在している限り、地域通貨の消滅は経済的な影響をさほど与えないと考えられる。ただ、人々の所得が一定水準まで高くなり、求める生活

の質が多様化してくると、自動車やコンピュータなど地産地消で得られない世界貿易商品が求められるようになり、金融商品が売買されるようなレベルに達すると、先進国が歩んだように価値観の多様化、地域コミュニティの崩壊が起こり、地域連帯が薄れてくる可能性がある。

　ASMOCONPが地域のインフラ整備から地域の所得増加へ政策を転換したように、パルマス銀行も地域通貨から別の政策への転換を持って域内経済の活性化を図ろうとしているかもしれない。いずれにしても、地域通貨に関する組織や制度が変化する中で、地域住民の暮らしを良くしていこうという目的があり、その目的が住民の思考習慣や行動を生み、地域のインフラ整備や経済発展を進めていくというループの駆動力になっていることは間違いないであろう。

●終　章

コミュニティ・ドックの今後の課題

　序章で見たように、現在の危機は深刻であるだけでなく、複合的でかつ錯綜している。それは経済的・政治的・社会的・文化的であるとともに、人口動態的、地球環境的という意味で自然的でもある。その深刻さは何よりも「自由投資主義」とグローバリゼーションが地球規模で生じ、資本主義の拡大・深化あるいは普遍化によってあらゆる事物を一次元的な価値へ還元する貨幣の力が増大していることを根源的原因とする。しかも、こうした傾向は BRICS などの急激な経済発展を遂げる新興国をも巻き込んでいるので、この流れを押しとどめ、いままでとは違う方向へ転換するのは容易なことには見えない。

　ところが、金融危機を次々と乗りこえるために必要とされる措置が、国家・中央銀行による救済や金融緩和から、国家連合・中央銀行によるより大規模な救済や金融緩和へとエスカレートしており、現在の金融危機はますます大規模化し深刻化しながら繰り返されている。このことは、こうした危機が日本の円やアメリカのドルを巻き込み、IMF や世銀など地球規模の救済を実施しても、もはや洪水の決壊を防ぐことができないような真の金融危機へ突入する可能性があることを示唆している。もしそのようなことになれば、グローバルな金融システムは崩壊し、大混乱に陥り、実体経済も人びとも生活も大きなダメージを受ける。

　このような危機の反復が危機化する時代の中で、従来の貨幣観や市場観は根本的な見直しを迫られている。現在の国家・中央銀行による貨幣の発行、管理業務の独占というあり方が問われ、それを前提として成立してき

た、〈自由か規制か〉、〈自由貿易か保護貿易か〉という二分法的な議論の枠組み自体が見直されるようになるのではないか。もしそうした大きな転換が生じれば、そこからさらにミクロ的競争政策かマクロ的財政・金融政策しかないと思われてきた政策観にもまた根本的な変更が迫られることとなろう。

　本書は、こうしたグローバルな危機の様相の時代に、常にこれまでよりも大規模に統合されたマクロ的な政治権力や経済システムを要求する今日的な動きとはむしろ逆に、よりミクロレベルの小規模な相対的に自立したローカルな組織やコミュニティが自律分散型のネットワークを自己組織的に形成していくことによって環境変化に機敏に適応し、こうしたグローバリゼーションの危機を乗りこえうる可能性があるという発想に基づいている。その際、市場＝交換や政府＝再分配のみならず、コミュニティ＝互酬原理が重要な役割を果たすと考え、プラットフォーム制度として制度生態系を形成する多様な通貨を考える。とりわけ、地域通貨がコミュニティ＝互酬原理を拡大するために重要な意義を持つ。われわれは、こうした考えに基づいてコミュニティ・ドックを新たな政策論、運動論、調査分析方法論として打ち出そうと試みた。

　第1章で見たように、コミュニティ・ドックとは、典型的には患者-医者の関係に見られる主客関係のような、従来型の調査分析、評価手法が前提としてきた、主観的行為者・実践者と客観的分析者・提言者という二分法を排し、研究者とコミュニティが協働関係を築き、問題の多元的、共同主観的な診断・解決（評価・政策）を図っていくための評価分析プロセスであり、それを通じた実践運動型のローカルな政策手法である。そこでは、研究者はコミュニティを支援し、動機づけ、コミュニティが主体的に自己点検・自己評価を行い、自己変容していくのを産婆的に補助する役割を果たす。

　ここで、ミクロ・メゾ・マクロ・ループのモデルを使ってもう一度説明するならば、進化主義的制度設計はメディア・デザインの中にコミュニティ・ドックが入れ子状に存在するループの全体を指す。一方で、メディア・デザインとは、メゾレベルにある貨幣や市場などの「外なる制度」を適切

に変化させることで、ミクロレベルの主体（個人、組織）の認知枠、習慣、動機などの「内部ルール」やマクロレベルのシステムの境界や成果を間接的にコントロールしようとする政策である。他方で、コミュニティ・ドックとは、メゾレベルの「外なる制度」に適合し、その内部でループを形成している価値、規範、伝統のような「内なる制度」やミクロレベルの主体（個人、組織）の認知枠、習慣、動機などの「内部ルール」に対して、地域通貨などのような従来と異なる価値や規範を内蔵したメディアを用いて触媒的に働きかけ、それらの自己変容を漸次的に図るべく促していく政策である。研究者がメゾレベルにあるコミュニティに働きかけ、両者の協働を通じて、コミュニティが自らの現状を自己診断・評価し、それを改善目標に生かしながら、内発的に自己変革や自己変容を実践していく社会実験プログラムであるとも言える。

　コミュニティ・ドックは、地域通貨でなくとも何らかの媒体（メディア）の役割を果たす新たな制度がコミュニティのレベルで設定されるならば、機能しうるであろう。コミュニティにおけるまちづくりのためのグランドワーク、祭りやフリーマーケット、フリースクールなどはそうであろうし、観光による地域おこしのためのブランド商品開発ですらそうした面を持つ。それぞれが独自なコミュニティ開発の側面を形成するといえるので、それぞれについてコミュニティ・ドックという枠組みは有効であろう。地域通貨が他と異なるのは、それが最も広範な影響力を及ぼしている資本主義市場経済の基礎的制度（プラットフォーム制度）である貨幣次元でのメディアであるということであり、その意味で最もラディカル（根底的）だということである。他の制度はすべて貨幣制度というプラットフォーム制度の上で成立する制度である。貨幣と同程度の根底性を持つメディアは、地域に特有な方言など言語ぐらいであろう。もっとも、大震災のようにすべての制度を根こそぎにする緊急的な事態の中では、貨幣を媒介としない直接的な絆や相互扶助が立ち現れる場面も確かにあろう。そこでは、地域通貨ですらまどろっこしいものであるように感じられるにちがいない。しかし、それはあくまでも緊急避難的に成立する事態でしかなく、いずれまた貨幣制度を基底とする日常的な風景が回復するのではないか。したがっ

て、災害復興で外部からの支援者たちが行う無償ボランティアや被災者間の互酬的な相互扶助は一時的には成立するであろうが、やはりいずれは貨幣を基底とする市場経済に復帰するのであれば、やはり貨幣の基底性という同じ問題に帰着するのではないか。

　地域通貨を活用するコミュニティ・ドックは、こうした種々ありうるコミュニティ・ドックの中でも最も根底的であるがゆえに困難である。なぜなら、貨幣制度はメゾレベルの価値・規範・伝統やミクロレベルの認知枠・習慣・動機をもっとも深く規定しているので、それらの変容は最も難しいからである。その意味で、地域通貨を活用するコミュニティ・ドックは最も厳しい条件で行われていると言ってよく、だからこそそのようなコミュニティ・ドックにかんする理論や実際の考察は他のコミュニティ・ドックにも十分に適用可能だろう。いわば、地域通貨を活用するコミュニティ・ドックは一般のコミュニティ・ドックにとっての十分条件を探る試みなのである。

　本書では、コミュニティ・ドックという考え方が生まれた北海道苫前町地域通貨の事例を出発点に、コミュニティ・ドックの事例として山梨県韮崎市・北杜市「アクア」、北海道更別村「サラリ」、さらに、コミュニティ・ドックに示唆を与える事例としてブラジル・フォルタレザ郊外パルメイラ地区「パルマス銀行」を見てきた。

　東京や札幌のような大都市ではなく、こうした地方の市町村レベルのコミュニティが抱える問題は過疎化や高齢化だけでなく、中心市街地空洞化によるドーナツ現象、商店街衰退、雇用機会枯渇、購買力域外流出など経済的問題については共通性も多い。その意味で、ここで見た事例研究はそれなりの応用範囲を持つと思われる。しかし、そうした経済問題が出てくる環境条件はそれぞれ異なり、一概に整理することはできない。例えば、苫前町と更別村はどちらも1987年に国鉄駅が廃止になった過疎化・高齢化の地域であるとはいえ、違いも多い。苫前町は冬の気候が厳しく、風力発電のメッカで、漁業を中心とする地域だが、更別村は雪の少ない十勝地方の中でも大規模農業により比較的裕福な農家が多い地区である。韮崎市・北杜市はそれぞれが異なる歴史や産業を持ち、両市の面積もまったく異な

る。苫前町や更別村の地域通貨は商工会が中心になったが、韮崎市・北杜市のそれは青年会議所が中心になった。日本における諸地域の間のこうした違いは当然そこで形成されるコミュニティや地域通貨の性質の違いとして現れるし、地域通貨の事業的な成否にも関係してくる。

　調査分析・評価診断のための技法としてのコミュニティ・ドックは、どのような地域でも同じように実施することができる汎用性の高い手法である。アンケート、インタビュー、フォーカス・グループ・ディスカッションや地域通貨の取引情報による流通速度やネットワーク分析といった調査分析手法を用いることによって、それぞれの地域の特性や特徴を浮かび上がらせ、地域間の相互比較を可能にすることができる。コミュニティ・ドックの長所は、こうした調査分析・評価診断技法としての汎用的な適用可能性によって、地域特性の同定や地域間比較が可能になるところにある。

　そうした分析調査の評価診断結果をもとに、各地域の特性に合わせた将来ヴィジョンの設定・共有や地域通貨の制度設計を行い、住民、各団体、行政を含むコミュニティによる自主的、内発的なまちづくりが展開されることになる。したがって、研究調査グループによるコミュニティとの協働関係形成や積極的関与や働きかけ、すなわち、政策展開手法としてのコミュニティ・ドックは、評価診断技法としてのコミュニティ・ドックにより明らかにされる各コミュニティの特性や特徴に応じて異なるものになるだけでなく、コミュニティの状況やコミュニティと調査研究グループとの関係なども考慮した臨機応変で柔軟なものでなければならない。このように政策手法としての側面があることが、他の調査分析手法にはないコミュニティ・ドックの独自性でありメリットである。

　しかしながら、政策手法としてのコミュニティ・ドックの側面には、実は、明示的に提示しにくい部分もある。その実施に際しては、非常に複雑で微妙な判断や行動が必要であり、研究者個人の経験・技能や研究者グループのあり方に大きく依存するので、どこでも誰でも容易に行いうるものとはならないのである。しかし、これは実際にはあらゆる政策について言えることである。たとえば、競争政策や財政・金融政策もその実際の運用においては、担当者や担当部署の職人的な技能や熟練、例えば、情報収

終章　コミュニティ・ドックの今後の課題

集力、コミュニケーション力、判断力、実行力に大きく依存する。これは、複雑な経済社会に対する政策は、力学的な作用 - 反作用のような単純なオペレーションですまないので当然のことでもある。さらに、コミュニティ・ドックの場合、いわゆるマクロ経済政策に比べ、その対象であるコミュニティはそれぞれが異質性や多様性を持つので、そのことへの十分な配慮を要する。そうなれば、政策手法としてのコミュニティ・ドックは簡単に複製可能ではなくなる。そこをどう克服するのかが大きな課題である。

　もちろん、日本の諸地域の間の多様性といえども、日本とブラジルの違いに比較すれば、小さなものに見える。逆に、そうした視点から日本の諸地域を眺めることも重要であろう。それは、東京などの大都市や中央政府という視点から地域を眺めるのとはまた違う意味を持つ。

　第二次大戦後に急速な経済成長を遂げ、いまや先進国として成熟段階に入りつつある日本とは対照的に、ブラジルはいま経済成長が著しいBRICS諸国の1つである。フォルタレザはここ数十年の間に急速に開発され、ビーチに沿って高層ビルが建ち並ぶワイキキのような観光都市になった。こうした都市開発の過程で、漁業を中心に営んでいた現地住民の多くは次第に内陸部に押しやられ、熱帯雨林を伐採して無秩序にできあがったスラム街に居住するしかなかった。パルメイラ地区は、こうした観光開発の影として形成された地区の1つである。地区の住民は、インフラがまったく未整備な状況から出発して、自分たちで自治組織を形成してまちづくりを行う一方、農業も含め主要な産業が何もなかったため、自分たちで雇用創出のための企業や産業を育てる必要があった。ブラジルの現在の経済成長は日本の第二次大戦後の高度成長に相当するのであろうが、コミュニティや産業の形成やそこへの行政関与のあり方なども大きく違うように見える。そうした外部環境の中にこそパルマス銀行のような試みが生まれる理由があり、成功した理由があるのであって、日本のようにまったく異なる外部環境で同じようなシステムを試みてもすぐにうまくいくとは限らない。

　パルマス銀行の事例は、インタビュー調査結果をもとに、住民自治組織（ASMOCONP）、地域通貨運営団体（パルマス銀行）、パルマス銀行後援

組織（Instituto Palmas）が相互に強化し補完し合う関係を明らかにするものである。本書でこれを取り上げたのは、こうした制度生態系内の共進化関係がコミュニティ・ドックという政策手法が目指す「コミュニティ」のありうべき姿——その成立過程や存在様態——の１つの方向性を描き出していると考えられるからである。それは、資本主義のグローバル化によりコミュニティがすでに衰退してしまった日本での地域通貨導入に対して、そのまますぐに適用できるわけではない。しかし、少なくとも、日本の川口地区のような震災復興型コミュニティや東日本大震災からの復興途上にある東北沿岸部などで地域通貨を導入する際に大いに参考とすべきである。それはまた、輻輳する危機にある日本の経済社会で地域コミュニティが地域通貨の活用を通じて今後目指すべき方向性を示唆してくれる。

　もちろん、コミュニティ・ドックは地方の地域コミュニティでなくとも、東京の23区、中小学校区、商店街でも可能である。SNS内のコミュニティでも実施することができるし、場合によっては、その方がずっと容易にコミュニティ・ドックを通じたコミュニティの自己変容が見られる可能性もある。今後は地域コミュニティだけでなく、そうしたより広い意味での「コミュニティ」にも応用範囲を広げていくことができる。

参考文献

Albert, Réka and Albert-László Barabási (2002) "Statistical Mechanics of Complex Networks," *Reviews of Modern Physics*, vol. 74, pp. 47–96.

Axtell, Robert L. (2001) "Zipf Distribution of U.S. Firms Sizes," *Science*, vol. 293, no. 5536, pp. 1818–1820.

Bollobás, Balogh (1984) "The Evolution of Sparse Graphs," In B. Bollobás (ed.), *Graph Theory and Combinatorics*, Academic Press, pp. 35–57.

Currency Solution for a Wister World (2010) "Community Currencies: The Story of Banco Palmas in Brazil," http://www.lietaer.com/2010/05/bancodipalma/, accessed on 7 January 2012.

Fetterman, David M. (2001) *Foundations of Empowerment Evaluation*, Sage Publications.

Fujiwara, Y. (2004) "Zipf Law in Firms Bankruptcy," *Physica A*, vol. 337, pp. 219–230.

Hashimoto, Takashi and Makoto Nishibe (2005) "Rule Ecology Dynamics for Studying Dynamical and Interactional Nature of Social Institutions," In M. Sugisaka and H. Tanaka (eds.) *Proceedings of the Tenth International Symposium on Artificial Life and Robotics* (AROB05), CD-ROM.

Helliwell, John F. and Robert Putnam (2004) "The Social Context of Well-Being," *Philosophical Transactions of the Royal Society of London*, vol. 359, pp. 1435–1446.

Hirshman, Albert O. (1958) *The Strategy of Economic Development*, Yale University Press.（小島清監修・麻田四郎訳『経済発展の戦略』巌松堂出版、1961年.）

Jayo, Martin, Marlei Pozzebon and Eduardo Diniz (2009) "Microcredit and Innovative Local Development in Fortaleza, Brazil: the Case of Banco Palmas," *Canadian Journal of Regional Science*, Special Issue on Social Innovation and Territorial Development, vol. 32, no. 1, pp. 115–128.

Kichiji, Nozomi and Makoto Nishibe (2007) "Power Law Distribution in Two Community Currencies," *The Proceedings of "Topological Aspects of Critical Systems and Networks"* World Scientific, pp. 59–64.

Kichiji, N. and Nishibe, M. (2012) A comparison in transaction efficiency between dispersive and concentrated money creation, *International Journal of Community Currency Research*, 16 (D), 49-57.

Kichiji, Nozomi and Makoto Nishibe (2008) "Network Analyses of the Circulation Flow of Community Currency," *Evolutionary and Institutional Economic Review*, vol. 4, no. 2, pp. 267-300.

Kusago, Takayoshi (2007) "Rethinking of Economic Growth and Life Satisfaction in Post-WWII Japan?: A Fresh Approach," *Social Indicators Research*, vol. 81, no. 1, pp. 79-102.

Lewis, William A. (1955) *The Theory of Economic Growth*, Unwin Hyman.

Luhmann, Niklas (1984) *Soziale Systeme: Grundriβ einer allgemeinen Theorie*, Suhrkamp.（佐藤勉監訳『社会システム論（上・下）』恒星社厚生閣、1983年.）

Luhmann, Niklas (1988) *Die Wirtshaft der Gessellschaft*, Suhrkamp.（春日淳一訳『社会の経済』文眞堂、1991年.）

Melo Neto, João Joaquim and Sandra Magalhães (2009) "Community Development Banks: A network under the supervision of the Community," http://dowbor.org/ar/community development banks (instituto palmas methodogy).pdf, accessed on 7 January 2012.

Melo Neto, João Joaquim (2010) "Associative Community Banks in Brazil," *The Journal of Labor and Society*, Working USA, vol. 13, no. 1, pp. 61-76.

Nishibe, Makoto (2012) "The Present Problem of the Hokkaido Regional Economy and a Remedy: A Reform Plan of the Institution of Money and Finance by Using Hokkaido Community Currency," *Evolutionary and Institutional Economics Review*, vol. 9. suppl., pp. 113-134.

Nishibe, Makoto (2012) "Community Currencies as Integrative Communication Media for Evolutionist Institutional Design," *International Journal of Community Currency Research*, Vol. 16 Special Issue (D), 36-48.

Nishibe, Makoto(2015) "Globalization: evolution of capitalist market economy through 'Internalization of the Market'," *Evolutionaryand Institutional Economics Review*, 12(1), pp.31-60, Springer

Nishibe, Makoto (2016) *The Enigma of Money*, Springer

Nishibe, Makoto(2018) "Understanding the diversity of CCs worldwide in globalisation and deindustrialisation as an evolutionary tree diagram," *International Journal of Community Currency Research*, 22(1), pp.16-36

Nurkse, Ragnar (1953) *Problems of Capital-Formation in Underdeveloped Countries*. Blackwell Publishers.

参考文献

Seidman, Seidman B. (1983), "Network Structure and Minimum Degree," *Social Networks*, vol. 5, no. 3, pp. 269–287.

Sen, Amartya (1992) *Inequality Reexamined*, Clarendon Press.（池本幸生・野上裕・佐藤仁訳『不平等の再検討―潜在能力と自由』岩波書店、1999年.）

Silva Jr., Jeová Torres (2008) "Avaliacao de impactos e de imagem: Banco Palmas – 10 anos," Arte Virtual.

Solnit, Rebecca (2009) *A Paradise Built in Hell: The Extraordinary Communities that Arise in Disaster*, Viking A.（高月園子訳『災害ユートピア―なぜそのとき特別な共同体が立ち上がるのか』亜紀書房、2010年.）

Stiglitz, Joseph E., Amartya Sen and Jean-Paul Fitoussi (2010) *Mismeasuring Our Lives: Why GDP Doesn't Add Up*, The New Press.

Watts, D. J. (1999) Small Worlds: *The Dynamics of Networks between Order and Randomness*, Princeton University Press.（栗原聡・佐藤達也・福田健介訳『スモールワールド―ネットワークの構造とダイナミクス』東京電機大学出版局、2006年.）

Watts, Duncan J. and Steven H. Strogatz (1998) "Collective Dynamics of Small-world Networks," Nature, vol. 393, pp. 440–442.

Zipf, George K. (1949) Human Behavior and the Principles of Least Effort, Addison-Wesley.

木村和彦 (2008)「地域経済活性化を目的とした地域通貨の現状と課題―自作データベースの分析を基に―」『産開研論集』（大阪府立産業開発研究所）、vol. 20, pp. 107–112.

吉地望・栗田健一・丹田聡・西部忠 (2007)「地域通貨を通じた社会関係資本形成への多面的接近―流通ネットワーク分析とアンケート・インタビュー調査に基づく」『経済社会学会年報』（経済社会学会）、vol. 29, pp. 207–222.

吉地望・西部忠 (2006)「地域通貨流通ネットワーク分析」『進化経済学会論集』（進化経済学会）、vol. 10, pp. 317–326.

金光淳 (2003)『社会ネットワーク分析の基礎』勁草書房.

栗田健一 (2010)『地域通貨プロジェクトの効果と課題―学際的アプローチに基づく地域コミュニティ活性化の評価と考察―』博士学位取得論文（北海道大学）.

小林重人＊・栗田健一＊・西部忠・橋本敬 (2010)「地域通貨流通実験前後における貨幣意識の変化に関する考察―東京都武蔵野市のケース―」『北海道大学社会科学実験研究センター (CERSS) ワーキングペーパーシリーズ』（北海道大学）、No. 118, pp. 1–18. (*equal contribution)

小林重人・栗田健一・西部忠・橋本敬 (2011)「地域通貨流通実験にみるミクロ・メゾ・マクロ・ループの流れ：メゾレベルの貨幣意識を中心にして」、『Discussion Paper, Series B』（北海道大学大学院経済学研究科）、vol. 96, pp. 1–17.

小林重人・橋本敬・西部忠 (2012)「制度生態系としてのコミュニティバンクと住民組織―ブラジル・フォルタレザにおけるパルマス銀行を事例として―」『進化経済学論集』（進化経済学会）、vol. 16, pp. 529–544.

小林重人＊・西部忠＊・栗田健一・橋本敬 (2010)「社会活動による貨幣意識の差異―地域通貨関係者と金融関係者の比較から―」『企業研究』（中央大学企業研究所）、vol. 17, pp. 73–91. (*equal contribution)

嵯峨生馬 (2003)『地域通貨』NHK 出版.

坂田裕輔 (2003)「持続可能な開発を支援するための地域通貨システムのデザイン」『同志社大学ワールドワイドビジネスレビュー』（同志社大学）、vol. 4, no. 3, pp. 161–177.

世界銀行 (1993)『東アジアの奇跡』白鳥正喜監訳、東洋経済新報社．

高安秀樹・高安美佐子 (2000)『経済・情報・生命の臨界ゆらぎ―複雑系科学で近未来を読む』ダイヤモンド社.

田村梨花 (2002)「90 年代ブラジルにおける NGO の展開」『Encontros Lusófonos』（上智大学ポルトガル・ブラジル研究センター）、vol. 4, pp. 36–44.

地域通貨全リスト、http://cc-pr.net/list/、2011 年 12 月 22 日閲覧.

西部忠 (1999)「〈地域〉通貨 LETS―貨幣、信用を越えるメディア」『批評空間』（太田出版)、vol. II-22, pp. 26–60.

西部忠 (2002a)「地域通貨の『グローカル』な展開」『月刊自治研』（自治研中央推進委員会事務局)、vol. 44 (511), pp. 34–46.

西部忠 (2002b)『地域通貨を知ろう』岩波書店.

西部忠 (2006a)「地域通貨を活用する地域ドック―苫前町地域通貨の流通実験報告から―」『地域政策研究』（地方自治研究機構)、vol. 34, pp. 40–56.

西部忠 (2006b)「統合型コミュニケーション・メディアとしての地域通貨と進化主義的制度設計」『経済社会学会年報』（経済社会学会)、vol. 28, pp. 6–20.

西部忠 (2006c)「進化主義的制度設計におけるルールと制度」『経済学研究』（北海道大学)、vol. 56, no. 2, pp. 133–146.

西部忠 (2006d)「地域通貨の政策思想」『進化経済学論集』（進化経済学会)、vol. 10, pp. 337–346.

西部忠 (2008)「地域通貨の流通ネットワーク分析」『情報処理』（情報処理学会)、

vol. 49, no. 3, pp. 290–297.

西部忠 (2010)「制度生態系」江頭進・澤邉紀生・橋本敬・西部忠・吉田雅明編『進化経済学基礎』日本経済評論社、pp. 241–243.

西部忠 (2011)『資本主義はどこへ向かうのか―内部化する市場と自由投資主義』NHK 出版 .

西部忠 (2012a)「コミュニティ通貨＝統合型コミュニケーション・メディアの経済学的意義」『Discussion Paper, Series B』（北海道大学大学院経済学研究科）, vol. 99, pp. 1–26.

西部忠 (2012b)「コミュニティ通貨のメディア・デザインとコミュニティ・ドック：進化主義的制度設計による新たな政策論の展開」『Discussion Paper, Series B』（北海道大学大学院経済学研究科）, vol. 100, pp. 1–13.

西部忠 (2012c)「地域通貨による電力政策の構想」『地域経済経営ネットワーク研究センター年報』（北海道大学）、vo. 1, pp. 107–109.

西部忠編著 (2013)『地域通貨』ミネルヴァ書房.

西部忠 (2014)『貨幣という謎』NHK 出版新書.

西部忠 (2016a)「グローバリゼーション―「市場の内部化」による資本主義市場経済の進化」『国学院経済学』65 (2) , 129-155.

西部忠 (2016b)「地域通貨の分化―グローバル化・脱工業化による資本主義の下での先進国と途上国の課題と特性の違い」『国学院経済学』65 (2) , 187-205.

西部忠編著 (2017a)『経済から見た国家と社会』岩波書店.

西部忠 (2017b)「グローバリゼーションの未来：擬制資本が遍在する自由投資主義の彼方」『比較経済体制研究』54（1）, pp.19-48.

西部忠 (2017c)「北海道仮想地域通貨―進化主義的制度設計に基づく戦略的地域活性化政策」『季刊経済理論』54（3）, pp.44 – 60.

西部忠 (2018)「金融資本主義論：「自由投資資本主義」の一側面としての」『経済セミナー増刊されどマルクス』日本評論社.

西部忠・草郷孝好 (2010)「進化主義的制度設計と地域ドック」江頭進・澤邉紀生・橋本敬・西部忠・吉田雅明編『進化経済学基礎』日本経済評論社、pp. 266–274.

西部忠 *・草郷孝好 *(2012)「コミュニティ・ドック―コミュニティの当事主体による制度変更型政策手法―」『進化経済学論集』（進化経済学会）, vol. 16, pp. 505–528. (*equal contribution)

西部忠・草郷孝好・橋本敬・吉地望 (2010)「進化主義的政策手法としての地域ドック」『進化経済学論集』（進化経済学会）, vol. 14, pp. 394–412.

西部忠・橋本敬・小林重人・栗田健一・宮﨑義久・廣田裕之 (2012)「ブラジル・パルマス銀行調査報告書」『Discussion Paper, Series B』(北海道大学大学院経済学研究科)、no. 104, pp. 1–78.

西部忠*・三上真寛*(2012)「電子地域通貨のメディア・デザインとコミュニティ・ドックへの活用可能性―ゲーミング・シミュレーションによる検討―」『Discussion Paper, Series B』(北海道大学大学院経済学研究科)、no. 103, pp. 1–24. (*equal contribution)

西部忠監修 (2001)『豊かなコミュニティづくりを目指す地域通貨の可能性』北海道自治政策研修センター.

西部忠監修 (2004)『地域通貨のすすめ』北海道商工会連合会.

西部忠編著・草郷孝好・穂積一平・吉地望・吉田昌幸・栗田健一・山本堅一・吉井哲著 (2005)『苫前町地域通貨流通実験に関する報告書』北海道商工会連合会.

西部忠編著・草郷孝好・穂積一平・吉地望・吉田昌幸・栗田健一・山本堅一・吉井哲著 (2006)『苫前町地域通貨試験流通事業報告書』苫前町商工会.

橋本敬・西部忠 (2012)「制度生態系の理論モデルとその経済学的インプリケーション」『経済学研究』(北海道大学), vol. 61, no. 4. pp. 131–151.

増田直紀・今野紀雄 (2005)『複雑ネットワークの科学』産業図書株式会社.

安田雪 (2001)『実践ネットワーク分析』新曜社.

山崎茂 (2008)「地域団体間の関係強化に寄与する地域通貨―大阪・寝屋川市での取組を通して―」『都市研究』(近畿都市学会)、vol. 8, pp. 79–97.

山崎茂・矢作弘 (2009)「地域通貨の可能性と限界について―大阪府寝屋川市での取り組みを通して―」『季刊経済研究』(大阪市立大学)、vol. 32, no. 1–2, pp. 95–103.

与謝野有紀・熊野建・高瀬武典・林直保子・吉岡至 (2006)「日本の地域通貨に関する実態調査結果の概略」『関西大学社会学部紀要』(関西大学社会学部)、vol. 37, no. 3, pp. 293–317.

資　料

【資料】1．地域通貨によるコミュニティ・ドック事例一覧表

	北海道 苫前町	北海道 更別村	山梨県 韮崎・北杜市	ブラジル フォルタレザ
関わりの開始時期	2004年4月	2005年10月	2009年9月	2011年2月
地域通貨流通開始時期	2004年11月	2008年11月	2010年9月	2000年
実施地区類型	農漁村	農村	都市	貧困地域
人口	・3,656人 （H22国勢調査） ・4,202人 （H17年国勢調査）	・3,393人 （H22年国勢調査） ・3,326人 （H17年国勢調査）	韮崎市：32,477人 （H22国勢調査） 北杜市：46,968人 （H22国政調査）	パルメイラ地区 およそ3万人
調査手法				
アンケート調査	○	○	○	○
インタビュー調査	○	○	○	○
ネットワーク分析	○	×	○	×
関わりの経緯	北海道商工会連合会が西部に協力依頼	更別村商工会O氏が西部に協力依頼	韮崎青年会議所が西部に協力依頼	当方よりインタビュー調査の打診
働きかけのあり方	北海道商工会連合会が地域通貨試験事業の助言と可能性調査を委託。パブリシティ（テレビ・新聞）。	当初、西部研が地域通貨説明会、助言、地域通貨視察地紹介、事前・事後アンケート調査の共同実施。その後、吉地研が定期訪問し、情報交換、助言。実施後、道内地域通貨（栗山・増毛）との交流支援。パブリシティ（テレビ・新聞・雑誌）。	地域通貨のメディア・デザインの助言、コミュニティ・ドックの説明を行い、理解と同意を得て実施。パブリシティ（新聞）。	インタビュー調査により、パルマス銀行関係者たちの意識やこれまでの活動の振り返りを支援。パブリシティ（新聞）。
協働のあり方	苫前町商工会と研究チーム	NPO法人どんぐり村サラリと商工会議所と研究チーム	韮崎青年会議所と研究チーム	住民組織とコミュニティバンク
当事主体	・北海道商工会連合会 ・苫前町商工会 ・社会福祉協議会 ・苫前町	・NPO法人どんぐり村サラリ ・更別村役場 ・更別村商工会議所	・韮崎青年会議所 ・韮崎市商工会 ・韮崎および北杜市役所 ・韮崎市および北杜市の協賛商店	・パルメイラ地区住民 ・パルマス銀行 ・パルマス・インスティテュート ・ASMOCONP ・セアラ州政府

キーパーソン	苫前町商工会指導員　G氏	更別村商工会　O氏	韮崎市JC　E.K氏、T.K氏	パルマス銀行　J氏
研究チームの編成	・西部研究室と大学院生 ・草郷研究室	・吉地研究室 ・西部研究室と大学院生 ・草郷研究室 ・橋本研究室	・西部研究室と大学院生 ・草郷研究室	・西部研究室 ・橋本研究室
研究チームのキーパーソン	・西部忠・大学院生 ・草郷孝好 ・吉地望	・吉地望 ・西部忠 ・草郷孝好	・西部忠 ・草郷孝好 ・栗田健一 ・宮崎義久	・西部忠 ・橋本敬 ・小林重人 ・栗田健一
ワークショップ				
実施前	○	○＋講演会	講演会	×
実施中	×	○	×	×
フィードバック				
報告書・論文	○	○	○	○
報告会・ワークショップ	○ （一次流通実験の結果のみ）	○	×	×
制度変更（地域通貨のシステム変更）	有	有	無	有
地域通貨流通の継続	実験終了	継続中	実験終了	継続中

資　料

【資料】2．山梨県韮崎市・北杜市地域通貨「アクア」の事前調査アンケート質問票

No.

**地域通貨「アクア」と地域経済・社会にかんするアンケート調査について
ご協力のお願い**

　地域通貨「アクア」は 2010 年 9 月 1 日から 2011 年 2 月 28 日まで，韮崎市・北杜市内で導入されることになりました。この調査は，地域通貨「アクア」による地域経済・社会の活性化を調べるために行われます。調査は，地域通貨「アクア」の導入の事前と事後の 2 回を予定しております。収集された情報については，地域通貨「アクア」の導入効果に関する学術研究にのみ利用するものであり，統計的に処理されるため，個人名が特定される形で利用されることは一切ございません。どうぞ本アンケートの趣旨をご理解いただき，ご協力いただけますよう心からお願い申し上げます。

　なお，ご記入いただいたアンケート用紙は 2 週間以内に返信用封筒に入れ，お送りください。本アンケートと事後のアンケートにご協力いただいたお礼として粗品（北大グッズを予定）をお渡ししたいので，差支えないようでしたらアンケートの最後にあなたのお名前とご住所をご記入ください。また，この調査に関してご質問・ご意見などがございましたら，下記までお問い合わせください。

2010 年 7 月
北海道大学大学院経済学研究科
西部忠，栗田健一
関西大学大学院社会学研究科
草郷孝好
メールアドレス：2010nha@cc.econ.hokudai.ac.jp

あなたの現在の生活全般についておしえてください

Q1 あなたの現在のお住まいの地区について伺います。該当する番号を○で囲んでください。

韮崎市
　1．韮崎地区　2．穂坂町　3．藤井町　4．中田町　5．穴山町　6．円野町　7．清哲町
　8．神山町　9．旭町　10．大草町　11．竜岡町

北杜市
　1．明野町　2．須玉町　3．高根町　4．長坂町　5．大泉町　6．小渕沢町　7．白州町　8．武川町

上記以外
　（　　　　　　　　　）

＊以下のアンケートの中で，頻繁に「地元地域」という表現が出てきます。その際，「地元地域」とは，ここでお答えいただいた<u>あなたの現在のお住まいの地区</u>のことを念頭においてお答えください。

Q2　あなたは、今の住所にどれくらいの期間お住まいですか。
在住（　　）年。もしも在住期間が1年未満であれば、月数でお答えください。在住（　　）ヶ月

Q3　あなたは、昨年（2010年9月頃）実施の地域通貨「アクア」と地域経済・社会に関するアンケート調査に、ご回答されましたか。
1．はい　2．いいえ

Q4　現在、あなたはどの程度幸せですか。「とても幸せ」を10点、「とても不幸」を0点とすると、何点くらいになると思いますか。いずれかの数字を1つだけ○で囲んでください。

とても不幸　←　　　　　　　　　　　　　　　→　とても幸せ

　0　　1　　2　　3　　4　　5　　6　　7　　8　　9　　10

Q5　あなたは今の暮らしにどの程度満足していますか。「とても満足」を10点、「とても不満」を0点とすると、何点くらいになると思いますか。いずれかの数字を1つだけ○で囲んでください。

とても不満　←　　　　　　　　　　　　　　　→　とても満足

　0　　1　　2　　3　　4　　5　　6　　7　　8　　9　　10

Q6　今の暮らしと比べて、以前（3－5年前）の満足度はどうでしたか。
1．高かった　2．変わらない　3．低かった　4．わからない

Q7　今の暮らしと比べて、将来（3－5年後）の見通しはどうですか。
1．見通しが明るくなる　2．変わらない　3．見通しが悪くなる　4．わからない

Q8　Q7についてなぜそう思いますか。理由を簡単にお書きください。

資　料

Q9　次の項目について、日ごろ感じているこれまでの「満足度」とこれからの「必要度（行政の取組み、地域・民間の取組み）」を5点満点で評価し、あてはまる数字を1つずつ○印で囲んで下さい。

	これまでの満足度					これからの必要度									
						行政の取り組み					地域・民間の取り組み				
	5 満足	4 やや満足	3 普通	2 やや不満	1 不満	5 必要	4 やや必要	3 普通	2 あまり必要ない	1 必要ない	5 必要	4 やや必要	3 普通	2 あまり必要ない	1 必要ない
1．子育て支援体制は充実していると思いますか？　安心して出産・子育てができる環境の整備や子育てと就業の両立支援など	満足度					今後、行政の必要性					今後、地域・民間の必要性				
	5	4	3	2	1	5	4	3	2	1	5	4	3	2	1
2．幼児教育は充実していると思いますか？　幼稚園、保育園での就学前教育や家庭教育の充実など	満足度					今後、行政の必要性					今後、地域・民間の必要性				
	5	4	3	2	1	5	4	3	2	1	5	4	3	2	1
3．学校教育は充実していると思いますか？　教育施設、教育環境の充実や教育内容の充実など	満足度					今後、行政の必要性					今後、地域・民間の必要性				
	5	4	3	2	1	5	4	3	2	1	5	4	3	2	1
4．青少年の健全育成と社会参加が充実していると思いますか？　家庭、地域の連携による青少年の健全育成と社会参加など	満足度					今後、行政の必要性					今後、地域・民間の必要性				
	5	4	3	2	1	5	4	3	2	1	5	4	3	2	1
5．健康づくりの取り組みは充実していると思いますか？　健康対策の地域活動や健康診査の充実など	満足度					今後、行政の必要性					今後、地域・民間の必要性				
	5	4	3	2	1	5	4	3	2	1	5	4	3	2	1
6．医療体制は充実していると思いますか？　市立病院の医療体制の強化や広域的な医療体制の強化など	満足度					今後、行政の必要性					今後、地域・民間の必要性				
	5	4	3	2	1	5	4	3	2	1	5	4	3	2	1
7．地域の支えあいや助けあいなど地域福祉が浸透していると思いますか？　高齢者や障害者との交流やボランティア団体の育成など	満足度					今後、行政の必要性					今後、地域・民間の必要性				
	5	4	3	2	1	5	4	3	2	1	5	4	3	2	1
8．高齢者福祉は充実していると思いますか？　高齢者の生活支援や介護サービスの充実、介護予防の充実など	満足度					今後、行政の必要性					今後、地域・民間の必要性				
	5	4	3	2	1	5	4	3	2	1	5	4	3	2	1
9．障害者福祉は充実していると思いますか？　障害者の社会参加の促進や障害者福祉サービスの充実、差別や偏見のない社会など	満足度					今後、行政の必要性					今後、地域・民間の必要性				
	5	4	3	2	1	5	4	3	2	1	5	4	3	2	1

質問	満足度	今後、行政の必要性	今後、地域・民間の必要性
10. 治山・治水は十分だと思いますか？ 土砂崩れなど災害危険箇所の確認、改修や被災時の情報提供など	5 4 3 2 1	5 4 3 2 1	5 4 3 2 1
11. 災害の発生に備えた防災体制が築かれていると思いますか？ 避難場所や食料等の確保や災害に備えた訓練や研修など	5 4 3 2 1	5 4 3 2 1	5 4 3 2 1
12. 消防・救急体制は充実していると思いますか？ 消防体制・救急体制の強化や消防団の活動支援など	5 4 3 2 1	5 4 3 2 1	5 4 3 2 1
13. 交通安全・防犯体制は充実していると思いますか？ 交通事故や犯罪の防止など	5 4 3 2 1	5 4 3 2 1	5 4 3 2 1
14. 社会保障体制は充実していると思いますか？ 国民健康保険や介護保険等の健全な運営や生活保護等の低所得者福祉の充実など	5 4 3 2 1	5 4 3 2 1	5 4 3 2 1
15. 起業や経営改善への支援が充実していると思いますか？ 新分野に挑戦する企業やNPOの設立支援など	5 4 3 2 1	5 4 3 2 1	5 4 3 2 1
16. 仕事の場が確保されていると思いますか？ 若者の就職支援や雇用や職場での男女平等、自立 支援のための障害者雇用など	5 4 3 2 1	5 4 3 2 1	5 4 3 2 1
17. 自然環境は守られていると思いますか？ 自然保護地域の管理や自然保護活動など	5 4 3 2 1	5 4 3 2 1	5 4 3 2 1
18. 循環型社会に向けた取り組みが充実していると思いますか？ リサイクルなどによるごみ減量、再資源化や太陽光・風力発電等の新エネルギーの開発・導入など	5 4 3 2 1	5 4 3 2 1	5 4 3 2 1
19. 景観に配慮したまちづくりが進んでいると思いますか？ 魅力ある街並みづくりや自然景観の保全・整備、身近な環境の美化など	5 4 3 2 1	5 4 3 2 1	5 4 3 2 1
20. 公園は充実していると思いますか？ 災害時の避難場所や子どもの遊び場の確保、公園の適切な維持・管理など	5 4 3 2 1	5 4 3 2 1	5 4 3 2 1
21. 上下水道は十分に整備されていると思いますか？ 安定した水道水の供給や適切な下水処理施設の整備など	5 4 3 2 1	5 4 3 2 1	5 4 3 2 1
22. 市街地は地域性があり、活気があると思いますか？ 中心市街地の開発・整備やにぎわいの創出など	5 4 3 2 1	5 4 3 2 1	5 4 3 2 1

質問	満足度	今後、行政の必要性	今後、地域・民間の必要性
23. 住みよい住宅・宅地が提供されていると思いますか？ 　市営住宅の管理やニーズに応じた宅地等の供給など	5　4　3　2　1	5　4　3　2　1	5　4　3　2　1
24. 計画的な土地利用がされていると思いますか？ 　農地・森林など自然環境を保全しつつ調和のとれた土地利用など	5　4　3　2　1	5　4　3　2　1	5　4　3　2　1
25. 道路交通網は充実していると思いますか？ 　市道の計画的な整備や国道・県道の整備など	5　4　3　2　1	5　4　3　2　1	5　4　3　2　1
26. バスや鉄道などの公共交通は充実していると思いますか？ 　路線バスや鉄道などの充実や公共交通機関の利用促進など	5　4　3　2　1	5　4　3　2　1	5　4　3　2　1
27. 地域性のある農林業が展開されていると思いますか？ 　農道など農業生産基盤の整備や地域農産物のブランド化の展開、担い手の育成など	5　4　3　2　1	5　4　3　2　1	5　4　3　2　1
28. 商業は市民にとって魅力的だと思いますか？ 　商業施設の充実や交通アクセス等の環境整備、経営者への支援など	5　4　3　2　1	5　4　3　2　1	5　4　3　2　1
29. 工業は活気があると思いますか？ 　企業誘致や中小企業への支援など	5　4　3　2　1	5　4　3　2　1	5　4　3　2　1
30. 観光・交流等地域産業の展開は魅力があると思いますか？ 　体験・参加型イベントの充実や自然や歴史を活かした観光振興など	5　4　3　2　1	5　4　3　2　1	5　4　3　2　1
31. 中心市街地や商店街などの「まちなか再生」は進んでいると思いますか？ 　中心市街地や商店街の活性化など	5　4　3　2　1	5　4　3　2　1	5　4　3　2　1
32. 生涯学習活動が充実していると思いますか？ 　多様な生涯学習活動ができる環境の整備など	5　4　3　2　1	5　4　3　2　1	5　4　3　2　1
33. スポーツ活動は充実していると思いますか？ 　スポーツ施設の整備や生涯スポーツの推進など	5　4　3　2　1	5　4　3　2　1	5　4　3　2　1
34. 文化・芸術の振興は充実していると思いますか？ 　市民グループの支援・育成や芸術文化鑑賞の機会の拡充など	5　4　3　2　1	5　4　3　2　1	5　4　3　2　1
35. 地域文化は伝統の継承や新たな文化の創造がされていると思いますか？ 　伝統文化の継承や武田の里の形成促進など	5　4　3　2　1	5　4　3　2　1	5　4　3　2　1

質問	満足度	今後、行政の必要性	今後、地域・民間の必要性
36. 市民主体のまちづくり活動が充実していると思いますか？ まちづくりの担い手育成やまちづくりへの参加機会の拡充など	5 4 3 2 1	5 4 3 2 1	5 4 3 2 1
37. 市民に開かれた行政だと思いますか？ 行政情報の積極的な公開や市ホームページ等の充実など	5 4 3 2 1	5 4 3 2 1	5 4 3 2 1
38. 男女共同参画が実現されていると思いますか？ 男女共同参画意識の浸透など	5 4 3 2 1	5 4 3 2 1	5 4 3 2 1
39. コミュニティ活動は活発に行われていると思いますか？ 自治会組織のリーダー育成や地域の支えあい、助けあいの拡大など	5 4 3 2 1	5 4 3 2 1	5 4 3 2 1
40. 地域間交流・国際交流が充実していると思いますか？ 姉妹都市交流や市内在住の外国人との交流など	5 4 3 2 1	5 4 3 2 1	5 4 3 2 1
41. 電子自治体の取り組みは充実していると思いますか？ 電子申請対応業務の拡大や医療、福祉、防災等関係機関とのネットワーク化の検討など	5 4 3 2 1	5 4 3 2 1	5 4 3 2 1
42. 行政改革や行財政運営の充実が進んでいると思いますか？ 行財政改革の推進や効率性、有効性、経済性の高い行財政運営の充実など	5 4 3 2 1	5 4 3 2 1	5 4 3 2 1
43. 広域行政による連携がとれていると思いますか？ 近隣自治体との連携や国・県等との連携など	5 4 3 2 1	5 4 3 2 1	5 4 3 2 1

Q10 一般的にいって、人はだいたいにおいて信用できると思いますか，それとも人と付き合うには用心するにこしたことはないと思いますか。（1つだけ〇印）
 1．だいたい信用できる　2．用心するにこしたことはない　3．わからない

Q11 次にあげる意見について、あなたはどのように考えますか。1を「そう思わない」、5を「そう思う」とした5段階で、お答えください。（それぞれ1つだけ〇印）

	そう思わない ←――――――――→ そう思う				
1 ほとんどの人は信用できる	1	2	3	4	5
2 たいていの人は、人から信用された場合、同じように その相手を信用する	1	2	3	4	5
3 ほとんどの人は、他人を信用している	1	2	3	4	5
4 ほとんどの人は、基本的に正直である	1	2	3	4	5
5 私は、人を信用する方である	1	2	3	4	5
6 ほとんどの人は、基本的に善良で親切である	1	2	3	4	5

Q12　いまお答えいただいた質問の中で、「ほとんどの人」について、あなたはどのような人々を思い浮かべましたか。以下の中からあてはまる番号を１つ選んでください。
1．日本人にかぎらず人間一般
2．日本人一般
3．同じ地方（都道府県や関東地方、近畿地方などの地方）に住んでいる人々
4．自分と同じ地域（市・町・村など）に住んでいる人々
5．近隣に住んでいる人
6．同じ職場で働いたり、同じ学校に通っている人
7．友人、知人
8．親、兄弟、親戚
9．その他（具体的に：　　　　　　　　　）

Q13　次の問いにお答えください。

1) かりに、あなたの地域に起きた問題を話し合うために、隣近所の人が１０人程度で集まったとします。その場合、会合の進め方としては、次の①、②どちらがよいと思いますか。
　①世間話などをまじえながら、時間がかかってもなごやかに話をすすめる。
　②むだな話を抜きにして、てきぱきと手ぎわよくみんなの意見をまとめる。

2) 人によって生活の目標もいろいろですが、次のリストのように分けると、あなたの生活目標にいちばん近いのはどれですか。
　①その日その日を、自由に楽しく過ごす
　②しっかりと計画をたてて、豊かな生活を築く
　③身近な人たちと、なごやかな毎日を送る
　④みんなとちからを合わせて、世の中をよくする
　⑤その他（　　　　　　　　　　　　　　　　　　）

3) 今後の生活において、物の豊かさか心の豊かさに関して、次のような２つの考え方のうち、あなたの考え方に近いのはどちらでしょうか。
　①物質的にある程度豊かになったので、これからは心の豊かさやゆとりのある生活をすることに重きをおきたい
　②まだまだ物質的な面で生活を豊かにすることに重きをおきたい
　③どちらともいえない

地元地域や社会一般でのつきあいについておしえてください

Q14　ご近所の人とあいさつや話をしていますか。（１つだけ○印）
1．まったくしない　2．ほとんどしない　3．どちらともいえない　4．時々している　5．いつもしている

Q15　地元地域の行事や活動（イベント、お祭り、防災訓練、タウンミーティングなど）に参加していますか。（１つだけ○印）
1．まったく参加しない　2．ほとんど参加しない　3．どちらともいえない　4．時々参加　5．いつも参加

Q16　地元地域に憩える場はありますか。（１つだけ○印）
1．まったくない　2．ほとんどない　3．どちらともいえない　4．少しある　5．たくさんある

Q17　いざという時、お住まいの地域に頼れる人はいますか。（１つだけ○印）
1．まったくいない　2．ほとんどいない　3．どちらともいえない　4．少しいる　5．たくさんいる

Q18　地元地域に愛着はありますか。（1つだけ○印）
1．まったくない　2．ほとんどない　3．どちらともいえない　4．少しある　5．おおいにある

Q19　外で困っている人をみかけたとき、手助けしたいと思いますか（道案内や席を譲るなど）。（1つだけ○印）
1．まったく思わない　2．あまり思わない　3．どちらともいえない　4．やや思う　5．強く思う

Q20　外で困っている人をみかけたとき、実際に手助けしますか。（1つだけ○印）
1．まったくしない　2．ほとんどしない　3．どちらともいえない　4．時々する　5．必ずする

Q21　外で人に親切にすれば、めぐりめぐって結局は自分にかえってくると思いますか。（1つだけ○印）
1．まったく思わない　2．あまり思わない　3．どちらともいえない　4．やや思う　5．強く思う

Q22　地元地域の人に親切にすれば、めぐりめぐって結局は自分にかえってくると思いますか。（1つだけ○印）
1．まったく思わない　2．あまり思わない　3．どちらともいえない　4．やや思う　5．強く思う

Q23　地元地域の人と必要なときは、互いに助けあいたいと思いますか（留守中の郵便物の受け取りなど）。（1つだけ○印）
1．まったく思わない　2．あまり思わない　3．どちらともいえない　4．やや思う　5．強く思う

Q24　地元地域の人と必要なときに、実際に助けあうことはありますか。（1つだけ○印）
1．まったくない　2．ほとんどない　3．どちらともいえない　4．時々ある　5．いつもある

Q25　地元地域に家族（義理の家族を含む）や親せきが住んでいますか

1．はい⇒　はいとお答になった方に伺います。家族（義理の家族を含む）や親せきとの交流はどの程度ですか。
　　　　　1．1年に数回以上は会う　2．1年に1回程度会う　3．滅多に会わない

2．いいえ

Q26　地元地域の友人関係について教えてください。（複数回答可）
1．地元地域に1年に数回以上会う友人がいる　2．地元地域に1年に1回程度会う友人がいる
3．地元地域に友人はいるが、滅多に会わない　4．地元地域に友人はいない

Q27　あなたは現在、無尽のグループに参加されていますか。
1．はい⇒さらに下の2つの質問にお答えください　2．いいえ

Q27-1　あなたは現在、いくつの無尽のグループに参加していますか。
（　　　　　　　）個

Q27-2　あなたが現在、参加している無尽のグループの種類を教えてください。（複数回答可）
1．地域・隣人との無尽　2．学校・職場での無尽　3．家族・親戚との無尽
4．サークル・趣味仲間との無尽　5．それ以外（　　　　　　　　　　　　　　　）

資　料

Q28　次の行事に足を運びましたか？あてはまるものに○をつけてください。

行事の内容	あなたは足を運びますか？
1 地元地域主催のお祭り（盆踊りなど）	1．毎回　2．時々　3．まず行かない
2 防災訓練	1．毎回　2．時々　3．まず行かない
3 選挙	1．毎回　2．時々　3．まず行かない
4 公民館や文化ホールでのイベント	1．毎回　2．時々　3．まず行かない
5 タウンミーティング	1．毎回　2．時々　3．まず行かない

Q29　あなたは、次の地元地域の組織のことを知っていますか。また、あなたは、会員ですか？また、あなたがその役員になったことがありますか。該当するものに○をつけてください（重複も可）。

	団　体	知っていますか？	会員ですか？	役員になったことはありますか？
1	安全協会	1．はい　2．いいえ	1．はい　2．いいえ	1．はい　2．いいえ
2	体育協会	1．はい　2．いいえ	1．はい　2．いいえ	1．はい　2．いいえ
3	育成会	1．はい　2．いいえ	1．はい　2．いいえ	1．はい　2．いいえ
4	老人会	1．はい　2．いいえ	1．はい　2．いいえ	1．はい　2．いいえ
5	氏子総代	1．はい　2．いいえ	1．はい　2．いいえ	1．はい　2．いいえ
6	農業委員	1．はい　2．いいえ	1．はい　2．いいえ	1．はい　2．いいえ
7	社会福祉協議会	1．はい　2．いいえ	1．はい　2．いいえ	1．はい　2．いいえ
8	観光協会	1．はい　2．いいえ	1．はい　2．いいえ	1．はい　2．いいえ
9	消防団	1．はい　2．いいえ	1．はい　2．いいえ	1．はい　2．いいえ
10	商工会	1．はい　2．いいえ	1．はい　2．いいえ	1．はい　2．いいえ
11	韮崎市サッカー協会	1．はい　2．いいえ	1．はい　2．いいえ	1．はい　2．いいえ
12	選挙管理委員会	1．はい　2．いいえ	1．はい　2．いいえ	1．はい　2．いいえ
13	韮崎市航空協会	1．はい　2．いいえ	1．はい　2．いいえ	1．はい　2．いいえ
14	スポーツ少年団	1．はい　2．いいえ	1．はい　2．いいえ	1．はい　2．いいえ
15	PT	1．はい　2．いいえ	1．はい　2．いいえ	1．はい　2．いいえ
16	韮崎・北杜ライオンズクラブ	1．はい　2．いいえ	1．はい　2．いいえ	1．はい　2．いいえ
17	ソロプチミスト韮崎	1．はい　2．いいえ	1．はい　2．いいえ	1．はい　2．いいえ
18	韮崎ロータリークラブ	1．はい　2．いいえ	1．はい　2．いいえ	1．はい　2．いいえ
19	太鼓団体（甲斐源氏太鼓など）	1．はい　2．いいえ	1．はい　2．いいえ	1．はい　2．いいえ
20	祭友会（よさこいの団体など）	1．はい　2．いいえ	1．はい　2．いいえ	1．はい　2．いいえ
21	津金文化資源活用協会	1．はい　2．いいえ	1．はい　2．いいえ	1．はい　2．いいえ
22	北杜ワイン倶楽部	1．はい　2．いいえ	1．はい　2．いいえ	1．はい　2．いいえ
23	甘利山倶楽部	1．はい　2．いいえ	1．はい　2．いいえ	1．はい　2．いいえ
24	BDFを考える会	1．はい　2．いいえ	1．はい　2．いいえ	1．はい　2．いいえ
25	味噌汁学校	1．はい　2．いいえ	1．はい　2．いいえ	1．はい　2．いいえ
26	森造	1．はい　2．いいえ	1．はい　2．いいえ	1．はい　2．いいえ
27	韮崎青年会議所	1．はい　2．いいえ	1．はい　2．いいえ	1．はい　2．いいえ
28	その他（　　　　　　）	1．はい　2．いいえ	1．はい　2．いいえ	1．はい　2．いいえ

Q30　地元地域の組織間の連携はあると思いますか。
　1．全くないと思う　2．あまりないと思う　3．すこしあると思う　．強くあると思う　5．わからない

ボランティア活動についておしえてください

Q31 次に挙げるボランティア活動の中で、あなたが関心を持っているものに○をつけてください。（いくつでも）
1．青少年の健全育成にかんする活動（ボーイスカウトやガールスカウト、ナイトハイクの引率など）
2．スポーツや文化にかんする活動（学校のクラブ活動の指導、まつりの手伝いなど）
3．高齢者介護にかんする活動（高齢者の介護や身のまわりの世話など）
4．高齢者サポートにかんする活動（買い物代行など）
5．子育てサポートにかんする活動（一時保育など）
6．国際協力にかんする活動（留学生支援など）
7．子供たちの安全にかんする活動（子供たちの登下校時の安全確保など）
8．防犯にかんする活動（子供たちのみまわり、夜まわりなど）
9．生活環境保護にかんする活動（地元地域のそうじ、リサイクル活動など）
10．自然・環境保護にかんする活動（育苗、草刈り、てんぷら油の回収など）
11．募金活動（自分で募金する場合、街頭で募金活動する場合など）
12．隣人のお手伝い（ペットの世話、庭の手入れなど）
13．そのほか（具体的に→　　　　　　　　　　　　　　）

Q32　ボランティア活動は、何の見返りも期待せずに行うものだと思いますか
　1．まったく思わない　2．あまり思わない　3．どちらともいえない　4．やや思う　5．強く思う

Q33　あなたが、次のボランティア活動をおこなったと仮定します。その際、対価をもらうとしたらどれが妥当だと思いますか。あてはまるものに○をつけてください（複数回答可）。

記入例：

	現　金	商品券や金券	地域通貨	粗　品	何も受け取らない
1 青少年の育成活動					○
2 お祭りやイベントの手伝い			○		
3 子供たちの見回り、夜回りや交通安全活動			○		
4 地元地域の清掃活動、花植え活動			○	○	
5 子育てサポート（一時保育など）	○	○		○	
6 高齢者介護（身の回りのお世話など）	○	○			
7 高齢者サポート（買い物代行など）		○	○		
8 隣人の手伝い（庭の手入れやペットの世話など）					○

	現　金	商品券や金券	地域通貨	粗　品	何も受け取らない
1 青少年の育成活動					
2 お祭りやイベントの手伝い					
3 子供たちの見回り、夜回りや交通安全活動					
4 地元地域の清掃活動、花植え活動					
5 子育てサポート（一時保育など）					
6 高齢者介護（身の回りのお世話など）					
7 高齢者サポート（買い物代行など）					
8 隣人の手伝い（庭の手入れやペットの世話など）					

資料

Q34　あなたが次のボランティアの支援をうけたと仮定します。その際、対価を払うとしたらどれが妥当だと思いますか。あてはまるものに○をつけてください(複数回答可)。

	現　金	商品券や金券	地域通貨	粗品	何もわたさない
1 青少年の育成活動					
2 お祭りやイベントの手伝い					
3 子供たちの見回り、夜回りや交通安全活動					
4 地元地域の清掃活動、花植え活動					
5 子育てサポート（一時保育など）					
6 高齢者介護（身の回りのお世話など）					
7 高齢者サポート（買い物代行など）					
8 隣人の手伝い（庭の手入れやペットの世話など）					

Q35　あなたはボランティア活動に関心がありますか。（1つだけ○印）。
　1．まったくない　2．あまりない　3．どちらともいえない　4．ややある　5．強くある

Q36　あなたはボランティア活動が大切であると思いますか。（1つだけ○印）。
　1．まったく思わない　2．あまり思わない　3．どちらともいえない　4．やや思う　5．強く思う

Q37　ボランティア活動にかんする意見について、あなたはどのように考えますか。1を「そう思わない」、5を「そう思う」とした5段階で、それぞれについてお答えください。（それぞれ1つだけ○印）。

そう思わない　←　　　→　そう思う

1 ボランティア活動は、家族、友人が困っているときに行うものだ	1	2	3	4	5
2 ボランティア活動は、隣人が困っているときに行うものだ	1	2	3	4	5
3 ボランティア活動は、知らない相手でも困っているときに行うものだ	1	2	3	4	5

Q38　あなたはこれまでボランティア活動をおこなったことがありますか。
　1．はい⇒さらに下の3つの質問にお答えください　2．いいえ

> Q38-1　あなたは、これまで無償（ただし交通費などの費用はもらう）のボランティア活動を行ったことがありますか？
> 　1．はい　2．いいえ
>
> Q38-2　あなたは、これまで有償（報酬つき。地域通貨を含む）のボランティア活動を行ったことがありますか？
> 　1．はい　2．いいえ
>
> Q38-3　ボランティアをしたことでどのような気持ちを持ちましたか。（1つだけ○印）
> 　1．当然すべきことをしたと思う　2．社会に対していいことをしたと思う
> 　3．地元地域に対していいことをしたと思う　4．相手に対していいことをしたと思う

Q39　あなたはこれまでボランティアをしてもらったことがありますか。
　　　　1．はい⇒さらに下の2つの質問にお答えください　2．いいえ

Q39-1　あなたは、これまでボランティアをしてもらった際、ボランティアさんに対して、次のような対応をしたことがありますか？あてはまるものがあれば○をつけてください。
1．お金を渡した　2．商品券や金券を渡した　3．地域通貨を渡した　4．贈り物をした（粗品）
5．ボランティア活動をすることでお返しをした　6．その他（　　　　　　　　　　　　）

Q39-2　ボランティアをしてもらったことで、かえって、重荷に感じたことがありますか。
1．はい⇒その理由を教えてください
2．いいえ　　　　　　　　　　理由：

Q40　あなたが地元地域の生活の中で何か困っていることがあれば何でも自由にお書きください。

韮崎市・北杜市の商店街についておしえてください

Q41　あなたは次の買い物をする場合、主としてどこで買い物をしますか。一番買い物をする所には◎印をつけ、たまに買い物をする所には○印をつけ、全く買い物をしない所には何も印をつけないでください。（いくつでも可）

記入例：食料品の買い物の場合
（◎）1．韮崎市・北杜市の商店街（徒歩圏内）
（○）2．韮崎市・北杜市の商店街（自家用車やバス利用圏内）
（　）3．スーパーやまと、スーパーおぎのなどのチェーンスーパー
（　）4．生協などの個別配送を利用
（○）5．コンビニ
（　）6．インターネットショッピングを利用
（　）7．その他（　　　　　　　　　）

a) 食料品の買い物の場合
（　）1．韮崎市・北杜市の商店街（徒歩圏内）
（　）2．韮崎市・北杜市の商店街（自家用車やバス利用圏内）
（　）3．スーパーやまと、スーパーおぎのなどのチェーンスーパー
（　）4．生協などの個別配送を利用
（　）5．コンビニ
（　）6．インターネットショッピングを利用
（　）7．その他（　　　　　　　　　）

資　料

b) 日用雑貨品の買い物の場合
(　) 1．韮崎市・北杜市の商店街（徒歩圏内）
(　) 2．韮崎市・北杜市の商店街（自家用車やバス利用圏内）
(　) 3．スーパーやまと、スーパーおぎのなどのチェーンスーパー
(　) 4．生協などの個別配送を利用
(　) 5．コンビニ
(　) 6．インターネットショッピングを利用
(　) 7．その他（　　　　　　　　）

c) 衣料品の買い物の場合
(　) 1．韮崎市・北杜市の商店街（徒歩圏内）
(　) 2．韮崎市・北杜市の商店街（自家用車やバス利用圏内）
(　) 3．スーパーやまと、スーパーおぎのなどのチェーンスーパー
(　) 4．生協などの個別配送を利用
(　) 5．コンビニ
(　) 6．インターネットショッピングを利用
(　) 7．その他（　　　　　　　　）

e) 外での飲食（出前を含む）の場合
(　) 1．韮崎市・北杜市の商店街（徒歩圏内）
(　) 2．韮崎市・北杜市の商店街（自家用車やバス利用圏内）
(　) 3．その他（　　　　　　　　）

Q42　あなたは韮崎市・北杜市の商店街を１週間のうちで、どの程度利用されていますか。（１つだけ○印）

0日　1日　2日　3日　4日　5日　6日　7日

Q43　韮崎市・北杜市の商店街を身近に感じますか。（１つだけ○印）
1．まったく感じない　2．あまり感じない　3．どちらともいえない　4．やや感じる　5．強く感じる

Q44　仮に、商店街の値段の方がスーパーの値段に比べて多少高いと感じても韮崎市・北杜市の商店街をサポートする気持ちがありますか。（１つだけ○印）
1．まったくない　2．あまりない　3．どちらともいえない　4．少しある　5．強くある

Q45　韮崎市・北杜市の商店街は活気にあふれていると思いますか。（１つだけ○印）
1．全く思わない　2．あまり思わない　3．どちらともいえない　4．少し思う　5．強く思う

Q46　韮崎市・北杜市の商店街は地域貢献をしていると思いますか。（１つだけ○印）
1．全く思わない　2．あまり思わない　3．どちらともいえない　4．少し思う　5．強く思う

Q47　韮崎市・北杜市の商店街に関して、何でもご意見をお書きください。（あなたの見方、改善提案、感想、期待など）（自由記入）

地域通貨、お金一般にかんすることについておしえてください

Q48　あなたは「アクア」以外の地域通貨のことを聞いたことがありますか。
1．はい⇒具体的な名称が分かりましたらご記入ください。（　　　　　　　　　　）
2．いいえ

Q49　あなたは「アクア」以外の地域通貨を実際に使ったことがありますか。
1．はい⇒具体的な名称が分かりましたらご記入ください。（　　　　　　　　　　）
2．いいえ

Q50　あなたは、地域通貨「アクア」の目的や仕組み等をよく理解していると思いますか。（1つだけ○印）
1．よく理解していると思う　　2．少し理解していると思う
3．名前を知っているが、どういうものかあまり理解していない　4．まったく理解していない

Q51　あなたは，地域通貨一般の目的や仕組み等をよく理解していると思いますか。（1つだけ○印）
1．よく理解していると思う　　2．少し理解していると思う
3．名前を知っているが、どういうものかあまり理解していない　4．まったく理解していない

Q52　あなたは，地域通貨一般と地域商品券との目的や仕組みなどが違うと思いますか。（1つだけ○印）
1．まったく同じだと思う　　2．だいたい同じだと思う　　3．少し違うと思う
4．まったく違うと思う　　5．よくわからない

Q53　地域通貨「アクア」を使うと、めぐりめぐって自分のところに戻ってくると思いますか。（1つだけ○印）
1．まったく思わない　2．ほとんど思わない　3．少し思う　4．強く思う　5．よくわからない

Q54　もし地域通貨「アクア」を様々なサービス等に利用できるなら、どのようなものを希望しますか。最もあてはまるものに○をつけてください。
1．バスの乗車賃　2．市内の美術館入場料　3．市内の駐車・駐輪場料金　4．市の施設の使用料金
5．温泉施設の利用料金　6．道の駅での買い物等　7．市役所でかかる各種手数料の支払（証明書発行など）　8．税金の支払　9．アルバイトや給与等の一部の支払　10．その他（　　　　　　　）

Q55　あなたのお金一般に対する意識や態度についてあてはまる番号に○をつけてください。
1を「そう思わない」、5を「そう思う」とした5段階で、それぞれについてお答えください。
（それぞれ1つだけ○印）。

そう思わない　　　　そう思う

1 生きていくために、円とは違う他のお金を利用できるのがよい	1	2	3	4	5
2 人々が自由にお金を創造・発行できる方がよい	1	2	3	4	5
3 お金の発行権を日本銀行や商業銀行だけでなく、人々やコミュニティも持つべきだ	1	2	3	4	5
4 お金の発行権を日本銀行や商業銀行だけでなく、日本政府も持つべきだ	1	2	3	4	5
5 お金は一種類であるのがよい	1	2	3	4	5
6 お金は人と人とを結びつけるものであればよい	1	2	3	4	5
7 いろいろな種類のお金から、好ましいものを選択することができればよい	1	2	3	4	5

資　料

8 お金に利子がつくのは当然だ	1	2	3	4	5
9 日本政府が一般成人全員に対し、無条件で生活に必要な最低限の所得を与えるべきだ	1	2	3	4	5
10 お金を人々の間で融通し合うことはよい	1	2	3	4	5
11 お金の貸し手は商業銀行などの金融機関ではなく、日本政府であるべきだ	1	2	3	4	5
12 お金はごく一部の人々に集中せず、人々の間に散らばっているべきだ	1	2	3	4	5
13 お金はどんな場所や地域でも通用する方がよい	1	2	3	4	5
14 お金の価値は安定していた方がよい	1	2	3	4	5
15 友人がお金で困っているとき、貸してあげるのがよい	1	2	3	4	5
16 お金で何でも買えるほうがよい	1	2	3	4	5
17 お金は営利目的で発行してもよい	1	2	3	4	5
18 お金は儲ければ儲けるほどよい	1	2	3	4	5
19 政府が貧困層に生活保護を提供すべきだ	1	2	3	4	5
20 お金はたくさんなくとも、自由な時間があるのがよい	1	2	3	4	5
21 お金は信頼できる集団や団体が発行するのがよい	1	2	3	4	5
22 お金は健康ほど重要ではないと思いますか	1	2	3	4	5
23 お金で友情や愛情は買えないと思いますか	1	2	3	4	5
24 ある程度の生活ができていれば、余分なお金は必要ないと思いますか	1	2	3	4	5
25 ボランティアや寄付は無償でするのがよいと思いますか	1	2	3	4	5
26 ボランティアへの対価を支払う特別なお金があるのがよいと思いますか	1	2	3	4	5
27 お金の使い道は人に知られない方がよいと思いますか	1	2	3	4	5

Q56　お金は使うと、めぐりめぐって自分のところに戻ってくると思いますか。
１．まったく思わない　２．ほとんど思わない　３．少し思う　４．強く思う　５．よくわからない

あなたご自身のことについて教えてください

　以下の質問は、あなたの属性に関する質問です。これらの属性は、ここまでお答えいただいた内容を統計的に集計し、分析する上で必要不可欠な情報です。秘匿義務を厳格に守ることをお約束いたしますので、どうかできるだけお答えください。どうしても答えにくい項目があれば、空欄のままにしておいてください。

Q57　あなたの性別をおしえてください。
１．男　２．女

Q58　あなたの年齢を教えてください。西暦か和暦でお答えください。和暦の場合には元号に○をつけてお答ください。
西暦（　　　　　）年生まれ
明治・大正・昭和・平成（　　　　　）年生まれ

Q59　あなたは次のうちのどれにあてはまりますか。
１．未婚　２．既婚　３．離婚／別居　４．その他

Q60　あなたのご職業をおしえてください。
１．会社員・団体職員　２．会社役員・団体役員　３．公務員　４．商工自営業　５．商工以外の自営業
６．専業主婦（専業主夫含む）７．アルバイト・パート　８．学生　９．年金生活者　１０．無職
１１．その他（　　　　　）

Q61　あなたの世帯の構成をおしえてください。
1．ひとり暮らし　2．夫婦だけ　3．親と子（2世代）　4．祖父母と親と子（3世代）
5．その他（　　　　　　　　　）

Q62　同居しているお子様について（複数回答可）
1．幼児がいる　2．小学生の子供がいる　3．中学生の子供がいる　4．高校生の子供がいる
5．大学生（大学院生）の子供がいる　6．同居している子供はいない

Q63　同居家族の中で介護が必要な人がいる
1．はい　　　2．いいえ

Q64　あなたの最終学歴をお知らせください
1．中学（旧小学、旧高等小学）卒　2．高校（旧中学）卒　3．各種専門学校卒　4．短大卒
5．大学（旧専門学校）卒　6．大学院卒　7．その他（　　　　　　　　　　）

Q65　お住まいについて、該当するものはどれでしょうか。
1．持ち家（一戸建て）
2．持ち家（マンション、アパートなど）
3．民間賃貸（一戸建て）
4．民間賃貸（マンション、アパート）
5．公営（都営・区営）の賃貸住宅
6．社宅・官舎
7．間借り・寮・住込み
8．その他（　　　　　　　　　）

Q66　あなたの生活の程度は、世間一般からみて、次のどれに入ると思いますか。
1．上
2．中の上
3．中の中
4．中の下
5．下
6．分からない

本アンケートと事後のアンケートにお答えいただいたお礼として粗品（北大グッズを予定）をお渡ししたいので、差し支えないようでしたら、あなたのお名前とご住所を教えてください。

あなたのお名前（　　　　　　　　　　　　　）
あなたのご住所
（〒　　　　）（　　　　　　　　　　　　　　　　　　　　　　　）

本当に長い間、ご協力いただきありがとうございました。皆さまの貴重なご意見をお住まいの地元地域の一層の発展に活かせるよう活用させていただきます。

資　料

【資料】3．山梨県韮崎市・北杜市地域通貨「アクア」の事後調査アンケート質問票

No.

**地域通貨「アクア」と地域経済・社会にかんするアンケート調査について
ご協力のお願い**

　地域通貨「アクア」は 2010 年 9 月 1 日から 2011 年 2 月 28 日まで，韮崎市・北杜市内で導入されました。この調査は，地域通貨「アクア」による地域経済・社会の活性化を調べるために行われます。調査は，収集された情報については，地域通貨「アクア」の導入効果に関する学術研究にのみ利用するものであり，統計的に処理されるため，個人名が特定される形で利用されることは一切ございません。どうぞ本アンケートの趣旨をご理解いただき，ご協力いただけますよう心からお願い申し上げます。

　なお，ご記入いただいたアンケート用紙は 2 週間以内に返信用封筒に入れ，お送りください。本アンケートと事前のアンケートにご協力いただいたお礼として粗品（北大グッズを予定）をお渡ししたいので，差し支えないようでしたらアンケートの最後にあなたのお名前とご住所をご記入ください。また，この調査に関してご質問・ご意見などがございましたら，下記までお問い合わせください。

2011 年 6 月
北海道大学大学院経済学研究科
西部忠
関西大学大学院社会学研究科
草郷孝好
メールアドレス：2010nha@cc.econ.hokudai.ac.jp

> あなたの現在の生活全般についておしえてください

Q1 あなたの現在のお住まいの地区について伺います。該当する番号を○で囲んでください。

韮崎市
　1．韮崎地区　2．穂坂町　3．藤井町　4．中田町　5．穴山町　6．円野町　7．清哲町
　8．神山町　9．旭町　10．大草町　11．竜岡町

北杜市
　1．明野町　2．須玉町　3．高根町　4．長坂町　5．大泉町　6．小渕沢町　7．白州町　8．武川町

上記以外
（　　　　　　　　　）

＊以下のアンケートの中で、頻繁に「地元地域」という表現が出てきます。その際、「地元地域」とは、ここでお答えいただいた<u>あなたの現在のお住まいの地区</u>のことを念頭においてお答えください。

Q2　あなたは、今の住所にどれくらいの期間お住まいですか。
在住（　　）年。もしも在住期間が1年未満であれば、月数でお答えください。在住（　　）ヶ月

Q3　あなたは、昨年（2010年9月頃）実施の地域通貨「アクア」と地域経済・社会に関するアンケート調査に，ご回答されましたか。
1．はい　　2．いいえ

Q4　現在、あなたはどの程度幸せですか。「とても幸せ」を10点、「とても不幸」を0点とすると，何点くらいになると思いますか。いずれかの数字を1つだけ○で囲んでください。

とても不幸　←　　　　　　　　　　　　　　　→　とても幸せ

0　1　2　3　4　5　6　7　8　9　10

Q5　あなたは今の暮らしにどの程度満足していますか。「とても満足」を10点、「とても不満」を0点とすると，何点くらいになると思いますか。いずれかの数字を1つだけ○で囲んでください。

とても不満　←　　　　　　　　　　　　　　　→　とても満足

0　1　2　3　4　5　6　7　8　9　10

Q6　今の暮らしと比べて、以前（3－5年前）の満足度はどうでしたか。
1．高かった　2．変わらない　3．低かった　4．わからない

Q7　今の暮らしと比べて、将来（3－5年後）の見通しはどうですか。
1．見通しが明るくなる　2．変わらない　3．見通しが悪くなる　4．わからない

Q8　Q7についてなぜそう思いますか。理由を簡単にお書きください。

資料

Q9 次の項目について、日ごろ感じているこれまでの「満足度」とこれからの「必要度（行政の取組み、地域・民間の取組み）」を5点満点で評価し、あてはまる数字を1つずつ〇印で囲んで下さい。

項目	これまでの満足度					これからの必要度									
						行政の取り組み					地域・民間の取り組み				
	5 満足	4 やや満足	3 普通	2 やや不満	1 不満	5 必要	4 やや必要	3 普通	2 あまり必要ない	1 必要ない	5 必要	4 やや必要	3 普通	2 あまり必要ない	1 必要ない
1. 子育て支援体制は充実していると思いますか？ 安心して出産・子育てができる環境の整備や子育てと就業の両立支援など	5	4	3	2	1	5	4	3	2	1	5	4	3	2	1
2. 幼児教育は充実していると思いますか？ 幼稚園、保育園での就学前教育や家庭教育の充実など	5	4	3	2	1	5	4	3	2	1	5	4	3	2	1
3. 学校教育は充実していると思いますか？ 教育施設、教育環境の充実や教育内容の充実など	5	4	3	2	1	5	4	3	2	1	5	4	3	2	1
4. 青少年の健全育成と社会参加が充実していると思いますか？ 家庭、地域の連携による青少年の健全育成と社会参加など	5	4	3	2	1	5	4	3	2	1	5	4	3	2	1
5. 健康づくりの取り組みは充実していると思いますか？ 健康対策の地域活動や健康診査の充実など	5	4	3	2	1	5	4	3	2	1	5	4	3	2	1
6. 医療体制は充実していると思いますか？ 市立病院の医療体制の強化や広域的な医療体制の強化など	5	4	3	2	1	5	4	3	2	1	5	4	3	2	1
7. 地域の支えあいや助けあいなど地域福祉が浸透していると思いますか？ 高齢者や障害者との交流やボランティア団体の育成など	5	4	3	2	1	5	4	3	2	1	5	4	3	2	1
8. 高齢者福祉は充実していると思いますか？ 高齢者の生活支援や介護サービスの充実、介護予防の充実など	5	4	3	2	1	5	4	3	2	1	5	4	3	2	1
9. 障害者福祉は充実していると思いますか？ 障害者の社会参加の促進や障害者福祉サービスの充実、差別や偏見のない社会など	5	4	3	2	1	5	4	3	2	1	5	4	3	2	1

質問	満足度	今後、行政の必要性	今後、地域・民間の必要性
10．治山・治水は十分だと思いますか？ 土砂崩れなど災害危険箇所の確認、改修や被災時の情報提供など	5　4　3　2　1	5　4　3　2　1	5　4　3　2　1
11．災害の発生に備えた防災体制が築かれていると思いますか？ 避難場所や食料等の確保や災害に備えた訓練や研修など	5　4　3　2　1	5　4　3　2　1	5　4　3　2　1
12．消防・救急体制は充実していると思いますか？ 消防体制・救急体制の強化や消防団の活動支援など	5　4　3　2　1	5　4　3　2　1	5　4　3　2　1
13．交通安全・防犯体制は充実していると思いますか？ 交通事故や犯罪の防止など	5　4　3　2　1	5　4　3　2　1	5　4　3　2　1
14．社会保障体制は充実していると思いますか？ 国民健康保険や介護保険等の健全な運営や生活保護等の低所得者福祉の充実など	5　4　3　2　1	5　4　3　2　1	5　4　3　2　1
15．起業や経営改善への支援が充実していると思いますか？ 新分野に挑戦する企業やNPOの設立支援など	5　4　3　2　1	5　4　3　2　1	5　4　3　2　1
16．仕事の場が確保されていると思いますか？ 若者の就職支援や雇用や職場での男女平等、自立　支援のための障害者雇用など	5　4　3　2　1	5　4　3　2　1	5　4　3　2　1
17．自然環境は守られていると思いますか？ 自然保護地域の管理や自然保護活動など	5　4　3　2　1	5　4　3　2　1	5　4　3　2　1
18．循環型社会に向けた取り組みが充実していると思いますか？ リサイクルなどによるごみ減量、再資源化や太陽光・風力発電等の新エネルギーの開発・導入など	5　4　3　2　1	5　4　3　2　1	5　4　3　2　1
19．景観に配慮したまちづくりが進んでいると思いますか？ 魅力ある街並みづくりや自然景観の保全・整備、身近な環境の美化など	5　4　3　2　1	5　4　3　2　1	5　4　3　2　1
20．公園は充実していると思いますか？ 災害時の避難場所や子どもの遊び場の確保、公園の適切な維持・管理など	5　4　3　2　1	5　4　3　2　1	5　4　3　2　1
21．上下水道は十分に整備されていると思いますか？ 安定した水道水の供給や適切な下水処理施設の整備など	5　4　3　2　1	5　4　3　2　1	5　4　3　2　1
22．市街地は地域性があり、活気があると思いますか？ 中心市街地の開発・整備やにぎわいの創出など	5　4　3　2　1	5　4　3　2　1	5　4　3　2　1

質問	満足度	今後、行政の必要性	今後、地域・民間の必要性
23．住みよい住宅・宅地が提供されていると思いますか？ 　市営住宅の管理やニーズに応じた宅地等の供給など	5　4　3　2　1	5　4　3　2　1	5　4　3　2　1
24．計画的な土地利用がされていると思いますか？ 　農地・森林など自然環境を保全しつつ調和のとれた土地利用など	5　4　3　2　1	5　4　3　2　1	5　4　3　2　1
25．道路交通網は充実していると思いますか？ 　市道の計画的な整備や国道・県道の整備など	5　4　3　2　1	5　4　3　2　1	5　4　3　2　1
26．バスや鉄道などの公共交通は充実していると思いますか？ 　路線バスや鉄道などの充実や公共交通機関の利用促進など	5　4　3　2　1	5　4　3　2　1	5　4　3　2　1
27．地域性のある農林業が展開されていると思いますか？ 　農道など農業生産基盤の整備や地域農産物のブランド化の展開、担い手の育成など	5　4　3　2　1	5　4　3　2　1	5　4　3　2　1
28．商業は市民にとって魅力的だと思いますか？ 　商業施設の充実や交通アクセス等の環境整備、経営者への支援など	5　4　3　2　1	5　4　3　2　1	5　4　3　2　1
29．工業は活気があると思いますか？ 　企業誘致や中小企業への支援など	5　4　3　2　1	5　4　3　2　1	5　4　3　2　1
30．観光・交流等地域産業の展開は魅力があると思いますか？ 　体験・参加型イベントの充実や自然や歴史を活かした観光振興など	5　4　3　2　1	5　4　3　2　1	5　4　3　2　1
31．中心市街地や商店街などの「まちなか再生」は進んでいると思いますか？ 　中心市街地や商店街の活性化など	5　4　3　2　1	5　4　3　2　1	5　4　3　2　1
32．生涯学習活動が充実していると思いますか？ 　多様な生涯学習活動ができる環境の整備など	5　4　3　2　1	5　4　3　2　1	5　4　3　2　1
33．スポーツ活動は充実していると思いますか？ 　スポーツ施設の整備や生涯スポーツの推進など	5　4　3　2　1	5　4　3　2　1	5　4　3　2　1
34．文化・芸術の振興は充実していると思いますか？ 　市民グループの支援・育成や芸術文化鑑賞の機会の拡充など	5　4　3　2　1	5　4　3　2　1	5　4　3　2　1
35．地域文化は伝統の継承や新たな文化の創造がされていると思いますか？ 　伝統文化の継承や武田の里の形成促進など	5　4　3　2　1	5　4　3　2　1	5　4　3　2　1

質問	満足度	今後、行政の必要性	今後、地域・民間の必要性
36. 市民主体のまちづくり活動が充実していると思いますか？ まちづくりの担い手育成やまちづくりへの参加機会の拡充など	5 4 3 2 1	5 4 3 2 1	5 4 3 2 1
37. 市民に開かれた行政だと思いますか？ 行政情報の積極的な公開や市ホームページ等の充実など	5 4 3 2 1	5 4 3 2 1	5 4 3 2 1
38. 男女共同参画が実現されていると思いますか？ 男女共同参画意識の浸透など	5 4 3 2 1	5 4 3 2 1	5 4 3 2 1
39. コミュニティ活動は活発に行われていると思いますか？ 自治会組織のリーダー育成や地域の支えあい、助けあいの拡大など	5 4 3 2 1	5 4 3 2 1	5 4 3 2 1
40. 地域間交流・国際交流が充実していると思いますか？ 姉妹都市交流や市内在住の外国人との交流など	5 4 3 2 1	5 4 3 2 1	5 4 3 2 1
41. 電子自治体の取り組みは充実していると思いますか？ 電子申請対応業務の拡大や医療、福祉、防災等関係機関とのネットワーク化の検討など	5 4 3 2 1	5 4 3 2 1	5 4 3 2 1
42. 行政改革や行財政運営の充実が進んでいると思いますか？ 行財政改革の推進や効率性、有効性、経済性の高い行財政運営の充実など	5 4 3 2 1	5 4 3 2 1	5 4 3 2 1
43. 広域行政による連携がとれていると思いますか？ 近隣自治体との連携や国・県等との連携など	5 4 3 2 1	5 4 3 2 1	5 4 3 2 1

Q10 一般的にいって、人はだいたいにおいて信用できると思いますか，それとも人と付き合うには用心するにこしたことはないと思いますか。（1つだけ○印）
 1．だいたい信用できる　2．用心するにこしたことはない　3．わからない

Q11 次にあげる意見について、あなたはどのように考えますか。1を「そう思わない」、5を「そう思う」とした5段階で、お答えください。（それぞれ1つだけ○印）

	そう思わない ←　　　　　　　　→ そう思う				
1 ほとんどの人は信用できる	1	2	3	4	5
2 たいていの人は、人から信用された場合、同じようにその相手を信用する	1	2	3	4	5
3 ほとんどの人は、他人を信用している	1	2	3	4	5
4 ほとんどの人は、基本的に正直である	1	2	3	4	5
5 私は、人を信用する方である	1	2	3	4	5
6 ほとんどの人は、基本的に善良で親切である	1	2	3	4	5

資　料

Q12　いまお答えいただいた質問の中で、「ほとんどの人」について、あなたはどのような人々を思い浮かべましたか。以下の中からあてはまる番号を１つ選んでください。
１．日本人にかぎらず人間一般
２．日本人一般
３．同じ地方（都道府県や関東地方、近畿地方などの地方）に住んでいる人々
４．自分と同じ地域（市・町・村など）に住んでいる人々
５．近隣に住んでいる人
６．同じ職場で働いたり、同じ学校に通っている人
７．友人、知人
８．親、兄弟、親戚
９．その他（具体的に：　　　　　　　　　　）

Q13　次の問いにお答えください。

1) かりに、あなたの地域に起きた問題を話し合うために、隣近所の人が１０人程度で集まったとします。その場合、会合の進め方としては、次の①、②どちらがよいと思いますか。
　①世間話などをまじえながら、時間がかかってもなごやかに話をすすめる。
　②むだな話を抜きにして、てきぱきと手ぎわよくみんなの意見をまとめる。

2) 人によって生活の目標もいろいろですが、次のリストのように分けると、あなたの生活目標にいちばん近いのはどれですか。
　①その日その日を、自由に楽しく過ごす
　②しっかりと計画をたてて、豊かな生活を築く
　③身近な人たちと、なごやかな毎日を送る
　④みんなとちからを合わせて、世の中をよくする
　⑤その他（　　　　　　　　　　　　　　　　　　　　　）

3) 今後の生活において、物の豊かさか心の豊かさに関して、次のような２つの考え方のうち、あなたの考え方に近いのはどちらでしょうか。
　①物質的にある程度豊かになったので、これからは心の豊かさやゆとりのある生活をすることに重きをおきたい
　②まだまだ物質的な面で生活を豊かにすることに重きをおきたい
　③どちらともいえない

地元地域や社会一般でのつきあいについておしえてください

Q14　ご近所の人とあいさつや話をしていますか。（１つだけ○印）
１．まったくしない　２．ほとんどしない　３．どちらともいえない　４．時々している　５．いつもしている

Q15　地元地域の行事や活動（イベント、お祭り、防災訓練、タウンミーティングなど）に参加していますか。（１つだけ○印）
１．まったく参加しない　２．ほとんど参加しない　３．どちらともいえない　４．時々参加　５．いつも参加

Q16　地元地域に憩える場はありますか。（１つだけ○印）
１．まったくない　２．ほとんどない　３．どちらともいえない　４．少しある　５．たくさんある

Q17　いざという時、お住まいの地域に頼れる人はいますか。（１つだけ○印）
１．まったくいない　２．ほとんどいない　３．どちらともいえない　４．少しいる　５．たくさんいる

Q18　地元地域に愛着はありますか。（1つだけ○印）
1．まったくない　2．ほとんどない　3．どちらともいえない　4．少しある　5．おおいにある

Q19　外で困っている人をみかけたとき、手助けしたいと思いますか（道案内や席を譲るなど）。
　　　（1つだけ○印）
1．まったく思わない　2．あまり思わない　3．どちらともいえない　4．やや思う　5．強く思う

Q20　外で困っている人をみかけたとき、実際に手助けしますか。（1つだけ○印）
1．まったくしない　2．ほとんどしない　3．どちらともいえない　4．時々する　5．必ずする

Q21　外で人に親切にすれば、めぐりめぐって結局は自分にかえってくると思いますか。
　　　（1つだけ○印）
1．まったく思わない　2．あまり思わない　3．どちらともいえない　4．やや思う　5．強く思う

Q22　地元地域の人に親切にすれば、めぐりめぐって結局は自分にかえってくると思いますか。
　　　（1つだけ○印）
1．まったく思わない　2．あまり思わない　3．どちらともいえない　4．やや思う　5．強く思う

Q23　地元地域の人と必要なときは、互いに助けあいたいと思いますか（留守中の郵便物の受
　　　け取りなど）。（1つだけ○印）
1．まったく思わない　2．あまり思わない　3．どちらともいえない　4．やや思う　5．強く思う

Q24　地元地域の人と必要なときに、実際に助けあうことはありますか。（1つだけ○印）
1．まったくない　2．ほとんどない　3．どちらともいえない　4．時々ある　5．いつもある

Q25　地元地域に家族（義理の家族を含む）や親せきが住んでいますか
　　　1．はい⇒　はいとお答になった方に伺います。家族（義理の家族を含む）や親せきとの交流はどの
　　　　　　　　程度ですか。
　　　　　　　　1．1年に数回以上は会う　2．1年に1回程度会う　3．滅多に会わない

　　　2．いいえ

Q26　地元地域の友人関係について教えてください。（複数回答可）
1．地元地域に1年に数回以上会う友人がいる　　2．地元地域に1年に1回程度会う友人がいる
3．地元地域に友人はいるが、滅多に会わない　　4．地元地域に友人はいない

Q27　あなたは現在、無尽のグループに参加されていますか。
　　　1．はい⇒さらに下の2つの質問にお答えください　2．いいえ

　　　Q27-1　あなたは現在、いくつの無尽のグループに参加していますか。
　　　　　　（　　　　　　　）個

　　　Q27-2　あなたが現在、参加している無尽のグループの種類を教えてください。（複数回答可）
　　　　1．地域・隣人との無尽　2．学校・職場での無尽　3．家族・親戚との無尽
　　　　4．サークル・趣味仲間の無尽　5．それ以外（　　　　　　　　　　　　　　　　）

資 料

Q28　次の行事に足を運びましたか？あてはまるものに○をつけてください。

行事の内容	あなたは足を運びますか？
1 地元地域主催のお祭り（盆踊りなど）	1．毎回　2．時々　3．まず行かない
2 防災訓練	1．毎回　2．時々　3．まず行かない
3 選挙	1．毎回　2．時々　3．まず行かない
4 公民館や文化ホールでのイベント	1．毎回　2．時々　3．まず行かない
5 タウンミーティング	1．毎回　2．時々　3．まず行かない

Q29　あなたは、次の地元地域の組織のことを知っていますか。また、あなたは、会員ですか？また、あなたがその役員になったことがありますか。該当するものに○をつけてください（重複も可）。

	団　体	知っていますか？	会員ですか？	役員になったことはありますか？
1	安全協会	1．はい　2．いいえ	1．はい　2．いいえ	1．はい　2．いいえ
2	体育協会	1．はい　2．いいえ	1．はい　2．いいえ	1．はい　2．いいえ
3	育成会	1．はい　2．いいえ	1．はい　2．いいえ	1．はい　2．いいえ
4	老人会	1．はい　2．いいえ	1．はい　2．いいえ	1．はい　2．いいえ
5	氏子総代	1．はい　2．いいえ	1．はい　2．いいえ	1．はい　2．いいえ
6	農業委員	1．はい　2．いいえ	1．はい　2．いいえ	1．はい　2．いいえ
7	社会福祉協議会	1．はい　2．いいえ	1．はい　2．いいえ	1．はい　2．いいえ
8	観光協会	1．はい　2．いいえ	1．はい　2．いいえ	1．はい　2．いいえ
9	消防団	1．はい　2．いいえ	1．はい　2．いいえ	1．はい　2．いいえ
10	商工会	1．はい　2．いいえ	1．はい　2．いいえ	1．はい　2．いいえ
11	韮崎市サッカー協会	1．はい　2．いいえ	1．はい　2．いいえ	1．はい　2．いいえ
12	選挙管理委員会	1．はい　2．いいえ	1．はい　2．いいえ	1．はい　2．いいえ
13	韮崎市航空協会	1．はい　2．いいえ	1．はい　2．いいえ	1．はい　2．いいえ
14	スポーツ少年団	1．はい　2．いいえ	1．はい　2．いいえ	1．はい　2．いいえ
15	PT	1．はい　2．いいえ	1．はい　2．いいえ	1．はい　2．いいえ
16	韮崎・北杜ライオンズクラブ	1．はい　2．いいえ	1．はい　2．いいえ	1．はい　2．いいえ
17	ソロプチミスト韮崎	1．はい　2．いいえ	1．はい　2．いいえ	1．はい　2．いいえ
18	韮崎ロータリークラブ	1．はい　2．いいえ	1．はい　2．いいえ	1．はい　2．いいえ
19	太鼓団体（甲斐源氏太鼓など）	1．はい　2．いいえ	1．はい　2．いいえ	1．はい　2．いいえ
20	祭友会（よさこいの団体など）	1．はい　2．いいえ	1．はい　2．いいえ	1．はい　2．いいえ
21	津金文化資源活用協会	1．はい　2．いいえ	1．はい　2．いいえ	1．はい　2．いいえ
22	北杜ワイン倶楽部	1．はい　2．いいえ	1．はい　2．いいえ	1．はい　2．いいえ
23	甘利山倶楽部	1．はい　2．いいえ	1．はい　2．いいえ	1．はい　2．いいえ
24	BDFを考える会	1．はい　2．いいえ	1．はい　2．いいえ	1．はい　2．いいえ
25	味噌汁学校	1．はい　2．いいえ	1．はい　2．いいえ	1．はい　2．いいえ
26	森造	1．はい　2．いいえ	1．はい　2．いいえ	1．はい　2．いいえ
27	韮崎青年会議所	1．はい　2．いいえ	1．はい　2．いいえ	1．はい　2．いいえ
28	その他（　　　　　　）	1．はい　2．いいえ	1．はい　2．いいえ	1．はい　2．いいえ

Q30　地元地域の組織間の連携はあると思いますか。
1．全くないと思う　2．あまりないと思う　3．すこしあると思う　．強くあると思う　5．わからない

ボランティア活動についておしえてください

Q31 次に挙げるボランティア活動の中で、あなたが関心を持っているものに○をつけてください。（いくつでも）
1．青少年の健全育成にかんする活動（ボーイスカウトやガールスカウト、ナイトハイクの引率など）
2．スポーツや文化にかんする活動（学校のクラブ活動の指導、まつりの手伝いなど）
3．高齢者介護にかんする活動（高齢者の介護や身のまわりの世話など）
4．高齢者サポートにかんする活動（買い物代行など）
5．子育てサポートにかんする活動（一時保育など）
6．国際協力にかんする活動（留学生支援など）
7．子供たちの安全にかんする活動（子供たちの登下校時の安全確保など）
8．防犯にかんする活動（子供たちのみまわり、夜まわりなど）
9．生活環境保護にかんする活動（地元地域のそうじ、リサイクル活動など）
10．自然・環境保護にかんする活動（育苗、草刈り、てんぷら油の回収など）
11．募金活動（自分で募金する場合、街頭で募金活動する場合など）
12．隣人のお手伝い（ペットの世話、庭の手入れなど）
13．そのほか（具体的に→　　　　　　　　　　　　　　　）

Q32 ボランティア活動は、何の見返りも期待せずに行うものだと思いますか
1．まったく思わない　2．あまり思わない　3．どちらともいえない　4．やや思う　5．強く思う

Q33 あなたが、次のボランティア活動を<u>おこなったと仮定します</u>。その際、<u>対価をもらうと</u>したらどれが妥当だと思いますか。あてはまるものに○をつけてください（複数回答可）。

記入例：

	現金	商品券や金券	地域通貨	粗品	何も受け取らない
1 青少年の育成活動					○
2 お祭りやイベントの手伝い			○		
3 子供たちの見回り、夜回りや交通安全活動			○		
4 地元地域の清掃活動、花植え活動			○	○	
5 子育てサポート（一時保育など）	○	○		○	
6 高齢者介護（身の回りのお世話など）	○	○			
7 高齢者サポート（買い物代行など）			○		
8 隣人の手伝い（庭の手入れやペットの世話など）					○

	現金	商品券や金券	地域通貨	粗品	何も受け取らない
1 青少年の育成活動					
2 お祭りやイベントの手伝い					
3 子供たちの見回り、夜回りや交通安全活動					
4 地元地域の清掃活動、花植え活動					
5 子育てサポート（一時保育など）					
6 高齢者介護（身の回りのお世話など）					
7 高齢者サポート（買い物代行など）					
8 隣人の手伝い（庭の手入れやペットの世話など）					

資 料

Q34 あなたが次のボランティアの支援を<u>うけたと仮定</u>します。その際、<u>対価を払う</u>としたらどれが妥当だと思いますか。あてはまるものに○をつけてください（複数回答可）。

	現　金	商品券や金券	地域通貨	粗　品	何もわたさない
1 青少年の育成活動					
2 お祭りやイベントの手伝い					
3 子供たちの見回り、夜回りや交通安全活動					
4 地元地域の清掃活動、花植え活動					
5 子育てサポート（一時保育など）					
6 高齢者介護（身の回りのお世話など）					
7 高齢者サポート（買い物代行など）					
8 隣人の手伝い（庭の手入れやペットの世話など）					

Q35 あなたはボランティア活動に関心がありますか。（1つだけ○印）。
　1．まったくない　2．あまりない　3．どちらともいえない　4．ややある　5．強くある

Q36 あなたはボランティア活動が大切であると思いますか。（1つだけ○印）。
　1．まったく思わない　2．あまり思わない　3．どちらともいえない　4．やや思う　5．強く思う

Q37 ボランティア活動にかんする意見について、あなたはどのように考えますか。1を「そう思わない」、5を「そう思う」とした5段階で、それぞれについてお答えください。（それぞれ1つだけ○印）。

　　　　　　　　　　　　　　　　　　　　　　　　　　そう思わない ←　　　　→ そう思う

1 ボランティア活動は、家族、友人が困っているときに行うものだ	1	2	3	4	5
2 ボランティア活動は、隣人が困っているときに行うものだ	1	2	3	4	5
3 ボランティア活動は、知らない相手でも困っているときに行うものだ	1	2	3	4	5

Q38 あなたはこれまでボランティア活動をおこなったことがありますか。
　1．はい⇒さらに下の3つの質問にお答えください　2．いいえ

> Q38-1 あなたは、これまで無償（ただし交通費などの費用はもらう）のボランティア活動を行ったことがありますか？
> 　1．はい　2．いいえ
>
> Q38-2 あなたは、これまで有償（報酬つき。地域通貨を含む）のボランティア活動を行ったことがありますか？
> 　1．はい　2．いいえ
>
> Q38-3 ボランティアをしたことでどのような気持ちを持ちましたか。（1つだけ○印）
> 　1．当然すべきことをしたと思う　2．社会に対していいことをしたと思う
> 　3．地元地域に対していいことをしたと思う　4．相手に対していいことをしたと思う

Q39　あなたはこれまでボランティアをしてもらったことがありますか。
　　　1．はい⇒さらに下の2つの質問にお答えください　2．いいえ

> Q39-1　あなたは、これまでボランティアをしてもらった際、ボランティアさんに対して、次のような対応をしたことがありますか？あてはまるものがあれば○をつけてください。
> 1．お金を渡した　2．商品券や金券を渡した　3．地域通貨を渡した　4．贈り物をした（粗品）
> 5．ボランティア活動をすることでお返しをした　6．その他（　　　　　　　　　　　　）
>
> Q39-2　ボランティアをしてもらったことで、かえって、重荷に感じたことがありますか。
> 1．はい⇒その理由を教えてください
> 2．いいえ　　　　　　　　　　　　理由：

Q40　あなたが地元地域の生活の中で何か困っていることがあれば何でも自由にお書きください。

韮崎市・北杜市の商店街についておしえてください

Q41　あなたは次の買い物をする場合、主としてどこで買い物をしますか。一番買い物をする所には◎印をつけ、たまに買い物をする所には○印をつけ、全く買い物をしない所には何も印をつけないでください。（いくつでも可）

記入例：食料品の買い物の場合
（ ◎ ）1．韮崎市・北杜市の商店街（徒歩圏内）
（ ○ ）2．韮崎市・北杜市の商店街（自家用車やバス利用圏内）
（　　）3．スーパーやまと、スーパーおぎのなどのチェーンスーパー
（　　）4．生協などの個別配送を利用
（ ○ ）5．コンビニ
（　　）6．インターネットショッピングを利用
（　　）7．その他（　　　　　　　）

a) 食料品の買い物の場合
（　　）1．韮崎市・北杜市の商店街（徒歩圏内）
（　　）2．韮崎市・北杜市の商店街（自家用車やバス利用圏内）
（　　）3．スーパーやまと、スーパーおぎのなどのチェーンスーパー
（　　）4．生協などの個別配送を利用
（　　）5．コンビニ
（　　）6．インターネットショッピングを利用
（　　）7．その他（　　　　　　　）

資　料

b) 日用雑貨品の買い物の場合
(　) 1．韮崎市・北杜市の商店街（徒歩圏内）
(　) 2．韮崎市・北杜市の商店街（自家用車やバス利用圏内）
(　) 3．スーパーやまと、スーパーおぎのなどのチェーンスーパー
(　) 4．生協などの個別配送を利用
(　) 5．コンビニ
(　) 6．インターネットショッピングを利用
(　) 7．その他（　　　　　　　　）

c) 衣料品の買い物の場合
(　) 1．韮崎市・北杜市の商店街（徒歩圏内）
(　) 2．韮崎市・北杜市の商店街（自家用車やバス利用圏内）
(　) 3．スーパーやまと、スーパーおぎのなどのチェーンスーパー
(　) 4．生協などの個別配送を利用
(　) 5．コンビニ
(　) 6．インターネットショッピングを利用
(　) 7．その他（　　　　　　　　）

e) 外での飲食（出前を含む）の場合
(　) 1．韮崎市・北杜市の商店街（徒歩圏内）
(　) 2．韮崎市・北杜市の商店街（自家用車やバス利用圏内）
(　) 3．その他（　　　　　　　　）

Q42　あなたは韮崎市・北杜市の商店街を1週間のうちで、どの程度利用されていますか。（1つだけ○印）

　　0日　　1日　　2日　　3日　　4日　　5日　　6日　　7日

Q43　韮崎市・北杜市の商店街を身近に感じますか。（1つだけ○印）
1．まったく感じない　2．あまり感じない　3．どちらともいえない　4．やや感じる　5．強く感じる

Q44　仮に、商店街の値段の方がスーパーの値段に比べて多少高いと感じても韮崎市・北杜市の商店街をサポートする気持ちがありますか。（1つだけ○印）
1．まったくない　2．あまりない　3．どちらともいえない　4．少しある　5．強くある

Q45　韮崎市・北杜市の商店街は活気にあふれていると思いますか。（1つだけ○印）
1．全く思わない　2．あまり思わない　3．どちらともいえない　4．少し思う　5．強く思う

Q46　韮崎市・北杜市の商店街は地域貢献をしていると思いますか。（1つだけ○印）
1．全く思わない　2．あまり思わない　3．どちらともいえない　4．少し思う　5．強く思う

Q47　韮崎市・北杜市の商店街に関して、何でもご意見をお書きください。（あなたの見方、改善提案、感想、期待など）（自由記入）

地域通貨、お金一般にかんすることについておしえてください

Q48　あなたは「アクア」以外の地域通貨のことを聞いたことがありますか。
1．はい⇒具体的な名称が分かりましたらご記入ください。(　　　　　　　　　　　　)
2．いいえ

Q49　あなたは「アクア」以外の地域通貨を実際に使ったことがありますか。
1．はい⇒具体的な名称が分かりましたらご記入ください。(　　　　　　　　　　　　)
2．いいえ

Q50　あなたは、地域通貨「アクア」の目的や仕組み等をよく理解していると思いますか。(1つだけ○印)
1．よく理解していると思う　　2．少し理解していると思う
3．名前を知っているが、どういうものかあまり理解していない　　4．まったく理解していない

Q51　あなたは、地域通貨一般の目的や仕組み等をよく理解していると思いますか。(1つだけ○印)
1．よく理解していると思う　　2．少し理解していると思う
3．名前を知っているが、どういうものかあまり理解していない　　4．まったく理解していない

Q52　あなたは、地域通貨一般と地域商品券との目的や仕組みなどが違うと思いますか。(1つだけ○印)
1．まったく同じだと思う　　2．だいたい同じだと思う　　3．少し違うと思う
4．まったく違うと思う　　5．よくわからない

Q53　地域通貨「アクア」を使うと、めぐりめぐって自分のところに戻ってくると思いますか。(1つだけ○印)
1．まったく思わない　2．ほとんど思わない　3．少し思う　4．強く思う　5．よくわからない

Q54　あなたは、地域通貨「アクア」をどのようにして手に入れましたか(複数回答可)。
1．地域のボランティア活動に参加したお礼として　　2．八ヶ岳アートフェスティバルに参加して
3．お手伝いのお礼として受け取った(該当する番号すべてを○で囲む→①家族、②しんせき、③友人・知人、④その他)
4．人からもらった(該当する番号すべてを○で囲む→①家族、②しんせき、③友人・知人、④その他)
5．アンケートに回答して　　6．商店街の景品として　　7．手に入れていない
8．その他(　　　　　　　　　　　　　　　)

Q55　あなたは、地域通貨「アクア」をどのように使いましたか(複数回答可)。
1．商店街での買い物・飲食等に使った　2．八ヶ岳アートフェスティバルで使った　3．寄付した
4．お手伝いのお礼として渡した(該当する番号すべてを○で囲む→①家族、②しんせき、③友人・知人、④その他)
5．人にあげた(該当する番号すべてを○で囲む→①家族、②しんせき、③友人・知人、④その他)
6．温泉で使った　7．使っていない　8．その他(　　　　　　　　　　　　　)

Q56　あなたは、地域通貨「アクア」をどれくらいの回数、使いましたか。
1．1回だけ　2．2回　3．3回　4．4回　5．5回　6．6回　7．7回　8．8回　9．9回　10．10回以上

資　料

Q57　あなたは、地域通貨「アクア」を総額でどれくらいの金額使いましたか。おおよその金額を教えてください。
（　　　　　　　　　）円くらい使った

Q58　あなたは、地域通貨「アクア」を使えたり、受け取ることのできるイベントに参加しましたか。参加したイベントがあれば教えてください。
時期：（　　　　）月ごろ　　イベント名（　　　　　　　　　　　　　　　　　　　　）

Q59　もし地域通貨「アクア」を様々なサービス等に利用できるなら、どのようなものを希望しますか。最もあてはまるものに○をつけてください。
1．バスの乗車賃　2．市内の美術館入場料　3．市内の駐車・駐輪場料金　4．市の施設の使用料金　5．温泉施設の利用料金　6．道の駅での買い物等　7．市役所でかかる各種手数料の支払（証明書発行など）　8．税金の支払　9．アルバイトや給与等の一部の支払　10．その他（　　　　　　　　　）

Q60　これまで地域活動に参加し、主催者から粗品（ボールペンやあんパンなど）や、プレゼントを受け取っていた方に伺います。お礼が地域通貨「アクア」に変わったことで、どのように感じましたか（あてはまるものにひとつだけ○印）。

1．お礼が「アクア」に変わり、うれしかった　　　　　それはなぜですか（複数回答可）。
2．もとの粗品やプレゼントの方がよかった　　　　　1．いろいろなお店で使えるので　2．寄付できるので
3．どちらのお礼でもよいと感じた　　　　　　　　　3．イベントで使えるので　4．お礼に使えるので
4．「アクア」をもらったことはない　　　　　　　　 5．その他（　　　　　　　　　　　）

Q61　地域通貨「アクア」に対する改善提案、感想、期待などがあれば教えてください（自由記入）

Q62　あなたのお金一般に対する意識や態度についてあてはまる番号に○をつけてください。1を「そう思わない」、5を「そう思う」とした5段階で、それぞれについてお答えください。（それぞれ1つだけ○印）。

	そう思う				そう思わない
1 生きていくために、円とは違う他のお金を利用できるのがよい	1	2	3	4	5
2 人々が自由にお金を創造・発行できる方がよい	1	2	3	4	5
3 お金の発行権を日本銀行や商業銀行だけでなく、人々やコミュニティも持つべきだ	1	2	3	4	5
4 お金の発行権を日本銀行や商業銀行だけでなく、日本政府も持つべきだ	1	2	3	4	5
5 お金は一種類であるのがよい	1	2	3	4	5
6 お金は人と人とを結びつけるものであればよい	1	2	3	4	5
7 いろいろな種類のお金から、好ましいものを選択することができればよい	1	2	3	4	5

8 お金に利子がつくのは当然だ	1	2	3	4	5
9 日本政府が一般成人全員に対し、無条件で生活に必要な最低限の所得を与えるべきだ	1	2	3	4	5
10 お金を人々の間で融通し合うことはよい	1	2	3	4	5
11 お金の貸し手は商業銀行などの金融機関ではなく、日本政府であるべきだ	1	2	3	4	5
12 お金はごく一部の人々に集中せず、人々の間に散らばっているべきだ	1	2	3	4	5
13 お金はどんな場所や地域でも通用する方がよい	1	2	3	4	5
14 お金の価値は安定していた方がよい	1	2	3	4	5
15 友人がお金で困っているとき、貸してあげるのがよい	1	2	3	4	5
16 お金で何でも買えるほうがよい	1	2	3	4	5
17 お金は営利目的で発行してもよい	1	2	3	4	5
18 お金は儲ければ儲けるほどよい	1	2	3	4	5
19 政府が貧困層に生活保護を提供すべきだ	1	2	3	4	5
20 お金はたくさんなくとも、自由な時間があるのがよい	1	2	3	4	5
21 お金は信頼できる集団や団体が発行するのがよい	1	2	3	4	5
22 お金は健康ほど重要ではないと思いますか	1	2	3	4	5
23 お金で友情や愛情は買えないと思いますか	1	2	3	4	5
24 ある程度の生活ができていれば、余分なお金は必要ないと思いますか	1	2	3	4	5
25 ボランティアや寄付は無償でするのがよいと思いますか	1	2	3	4	5
26 ボランティアへの対価を支払う特別のお金があるのがよいと思いますか	1	2	3	4	5
27 お金の使い道は人に知られない方がよいと思いますか	1	2	3	4	5

Q63　お金は使うと、めぐりめぐって自分のところに戻ってくると思いますか。
1．まったく思わない　2．ほとんど思わない　3．少し思う　4．強く思う　5．よくわからない

あなたご自身のことについて教えてください

　　以下の質問は、あなたの属性に関する質問です。これらの属性は、ここまでお答えいただいた内容を統計的に集計、分析する上で必要不可欠な情報です。秘匿義務を厳格に守ることをお約束いたしますので、どうかできるだけお答えください。どうしても答えにくい項目があれば、空欄のままにしておいてください。

Q64　あなたの性別をおしえてください。
1．男　2．女

Q65　あなたの年齢を教えてください。西暦か和暦でお答えください。和暦の場合には元号に○をつけてお答ください。
西暦（　　　）年生まれ
明治・大正・昭和・平成（　　　　）年生まれ

Q66　あなたは次のうちのどれにあてはまりますか。
1．未婚　2．既婚　3．離婚/別居　4．その他

Q67　あなたのご職業をおしえてください。
1．会社員・団体職員　2．会社役員・団体役員　3．公務員　4．商工自営業　5．商工以外の自営業
6．専業主婦（専業主夫含む）7．アルバイト・パート　8．学生　9．年金生活者　10．無職
11．その他（　　　　　）

資　料

Q68　あなたの世帯の構成をおしえてください。
1．ひとり暮らし　2．夫婦だけ　3．親と子（2世代）　4．祖父母と親と子（3世代）
5．その他（　　　　　　　　）

Q69　同居しているお子様について（複数回答可）
1．幼児がいる　2．小学生の子供がいる　3．中学生の子供がいる　4．高校生の子供がいる
5．大学生(大学院生)の子供がいる　6．同居している子供はいない

Q70　同居家族の中で介護が必要な人がいる
1．はい　　　2．いいえ

Q71　あなたの最終学歴をお知らせください
1．中学（旧小学、旧高等小学）卒　2．高校（旧中学）卒　3．各種専門学校卒　4．短大卒
5．大学（旧専門学校）卒　6．大学院卒　7．その他（　　　　　　　　　　）

Q72　お住まいについて、該当するものはどれでしょうか。
1．持ち家（一戸建て）
2．持ち家（マンション、アパートなど）
3．民間賃貸（一戸建て）
4．民間賃貸（マンション、アパート）
5．公営（都営・区営）の賃貸住宅
6．社宅・官舎
7．間借り・寮・住込み
8．その他（　　　　　　　　）

Q73　あなたの生活の程度は、世間一般からみて、次のどれに入ると思いますか。
1．上
2．中の上
3．中の中
4．中の下
5．下
6．分からない

本アンケートと事前のアンケートにお答えいただいたお礼として粗品（北大グッズを予定）をお渡ししたいので、差し支えないようでしたら、あなたのお名前とご住所を教えてください。

あなたのお名前（　　　　　　　　　　　　）
あなたのご住所
（〒　　　　）（　　　　　　　　　　　　　　　　　　　　　　　）

本当に長い間、ご協力いただきありがとうございました。皆さまの貴重なご意見をお住まいの地元地域の一層の発展に活かせるよう活用させていただきます。

【資料】4．北海道更別村公益通貨「サラリ」事後アンケート調査質問票

平成 23 年 12 月 22 日

村　内　各位

更別村公益通貨「サラリ」に関するアンケートのお願い

　「どんぐり村サラリ」は「助け合い、ともに支え合う更別のマチ」「人と人とを優しくつなぎ、ありがとうの気持ちを…」をテーマに、公益通貨券「サラリ」の発行や村内公共施設管理受託事業など展開しております。

　本アンケートは、平成 20 年 11 月から更別村内で流通開始しております公益通貨券「サラリ」に関する実態把握と導入効果を探り、学術研究を目的に行うものです。調査は、北海道大学大学院経済学研究科様及び関西大学大学院社会学研究科様の全面的なご支援の下、当ＮＰＯと三者共同で実施するものです。

　回収された情報は今後の公益通貨と更別村のマチづくり、コミュニティ活動の活性化を推し進めるために使用され、これ以外の目的に使われることはございません。

　ぜひとも本アンケートの趣旨をご理解のうえ、ご協力いただきますよう心からお願い申し上げます。

特定非営利活動法人どんぐり村サラリ　理事長　広瀬　孝志

アンケート実施にあたって

　本アンケートは、「サラリ」による地域経済・社会の活性化を調べるために行われます。本調査で収集された情報については、「サラリ」の導入効果に関する学術研究にのみ利用するものであり、統計的に処理されるため、個人名が特定される形で利用されることは一切ございません。皆様からの貴重なお声を今後の地域社会の発展のためにぜひ活かしたいと考えております。どうぞ、本アンケートの趣旨をご理解いただき、ご協力いただけますように心よりお願い申し上げます。

　なお、アンケート用紙は1週間程度を目安にご記入頂き、回収担当者にお渡し下さい。わずかではございますが、本アンケートにご協力いただいた方に薄謝（「サラリ」）をお渡しさせていただきます。どうぞご活用ください。また、本アンケートの内容に関してご質問・ご意見などがございましたら、下記メールアドレスまでお問い合わせください。

2011 年 12 月
北海道大学大学院経済学研究科　　　　西部忠
関西大学大学院社会学研究科　　　　草郷孝好
メールアドレス：2011sarabetsu@cc.econ.hokudai.ac.jp

資　料

問１　あなたは現在幸せですか？「とても不幸である」が０点、「とても幸せである」を 10 点とすると何点ぐらいになるとあなたは思いますか、あてはまるものをひとつだけお選びください。（１つに○）

とても不幸　←　　　　　　　　　　　　　　　　　　　　　→　とても幸せ

　　　　　　　　０　１　２　３　４　５　６　７　８　９　10

問２　幸福感を判断する際に、重視した事項は何ですか。次の中からあてはまるものすべてに○をつけてください。（複数回答可）

１．家計の状況（所得・消費）　２．就業状況（仕事の有無・安定）　３．健康状況
４．自由な時間・充実した余暇　５．仕事や趣味、社会貢献などの生きがい　６．家族関係
７．友人関係　８．職場の人間関係　９．地域コミュニティとの関係
１０．その他（具体的に　　　　　　　　　）

問３　あなたは、次にあげる地域活動のメンバー（会員）として参加していますか。会員であるものすべてに○をつけて下さい。（複数回答可）

１．町内会・行政区　２．社会福祉協議会　３．青年会（部）　４．女性部（女性団体）
５．老人会　６．商工会　７．ＰＴＡ　８．サークル活動　９．ボランティア活動

問４　あなたが地域活動全般に参加している、または参加していない理由は何ですか。（複数回答可）
１．地域活動には、住民であることを実感でき、生きがいを感じる
２．地域の一員として、参加は当たり前（義務）だと思っている
３．仲間がいるので、参加することが楽しみである
４．活動に関わるのが、面倒・億劫（おっくう）である
５．家族の世話で家を空けられず、参加が難しい
６．仕事の関係から、参加が難しい
７．体が弱く不自由で、なかなか参加できない
８．更別には別に愛着がない
９．更別よりも他の街で活動する方に関心がある
１０．興味のある活動が見当たらない

問５　あなたは、更別村内の人と人とのつながりについてどう感じていますか。（１つに○）
１．強いつながりを感じており、大変満足している
２．つながりが強すぎて、わずらわしい
３．つながりを感じており、村民としての意識が強くある
４．つながりは薄れており、村民意識は希薄になってきている
５．あまり意識したことはなく、村民としての仲間意識には関心がない

問6 あなたは、現在の更別村での暮らしにどれだけ満足していますか。次の項目ごとに、あなたの気持ちに最も近いものに○をつけてください。(それぞれ1つに○)

		大変満足	やや満足	どちらでもない	やや不満	大変不満
生 活	収入・所得	1	2	3	4	5
	雇用機会	1	2	3	4	5
	学校・塾	1	2	3	4	5
	食料品調達	1	2	3	4	5
	日用品調達	1	2	3	4	5
	商店街活動	1	2	3	4	5
	金融サービス	1	2	3	4	5
文 化	レジャー・イベント	1	2	3	4	5
	自己啓発・能力向上	1	2	3	4	5
	趣味・スポーツ	1	2	3	4	5
	芸術・文化	1	2	3	4	5
医療・福祉	医療・保健	1	2	3	4	5
	福祉・ボランティア	1	2	3	4	5
行 政	公共交通整備	1	2	3	4	5
	行政サービス	1	2	3	4	5
	町内会・行政区活動	1	2	3	4	5
	防犯・防災	1	2	3	4	5

問7 あなたは、更別村の生活をより満足のいくものにするために、改善する必要がどの程度あると思いますか。次の項目ごとに、最も近いものに○をつけてください。(それぞれ1つに○)

		更別村の生活をより満足のいくものにする上での優先順位		
		早急に対策を立てるべき(優先度:高)	重要だが急がなくて良い(優先度:中)	重要ではない／充実している(優先度:低)
生 活	収入・所得	1	2	3
	雇用機会	1	2	3
	学校・塾	1	2	3
	食料品調達	1	2	3
	日用品調達	1	2	3
	商店街活動	1	2	3
	金融サービス	1	2	3
文 化	レジャー・イベント	1	2	3
	自己啓発・能力向上	1	2	3
	趣味・スポーツ	1	2	3
	芸術・文化	1	2	3
医療・福祉	医療・保健	1	2	3
	福祉・ボランティア	1	2	3
行 政	公共交通整備	1	2	3
	行政サービス	1	2	3
	町内会・行政区活動	1	2	3
	防犯・防災	1	2	3

資　料

問8　あなたは、(ア)地域通貨を知っていますか、また(イ)地域通貨についてどのようなイメージを持っていますか。(1つずつ○)
(ア)→ 1．よく知っている　2．よく知らないが、聞いたことはある　3．全く知らない
(イ)→ 1．ボランティア　2．地域活性化　3．エコロジー　4．よくわからない

問9　あなたは、「サラリ」をどのようにして手に入れましたか。(複数回答可)
1．地域のボランティア活動に参加した御礼　2．NPO法人どんぐり村サラリにて購入
3．商品販売の代金　4．お手伝いの御礼　5．贈答・お祝い・お見舞いなど
6．入手したことがない　7．その他（具体的に：　　　　　　　　　　　）

問10　あなたは、「サラリ」をどのようなときに使いましたか。(複数回答可)
1．商店街で買い物　2．お手伝いの御礼　3．贈答・お祝い・お見舞いなど　4．税金等の支払い
5．公共施設（温泉、キャンプ場など）の使用料金　6．NPO法人どんぐり村サラリでの換金
7．その他（具体的に：　　　　　　　　　　　）

問11　「サラリ」の利用頻度について、該当するものに○をつけてください。(1つに○)
1．ほぼ毎日　2．週に数回程度　3．月に数回程度　4．年に数回程度　5．未利用

問12　「サラリ」を渡した（もしくは受け取った）とき、どのように感じましたか。(複数回答可)
1．もっと「サラリ」を使って、何か人に頼んでみようと思った
2．もっとボランティア活動に参加して、「サラリ」を受け取りたいと思った
3．何かこれまでとは違う人と人とのつながりや関わり方を発見したように感じた
4．「サラリ」を使える商品やサービスがたくさん欲しいと感じた
5．正直、「サラリ」をもらったり、使ったりするのは、わずらわしいと感じた
6．その他（　　　　　　　　　　　　　　　　　　　　　　　）

問13　「サラリ」の導入によって、地域社会において何か変化を感じましたか。(1つに○)
1．大きな変化を感じた　2．少し変化を感じた　3．どちらともいえない　4．ほとんど変化を感じない
5．まったく変化を感じない

問14　あなたの地域では、次の各項目について「サラリ」の導入による変化を感じましたか。
(1つに○)

	感じる	どちらともいえない	感じない
1．高齢者福祉の増進	1	2	3
2．住民同士の交流の促進	1	2	3
3．住民活動・ボランティア活動の促進	1	2	3
4．社会貢献活動の掘り起こしの促進	1	2	3
5．商店街と地域経済の活発化	1	2	3
6．地域への愛着心の高まり	1	2	3
7．地域・社会の問題の解決	1	2	3
8．自然環境保護の増進	1	2	3
9．アルバイト収入の増加	1	2	3
10．その他（　　　　　　　　）	1	2	3

問 15 「サラリ」に対する意見をご自由にお書きください。（<u>自由記入</u>）

問 16 あなたが、次のボランティア活動をおこなったと仮定します。その際、対価をもらうとしたらどれが妥当だと思いますか。あてはまるものに○をつけてください。（<u>複数回答可</u>）

	現 金	商品券や金券	地域通貨	粗 品	何も受け取らない
記入例：1 青少年の育成活動			○	○	
1 青少年の育成活動					
2 お祭りやイベントの手伝い					
3 子供たちの見回り、夜回りや交通安全活動					
4 地元地域の清掃活動、花植え活動					
5 子育てサポート（一時保育など）					
6 高齢者介護（身の回りのお世話など）					
7 高齢者サポート（買い物代行など）					
8 隣人の手伝い（庭の手入れやペットの世話など）					

問 17 あなたが、次のボランティアの支援を受けたと仮定します。その際、対価を払うとしたらどれが妥当だと思いますか。あてはまるものに○をつけてください。（<u>複数回答可</u>）

	現 金	商品券や金券	地域通貨	粗 品	何もわたさない
記入例：1 青少年の育成活動			○	○	
1 青少年の育成活動					
2 お祭りやイベントの手伝い					
3 子供たちの見回り、夜回りや交通安全活動					
4 地元地域の清掃活動、花植え活動					
5 子育てサポート（一時保育など）					
6 高齢者介護（身の回りのお世話など）					
7 高齢者サポート（買い物代行など）					
8 隣人の手伝い（庭の手入れやペットの世話など）					

資　料

問18　あなたのお金一般に対する意識や態度についてあてはまる番号に〇をつけてください。1を「そう思わない」、5を「そう思う」とした5段階で、それぞれについてお答えください。（それぞれ1つに〇）

そう思わない ←→ そう思う

1 生きていくために、円とは違う他のお金を利用できるのがよい	1	2	3	4	5
2 人々が自由にお金を創造・発行できる方がよい	1	2	3	4	5
3 お金の発行権を日本銀行や商業銀行だけでなく、人々やコミュニティも持つべきだ	1	2	3	4	5
4 お金の発行権を日本銀行や商業銀行だけでなく、日本政府も持つべきだ	1	2	3	4	5
5 お金は一種類であるのがよい	1	2	3	4	5
6 お金は人と人とを結びつけるものであればよい	1	2	3	4	5
7 いろいろな種類のお金から、好ましいものを選択することができればよい	1	2	3	4	5
8 お金に利子がつくのは当然だ	1	2	3	4	5
9 日本政府が一般成人全員に対し、無条件で生活に必要な最低限の所得を与えるべきだ	1	2	3	4	5
10 お金を人々の間で融通し合うことはよい	1	2	3	4	5
11 お金の貸し手は商業銀行などの金融機関ではなく、日本政府であるべきだ	1	2	3	4	5
12 お金はごく一部の人々に集中せず、人々の間に散らばっているべきだ	1	2	3	4	5
13 お金はどんな場所や地域でも通用する方がよい	1	2	3	4	5
14 お金の価値は安定していた方がよい	1	2	3	4	5
15 友人がお金で困っているとき、貸してあげるのがよい	1	2	3	4	5
16 お金で何でも買えるほうがよい	1	2	3	4	5
17 お金は営利目的で発行してもよい	1	2	3	4	5
18 お金は儲ければ儲けるほどよい	1	2	3	4	5
19 政府が貧困層に生活保護を提供すべきだ	1	2	3	4	5
20 お金はたくさんなくとも、自由な時間があるのがよい	1	2	3	4	5
21 お金は信頼できる集団や団体が発行するのがよい	1	2	3	4	5
22 お金は健康ほど重要ではないと思いますか	1	2	3	4	5
23 お金で友情や愛情は買えないと思いますか	1	2	3	4	5
24 ある程度の生活ができていれば、余分なお金は必要ないと思いますか	1	2	3	4	5
25 ボランティアや寄付は無償でするのがよいと思いますか	1	2	3	4	5
26 ボランティアへの対価を支払う特別なお金があるのがよいと思いますか	1	2	3	4	5
27 お金の使い道は人に知られない方がよいと思いますか	1	2	3	4	5

最後にあなたご自身のことについてお聞かせください。

　以下の質問は、あなたの属性に関するものです。ここまでお答えいただいた内容を統計的に集計し、分析する上で必要不可欠な情報です。秘匿義務を厳格に守ることをお約束いたしますので、どうかできるだけお答えください。どうしても答えにくい項目がありましたら、空欄にしておいて構いません。

問 19　あなたは、更別村地域通貨導入についてのアンケート調査（平成 18 年 10 月実施）に回答しましたか？
　1．　　はい　　2．いいえ　　3．覚えていない

問 20　あなたの性別について教えてください。
　1．男　2．女

問 21　あなたの年齢を教えてください。西暦か和暦でお答えください。和暦の場合には元号に○をつけてください。
　西暦　（　　　　　　）年生まれ
　和暦　明治・大正・昭和・平成（　　　　　）生まれ

問 22　あなたが現在お住まいの地区についてお伺いします。
　1．更別市街　2．農家地区　3．上更別市街

問 23　あなたは今の住所にどれくらいの期間お住まいですか。
　1．3 年未満　2．3～5 年未満　3．5～10 年未満　4．10～20 年未満　5．20 年以上

問 24　あなたのご職業について教えてください。
　1．農業　2．自営業　3．会社員　4．公務員　5．団体職員　6．主婦

問 25　あなたの世帯の家族構成について教えてください。
　1．単身世帯　2．夫婦のみ（1 世代世帯）…2 人家族　3．親と子（2 世代世帯）…＿＿＿＿人家族
　4．親と子と孫（3 世代世帯）…＿＿＿＿人家族　5．その他の世帯（祖父母と孫）…＿＿＿＿人家族
　6．その他の世帯…＿＿＿＿人家族

問 26　あなたの最終学歴をお知らせください。
　1．中学（旧小学、旧高等小学）卒　2．高校（旧中学）卒　3．各種専門学校卒　4．短大卒
　5．大学（旧専門学校）卒　6．大学院卒　7．その他（　　　　　　　）

問 27　あなたは、現在年金を受け取っていますか。
　1．はい　2．いいえ

問 28　あなたの生活の程度は、世間一般からみて、次のどれに入ると思いますか。
　1．上　2．中の上　3．中の中　4．中の下　5．下　6．分からない

お忙しいところ、アンケートの記入にご協力いただきありがとうございました。皆様の貴重なご意見をお住まいの地域の発展に活かすことができるように活用させていただきます。

【執筆者紹介・執筆担当】
（　）内に章内の担当箇所を記載、執筆者が複数ある場合は共著

西部　忠（にしべ　まこと）・序章、第 1 章、第 2 章、第 3 章、第 4 章、第 5 章（5-1、5-3、5-4、5-7）、第 6 章、終章
専修大学経済学部教授、nishibe@isc.senshu-u.ac.jp
主な著作として『経済から見た国家と社会』（編著）、岩波書店、2017.『貨幣という謎』NHK 出版、2014.『地域通貨』（編著）、ミネルヴァ書房、2012.『資本主義はどこへ向かうのか』NHK 出版、2011.『進化経済学基礎』（共編著）、日本経済評論社、2010.『進化経済学のフロンティア』（編著）、日本評論社、2004.

草郷　孝好（くさごう　たかよし）・第 1 章、第 3 章（3-2、3-4）、第 4 章（4-2、4-4、4-5）、第 5 章（5-5）
関西大学大学院社会学研究科教授、tkusago@kansai-u.ac.jp
主な著作として『市民自治の育て方〜協働型アクションリサーチの理論と実践〜』（編著), 関西大学出版部、2018.『GNH（国民総幸福）』（共著）、海象社 , 2011.「開発学にとっての繁栄、幸福と希望の意味」東大社研・玄田・宇野編『希望学 4　希望のはじまり』東京大学出版会、75-105、2009.

吉地　望（きちじ　のぞみ）・第 3 章（3-5）、第 4 章（4-3）、第 5 章（5-2）
北海道武蔵女子短期大学経済学科教授、kichiji@hmjc.ac.jp
主な著作として「流通ネットワーク分析から見た地域通貨」『地域通貨』（共著）、ミネルヴァ書房、2012. "Analysis of the Traffic Lines of the Tourists that Visited Kamikawa District in Hokkaido based on data from the Kamui Mintara Stamp Rally, " Egashira, S.(ed) *Globalism and Regional Economy*, Routledge UK, 141-169, 2013. "Network Analyses of the Circulation Flow of Community Currency"（共著）, *Evolutionary and Institu-tional Economic Review*, 4(2), 267-300, 2008.

橋本　敬（はしもと　たかし）・第 6 章
北陸先端科学技術大学院大学知識科学系教授、hash@jaist.ac.jp
主な著作として「制度生態系の理論モデルとその経済学的インプリケーション」『經濟學研究』（北海道大学）（共著）, 61(4), 131-151, 2012. "Considering Provision of Global Public Goods with Community Task Game（共

著),” *Emerging Risks in a World of Heterogeneity*, Springer, 2017.『境界知のダイナミズム』(共著)、岩波書店、2006. Evolutionary Linguistics and Evolutionary economics, *Evolutionary and Institutional Economics Review*, 3(1), 27-46, 2006.

小林 重人（こばやし　しげと）・第5章（5-6）、第6章
北陸先端科学技術大学院大学知識科学系講師、s-kobaya@jaist.ac.jp
主な著作として "Relationship between People's Money Consciousness and Circulation of Community Currency"（共著）, In G. Gomez (Ed.) *Monetary Plurality in Local, Regional and Global Economies, Routledge*, 2018.「ゲーミングとマルチエージェントシミュレーションによる地域通貨流通メカニズムの検討」(共著)『シミュレーション＆ゲーミング』、23(2)、1-11、2013.

栗田　健一（くりた　けんいち）・第4章（4-4）
国際短期大学専任講師、kuririne@nifty.com
主な著作として "Community currency and sustainable development in hilly and mountainous areas: A case study of forest volunteer activities in Japan"（共著), In G. Gomez (Ed.) *Monetary Plurality in Local, Regional and Global Economies, Routledge*, 2018.

吉田　昌幸（よしだ　まさゆき）・第3章（3-2、3-3）
上越教育大学大学院学校教育研究科准教授、yoshida@juen.ac.jp
主な著作として "Using Simulation and Gaming to Design a Community Currency System"（共著), *International Journal of Community Currency Research*, 22, 2018. "Historical transition of community currencies in Japan"（共著), 4th. *International Conference on Social and Complementary Currencies*, 2017

宮﨑　義久（みやざき　よしひさ）・第4章（4-2、4-4）
仙台高等専門学校総合工学科助教、frontier-spirit-21-y.m@nifty.com
主な著作として "Community currency and sustainable development in hilly and mountainous areas: A case study of forest volunteer activities in Japan"（共著), In G. Gomez (Ed.) *Monetary Plurality in Local, Regional and Global Economies, Routledge*, 2018.

地域通貨によるコミュニティ・ドック

2018 年 9 月 10 日　第 1 版第 1 刷

編著者	西部　忠
発行者	笹岡五郎
発行所	専修大学出版局
	〒 101-0051　東京都千代田区神田神保町 3-10-3
	株式会社専大センチュリー内　電話　03-3263-4238
印　刷	
製　本	藤原印刷株式会社

©Makoto Nishibe et. al. 2018 Printed in Japan
ISBN978-4-88125-329-8